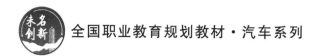 

汽车营销

主　编　韩卫东
副主编　王　娜　王　波　代丽丽
主　审　丁柏群

图书在版编目(CIP)数据

汽车营销 / 韩卫东主编. —北京:北京大学出版社,2016.1
(全国职业教育规划教材·汽车系列)
ISBN 978-7-301-26086-9

Ⅰ. ①汽⋯ Ⅱ. ①韩⋯ Ⅲ. ①汽车 – 市场营销学 – 高等职业教育 – 教材 Ⅳ. ①F766

中国版本图书馆 CIP 数据核字(2015)第 167265 号

书　　名	汽车营销
著作责任者	韩卫东　主编
策 划 编 辑	温丹丹
责 任 编 辑	王　莹
标 准 书 号	ISBN 978-7-301-26086-9
出 版 发 行	北京大学出版社
地　　址	北京市海淀区成府路 205 号　100871
网　　址	http://www.pup.cn　新浪微博:@北京大学出版社
电子信箱	zyjy@pup.cn
电　　话	邮购部 62752015　发行部 62750672　编辑部 62765126
印 刷 者	北京富生印刷厂
经 销 者	新华书店
	787 毫米 × 1092 毫米　16 开本　15.5 印张　338 千字
	2016 年 1 月第 1 版　2016 年 1 月第 1 次印刷
定　　价	35.00 元

未经许可,不得以任何方式复制或抄袭本书之部分或全部内容。
版权所有,侵权必究
举报电话: 010-62752024　电子信箱: fd@pup.pku.edu.cn
图书如有印装质量问题,请与出版部联系,电话: 010-62756370

前　言

目前,中国已成为世界第一大汽车市场,世界知名汽车厂商纷纷在我国设厂生产并销售汽车,国产自主品牌也不甘落后,加速转变生产和经营理念,中国的汽车销售与售后市场进入了激烈竞争的时代。汽车制造商及销售商要在激烈的市场竞争中取胜,必须针对消费市场需求的变化制定正确的营销策略,这就要求打造一支高效的营销团队,因此,汽车销售市场急需大量基础知识扎实,实践能力强,掌握新的营销理念,拥有创新营销手段的高素质应用型汽车营销专业人才。

本教材遵循应用型人才的培养目标,充分考虑汽车销售和售后企业的职业岗位能力需求,在内容和结构上有创新性,注重突出以下特色。

1. 采用工作任务驱动的方式。根据我国应用型人才培养的改革思路,对汽车营销的各个环节进行典型任务分析,将汽车销售流程的知识和技能整合成典型的学习任务,使学生对学习任务更加明确。

2. 贯彻以学生为中心的教学理念。通过任务的引领,学生采用小组讨论等方法完成任务咨询的学习,任务训练时教师给小组的每个学生分配好具体的工作,小组合作就可以完成学习任务,在整个学习过程中教师起到任务的引领者与指导者作用即可。

3. 理论和实践的有机融合。教材按任务目标、任务引导、任务资讯、任务训练、案例分析、思考题的体系进行编写,将知识与技能进行有机融合。每个任务中配备的案例分析,便于学生利用所学知识分析实际问题和解决问题,强化了知识的应用。

4. 注重内容的创新。教材编写时吸收前沿的营销理论和营销技巧,选用近几年国内外汽车销售市场的统计数据和相关资料,便于学生了解汽车市场发展的最新状况。

5. 融入国家职业标准。将汽车营销师国家职业标准融入教材内容当中,提升学生职业技能。

本教材由黑龙江农业工程职业学院韩卫东任主编,王娜、王波、代丽丽任副主编;东北林业大学丁柏群教授担任主审。韩卫东编写任务一、任务四,王娜编写任务二、任务三,王波编写任务五、任务六,徐缓编写任务七、任务八,王丽丹编写任务九,代丽丽编写任务十。

本教材编写过程中参考了大量的著作与国内外汽车企业的相关资料,得到了黑龙江汽车检测与维修行业协会的大力支持,在此致以诚挚的谢意。

本教材既可作为汽车服务与管理、汽车营销等相关专业的教学用书,也可以作为汽车营销行业职业培训的教材,或作为从业人员的学习参考书。由于时间仓促,加之编者水平有限,书中难免有不妥之处,恳切希望读者批评指正,以便修订完善教材内容。

编　者
2015 年 12 月

目　　录

任务一　汽车市场营销认知 (1)
　　任务资讯一　市场与市场营销 (1)
　　任务资讯二　营销要素与市场营销组合 (8)
　　任务资讯三　汽车市场营销 (11)
任务二　汽车市场营销环境分析 (25)
　　任务资讯一　汽车市场营销环境概述 (25)
　　任务资讯二　汽车市场营销微观环境分析 (27)
　　任务资讯三　汽车市场营销宏观环境分析 (34)
任务三　汽车购买行为分析 (48)
　　任务资讯一　汽车市场的用户类型 (48)
　　任务资讯二　汽车私人消费者购买行为 (50)
　　任务资讯三　组织用户的购买行为 (60)
任务四　汽车市场调研与预测 (71)
　　任务资讯一　汽车市场调研概述 (71)
　　任务资讯二　市场调研的方法 (76)
　　任务资讯三　汽车市场预测 (81)
任务五　汽车目标市场营销 (94)
　　任务资讯一　市场细分概述 (94)
　　任务资讯二　汽车目标市场策略 (98)
　　任务资讯三　汽车产品市场定位 (101)
任务六　汽车产品策略 (110)
　　任务资讯一　汽车产品与组合 (110)
　　任务资讯二　汽车产品的生命周期及应用策略 (115)
　　任务资讯三　汽车品牌策略 (120)
　　任务资讯四　汽车新产品开发策略 (122)
任务七　汽车价格策略 (131)
　　任务资讯一　汽车价格的基本理论 (131)

任务资讯二　汽车产品定价方法 …………………………………………（135）
　　任务资讯三　汽车产品定价策略 …………………………………………（139）

任务八　汽车分销策略 …………………………………………………………（151）
　　任务资讯一　汽车分销渠道概述 …………………………………………（151）
　　任务资讯二　汽车销售渠道中的中间商 …………………………………（154）
　　任务资讯三　汽车销售渠道的模式 ………………………………………（160）

任务九　汽车促销策略 …………………………………………………………（172）
　　任务资讯一　汽车促销组合 ………………………………………………（172）
　　任务资讯二　人员促销 ……………………………………………………（175）
　　任务资讯三　广告促销 ……………………………………………………（181）
　　任务资讯四　营业推广促销 ………………………………………………（185）
　　任务资讯五　公共关系促销 ………………………………………………（189）

任务十　汽车销售实务 …………………………………………………………（198）
　　任务资讯一　汽车销售流程 ………………………………………………（198）
　　任务资讯二　汽车销售服务 ………………………………………………（202）

参考文献 …………………………………………………………………………（240）

任务一
汽车市场营销认知

任务目标

1. 了解市场与市场营销的基本知识。
2. 掌握汽车市场营销观念的演变过程。
3. 理解市场营销的要素及特点。
4. 能分析汽车市场的发展现状与前景。
5. 认知世界汽车生产厂家与品牌标志。

任务引导

1886年戴姆勒和本茨研制出了以汽油机为动力的汽车,此后,汽车产销以飞快的速度增长,现今全世界的汽车保有量已经超过7亿辆。如今,汽车已成为人类社会最主要的交通工具,它对人类的生活、经济、文化、体育、军事乃至政治等领域产生了深远的影响。你知道中国汽车市场的特点吗?你能说出世界主要汽车厂家及它们的品牌标志吗?

任务资讯一 市场与市场营销

一、市场的含义与作用

（一）市场的含义

市场的概念随着商品经济的发展而不断变化,不同的经济发展阶段和不同的使用场合其内涵也不尽相同,对市场的理解可概况为以下几种。

1. 市场是商品交换的场所

古代商品经济尚不发达,市场的概念总是同时间概念和空间概念相联系在一起的,人们总是在一定的时间和确定的地方进行商品交换及交易,因此市场被看作是商品交换和商品交易的场所。现在这种形式仍很普遍,例如:集市、商场、集贸市场及汽车交易市场等。

现实市场的形成需要的基本条件有以下几个方面。

(1) 要有消费者(用户)。

(2) 要有厂商为消费者提供消费产品和服务。

(3) 要有促成交换双方达成交易的价格、时间、空间、信息和服务等条件。

2. 市场是商品交换关系的总和

一方面,现代社会的商品交换关系已经渗透到社会生活的各个方面,交换商品的品种和范围不断扩大,交易方式也日益复杂,特别是现代信息技术、通信技术、电子商务、物流等的不断发展,交换和交易已经实现了打破时间和空间的限制,人们可以在任何时间和任何地方达成交易,最终实现商品交换。因此,现代的市场已经不再是指具体的交易场所,它是建立在社会分工和商品生产基础之上的商品交换关系。

另一方面,市场主要是指买卖双方、卖方与卖方、买方与买方、买卖双方各自与中间商、中间商与中间商之间,商品在流通领域中进行交换时发生的关系。市场还包括商品在流通过程中促进发挥辅助作用的一切机构及部门(如银行、保险公司、运输部门、海关等)与商品的买卖双方间的关系。因此,这一概念是从商品交换过程中人与人之间经济关系的角度定义的。

3. 市场是某项商品或劳务的所有现实和潜在的购买者

市场的发展是一个由消费者(买方)决定而生产者(卖方)推动的动态过程。这是指市场除了有购买力和购买欲望的现实购买者外,还包括暂时没有购买力,或是暂时没有购买欲望的潜在购买者。这些潜在购买者,一旦其条件有了变化,或是收入提高有了购买力,或是受宣传介绍的影响,由无购买欲望转变为有购买欲望时,其潜在需求就会转变成现实需求,故有潜在需求的购买者是卖主的潜在市场。对卖主来说,明确本单位产品的现实和潜在市场,明确其需求量的多少,对正确制定生产和营销决策具有重要意义。

在交换过程中,买方决定市场的发展。在此以经营者角度看市场,买卖双方和市场会有如图 1-1 所示的关系。

从市场营销学的观点来看,以上市场的概念是从各个不同的角度阐述的,只是各自强调的角度不同,相互之间并不矛盾。例如,当企业将商品销到国际市场,并不仅仅是到国际市场这一商品交换的场所去进行销售,企业还要了解该国际市场中现实的与潜在的购买者,包括以下几方面。

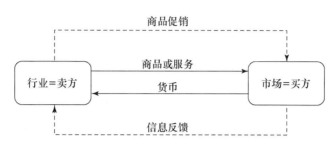

图 1-1　以买方为主体的市场营销体系

① Who：他们是谁？
② What：他们购买或喜爱什么商品？
③ Why：他们为什么要购买这些商品，其购买目的是什么？
④ When：他们在什么时间购买这些商品？
⑤ Where：他们在什么场所购买这些商品？
⑥ How：他们怎样购买商品，其购买行为如何？

总之，企业要全面理解市场的含义和概念，这对企业的生产、经营、市场营销具有重要意义。

随着经济的高度发展、商品的日益丰富，越来越多的商品供过于求，厂商的生产能力出现闲置。在商品交换关系中，买方的需求成为商品交换的决定性因素，买方在交换关系中居于主导地位。因而市场的内涵也就向需求的一方倾斜，甚至站在买方的角度专门研究买方的需求。市场营销就是在这个意义上理解和运用市场概念的。

（二）市场的作用

1．市场是企业进行商品生产的必要条件

企业的生产经营活动离不开市场。企业必须从市场采购生产必需的各种原材料、能源等物资，同时，企业又必须通过市场进行产品销售，取得利润以维持企业的再生产。市场的需求旺盛，企业的生产才能不断扩大，企业不断提高对市场的适应能力，才会有生命力。

2．市场是联系生产和消费的纽带

产品生产的最终目的是为了消费。因此，市场就必然将生产和消费紧密联系起来，消费者的需求只有通过市场才能得到满足，企业生产的产品通过市场这个中间环节才能进入消费领域，企业也只有了解市场的需求，才能真正做到按需生产，满足市场的需求。

3．市场是企业竞争的场所

市场的存在必然会导致企业之间的竞争。在优胜劣汰的自然作用力下，市场竞争既是一种压力，也是一种动力，它促使企业改善经营管理，不断提高产品质量，改善服务态度，从而使人们的需要得到更好的满足，企业的经济效益也相应得到更大的提高。

4. 市场具有三大的功能

根据市场的含义,市场有三大功能。一是实现的功能。市场实现了商品与货币的交换,通过交换,消费者获得利益,生产者获得价值的补偿。二是调节的功能。通过市场供求与价格的相互作用及市场竞争的开展,市场对生产者、经营者和消费者的买卖行为起到调节作用,最终使供需平衡,促进社会资源的合理配置。三是反馈功能。市场是信息汇集的场所,它为企业的微观决策和政府的宏观决策提供依据。所以,市场在实现社会再生产、反映国民经济的发展状况,以及开展市场竞争等多方面发挥着重要的作用。

二、市场营销

（一）市场营销的含义

在我国,很多人都认为市场营销主要是指推销、销售,其实,市场营销是由英文单词"Marketing"转译而来,关于其具体解释和定义有多种说法,而且,市场营销的概念是随着社会经济、市场形势的变化及市场营销实践活动和经营理念的发展而变化发展的。世界上有许多学者、专家和组织对市场营销做过明确的定义,他们分别从微观和宏观的角度来研究市场营销的内涵。

美国权威学者菲利浦·科特勒(Philip Kotler)认为：市场营销最主要的不是推销,推销只是市场营销的一个职能(并且常常不是最重要的)。因为准确地识别出消费者的需要,发展适销对路的产品,搞好定价、分销和实施有效的促销活动,产品就会很容易销售出去。其研究的对象和主要内容是：识别目前未满足的需要和欲望,估量和确定需要量的大小,选择和决定企业能提供最好服务的目标市场,并且决定适当的产品、劳务和计划(或方案),以便为目标市场服务。这就是说,市场营销主要是涉及企业在动态市场上如何有效地管理其交换过程和交换关系,以提高经营效果,实现企业目标。或者换一句话说,市场营销的目的,就在于了解消费者的需要,按照消费者的需要来设计和生产适销对路的产品,同时选择好的销售渠道,做好定价、促销等工作,从而使这些产品可以轻而易举地销售出去,甚至使推销成为多余行为。

美国市场营销协会1985年对市场营销下的定义是：市场营销是对思想、产品和服务进行的构思设计、定价、促销和分销的规划与实施过程,从而产生能满足个人和组织目标的交换。这一定义更为全面和完善地阐述了市场营销的内涵,主要表现在以下方面。

(1) 产品概念扩大了,它不仅包括产品或劳务,还包括思想和服务。

(2) 市场营销的概念也扩大了,市场营销活动不仅包括赢利性的经营活动,还包括非营利组织的活动,即市场营销的理论适用于一切组织。

(3) 强调了交换过程的作用。

(4) 突出了市场营销计划的制订与实施,即强调了市场营销策略的有效性。

综上所述,市场营销是一种从市场需要出发的管理过程。它的核心思想是交换,是一种买卖双方互利的交换,即卖方按买方的需要提供产品或劳务,使买方得到消费满足;而买方则付出相应的报酬,使卖方亦得到回报和实现企业目标,双方各得其所。企业要想最大限度地满足自己的需要,首先就要最大限度地满足他人的需要。虽然市场营销的目的是同时满足供需双方的需要,它的前提和重心却是满足顾客的需要,是设法发现顾客现实需要和潜在需要,并通过商品交换过程尽力满足它,将满足顾客需要变成企业盈利的机会。

市场营销活动是企业的整体营销活动。整体营销是企业为满足目标市场需求而开展的各项营销活动,包括从产品生产之前到产品出售以后的全过程。因此,市场营销活动一般包括产品的社会需求量市场调查与预测、企业的营销战略制定、市场细分、目标市场的确定、产品策略的制定、产品价格的确定、产品销售渠道与促销方式的选择、产品的售后服务与用户意见调查等。

(二)市场营销观念的演变

1. 生产观念

生产观念是一种最古老的经营思想,20世纪20年代在西方发达国家占支配地位。当时由于生产效率还很低下,产品供不应求,基本上是卖方市场。例如,当时轿车产量很少,价格昂贵。企业不关心市场需求问题,而将营销管理的重点放在抓生产和抓货源上,争取多获利润,即以生产观念为导向。

生产观念(Production Concept)也称为生产导向。这种观念认为企业的一切经营活动应以抓生产为中心,企业能生产什么就生产什么,市场也就卖什么,即所谓"以产定销"。在这一经营观念指导下,企业经营要解决的中心课题是生产问题,表现之一就是如何扩大产品和降低产品成本。其基本经营理念是:产量扩大,成本和价格就会下降,于是顾客就会增多,销量和产量会进一步扩大,于是形成良性循环。这种观念似乎很有道理,但不能脱离具体条件,如果某种商品的确因生产规模小、价格高而影响销路,企业坚持这种观念一定会取得成功。反之,如果价格不是影响顾客购买的主要因素,产品的用途、功能不能满足顾客需要,即便是免费派送,也未必能够赢得顾客。

随着现代社会生产力的提高,产品供给超过需求,市场竞争日益加剧,消费者产生不同层次的需求时,生产观念将不能成为有效的营销观念。

2. 产品观念

当产品供不应求的现象得到缓解,生产观念已经表现落后,产品观念(Product Concept)应运而生。生产观念注重的是以量取胜,产品观念注重的是以质取胜。其基本理念是:企业经营的中心工作是抓产品质量,只要产品质量过硬,经久耐用,就会顾客盈门,企业就会立于不败之地。这种观念同样不能脱离具体条件,如果产品确实有市场,但因质量太差而影响销路,企业坚持这种观念就会大有作为;否则,其他因素不能满足顾客需要,即使质量再好的产品也不会畅销。在现代市场经济高度发达的条件下,这种生产观念也是不适宜的。因为现代市场需求的层次是不断提高的,能够更好地满足市场需求的产品层出不穷,如果企业的产品不能及时满足市场的更高要求,质量再好的老产品也不可能持久地占领市场。

3. 推销观念

推销观念(Selling Concept)产生于20世纪30年代初期,西方主要工业国家经济持续发展,使大批产品供过于求,销售困难,卖方竞争加剧,生产企业面临的问题不是如何扩大生产规模和提高生产率,而是生产销路的问题。因而推销技术特别受到企业的重视,并逐步形成了一种推销经营哲学。其基本理念是:企业经营中的工作不再是生产问题,而是销售问题。抓销售就必须大力施展推销和促销技巧,激发顾客的购买兴趣,强化购买欲望,努力扩大销售。促销的基本手段就是广告和人员推销。

推销观念以推销为重点,通过开拓市场,扩大销售来获利。从生产中心观念转变为推销导向是指导思想上前进了一大步。但它基本上仍没有脱离以生产为中心,"以产定销"的范畴。因为它只是注重对既定产品的推销,至于顾客需要什么,购买产品后是否满意等问题,则未给予足够的重视。因此,在经济进一步发展、产品更加丰富、竞争更加激烈的条件下,推销观念就不合时宜了。但推销观念对后来市场营销观念的形成奠定了基础,正是由于推销人员和营销管理人员发现只是针对既定产品的推销,其效果越来越有限,从而转入对市场需要予以足够重视和加以研究,并将营销活动看作企业经营的综合活动(不是单项活动)。

4. 市场营销观念

市场营销观念(Marketing Concept)或市场主导观念,是一种全新的经营哲学,它是一种以顾客的需要为导向的营销观念。它将企业的生产经营活动看作是一个努力理解和不断满足顾客需要的过程,不仅仅是生产或销售产品的过程;是"发现需要并设法满足之",而不是"将产品制造出来并设法推销之"的过程;是"制造适销对路的产品",而不是"推销已经制造出来的产品"的过程。因此,"顾客至上""顾客是上帝""顾客永远正确"等口号,才成为现代企业的座右铭。

市场营销观念是企业经营思想上的根本性的变革。这种观念是近几十年才形成的新的先进观念,它引起了企业组织、管理方法和程序上的一系列变革。在市场营销观念指导下的企业应该做到以下几点。

(1) 不是以生产为中心,而是以顾客为中心,确定企业的经营方向。

(2) 企业的宗旨:满足目标顾客的需求和欲望是企业的责任。口号是:"以需定产""顾客至上""顾客第一"。

(3) 企业中各部门与营销(或销售)部门的管理活动协调一致,开展整体营销活动——生产适销对路的产品,制定适宜的价格,采用适当的促销方式和手段,利用适合的分销渠道。在满足顾客需求和利益的基础上,达到获取企业的合法利润的目的。

(4) 企业营销部门已不是单纯地在产品制成后从事销售性事务,而是参与到企业经营管理活动的全过程,是企业经营管理的重要组成部分。

美国汽车业的巨头通用汽车公司战胜福特汽车公司成为汽车业的霸主,就是汽车行业早期利用市场营销观念取得成功的一个典型案例。当福特的"T"型车为人们所厌倦时,通用汽车公司发现,此时的美国已经产生第二代驾车族,他们更加年轻,更喜欢色彩鲜艳、具有激情的汽车。为此,通用汽车公司专门成立"产品政策研究特别委员会",下设"色彩与美术部"专门研究设计满足不同消费者个性需求的汽车,并成功推出了五彩缤纷的雪佛兰汽车,击败了福特的"T"型车。"一切从顾客出发"的观念帮助通用汽车公司成为汽车业的霸主。第二次世界大战后,市场营销观念逐渐被西方的企业所接受,市场营销观念有四个主要支柱:市场中心、整体营销、顾客满意和盈利率。它从选定的市场出发,通过整体营销活动,实现顾客满意,从而提高盈利率。市场营销观念的广泛应用,为战后资本主义的经济发展做出了不可估量的贡献。

5. 社会营销观念

自20世纪末期,人们对市场营销观念的疑问逐渐增多,公众的主要批评是:尽管一个公司最大利益的获取是建立在极大地满足顾客需求的基础上的,但是该公司很可能在满足自己的顾客和追求自己最大利益的同时损害他人及社会的利益。例如,各大汽车公司生产大量不同类型的汽车极大地满足了人们出行、竞赛等方面的需求,也为各大汽车制造厂带来了巨额的利润,但是同时也造成交通堵塞、生态环境恶化、能源短缺等严重的负面影响,威胁着社会公众的利益和消费者的长远利益,也威胁着经济的可持续发展。这表明,现代市场营销活动有很多副作用,需要对市场营销观念进行修正,从而产生了人类观念、理性消费观念、生态消费观念等,其共同点就是注重社会公众利益,故统称为社会营销观念。

社会营销观念(Social Marketing Concept)是以顾客需求和社会利益为重点,采取整体营销活动,在满足顾客需要和欲望的同时,考虑到消费者自身和整个社会公众的长远利益,达到谋求企业利润的目的。因此,社会营销观念的实质是:在市场营销观念的基础上,综合考虑顾客、企业、社会三者利益的统一,达到最佳营销。

以上五种观念的形成和发展,都是与社会经济发展水平、市场供求和竞争等情况相适应的,是在商品经济不断发展和市场营销实践经验不断积累的基础上逐步发展、完善起来的。企业应依照本国经济发展的具体情况适当应用。通过分析以上五种营销观念我们能发现,前三种观念属于生产观念范畴,都是以产品为中心,企业首先考虑的是产品,不是顾客,然后通过推销,去出售已经生产出来的产品,要求顾客的需求符合企业的供给,将市场作为生产和销售过程的终点。后两种观念是以顾客为中心,企业首先考虑的是顾客需求,不是产品,然后根据顾客需要,设计生产市场需要的产品,并对市场营销因素进行合理有效的组合,制定出既满足需求又有利于企业长期发展的营销策略。因此,旧式商业观念与现代营销观念的营销活动、程序、手段都不相同。现代营销观念创造利润的过程是建立在满足顾客需求、兼顾顾客和社会的长远利益基础上,使顾客、企业、社会三者利益协调一致,相互都得到利益,这就标志着营销观念已从"唯我"到"唯他"、从"局部"到"整体"的转变,故两类观念有质的区别。

随着商品经济和科学技术的进一步发展,市场营销观念不能停留在片面地被动地去满足顾客需求的认识上,而应该有所发展,需注意以下两点。

(1)不能片面地强调满足顾客需求而忽视企业本身的资源和能力。企业要以有限的资源去满足顾客无限的需求,这是不可能的。企业要充分利用自己的优势,扬长避短,生产既是顾客需要的又为企业所擅长的产品,以提高企业的经营效益。

(2)不能被动地去满足顾客需求,而应主动地创造需求,引导消费。一方面是由于企业为适应需要,始终跟着市场跑,不利于发挥企业优势与专长;另一方面顾客的需求往往是很模糊的、不明朗的,这就要求企业去创新,开发新需求,引导新消费,创造新市场。例如,3D电视、平板电脑、苹果手机、电动汽车等的出现,在市场中创造出新的天地,将消费引导到一个新的层次。

任务资讯二 营销要素与市场营销组合

一、营销要素

(一)营销要素的含义

营销要素是企业为了满足顾客需求,促进市场交易而运用的市场营销手段。这些要素多种多样,且在促进交易和满足顾客需求中发挥着不同的作用。为了便于分析和运用市场营销要素,美国市场营销学家麦卡锡教授将各种市场营销要素归纳为四大类:即产品(Product)、价格(Price)、渠道(Place)、促销(Promotion)。这几个词的英文字头都是"P",故称"4P"。

市场营销学主要是以 4P 理论为核心,许多基本原理和内容都是围绕着这四个营销要素展开的。本书将在以后章节中分别详细叙述。由于这四个营销要素是企业能自主决定的营销手段,故称可控制因素。

(二)4P 营销要素

产品、价格、渠道、促销四个营销要素是对各种营销手段的高度归纳,每个要素还包含有若干特定的子因素(或称变量),从而在 4P 组合下,又形成每个 P 的次组合。

1. 产品

产品是指生产商通过调查和处理顾客的需要和欲望,并设计出满足他们的商品。它包括产品的外观、式样、规格、体积、花色、品牌、包装、商标、服务、质量保证等子因素。这些子因素的组合,构成了产品组合要素(Product mix)。

2. 价格

价格是指生产商对产品如何定价,通过调查和处理顾客的购买能力和购买习惯,并设计能让他们接受的价格和方式。它包括基本价格、折扣、津贴、付款时间、信贷条件等,构成了价格组合要素(Price mix)。

3. 渠道

渠道是指生产商通过怎样的渠道和过程将汽车送到消费者手中,它包括销售渠道、储存设施、运输、存货控制等,构成了渠道组合要素(Place mix)。

4. 促销

促销是指生产商采取什么样的方式让消费者知晓并了解其销售的产品,激发消费者的购买欲,促进交易达成,它包括人员推销、广告、公共关系、营业推广、售后服务等,构成了促销组合要素(Promotion mix)。

以上这些子因素中,某些子因素尚可进一步细分。例如,质量可分为优、良、一般三个档次;价格也可分为高、中、低三种价格;广告按其所用媒体不同,可分为报刊、电视、广播、橱窗广告等多种。市场营销组合有许多种组合形式,其组合数目相当可观,因此,在选择市场营销因素组合时,营销因素不能选择太多,否则,随着市场营销因素的增多,经过排列组合,市场营销组合的数量会大大增加,不仅浪费时间、精力和金钱,也使企业无所适从,这是不现实的,也是毫无意义的。

二、市场营销组合

(一)4P 营销组合

在市场营销活动的实践中,企业为了要满足顾客需求,促成市场交易,在市场上获得成功,达到预期的经营目标,仅仅运用一种营销手段而无其他营销手段相配合,是难以获得成功的。必须综合利用产品、价格、销售渠道、销售促进等可控制因素,将这些因素进行整体组合,使其互相配合,共同发挥作用,企业才可能获得成功。市场营销组合(Marketing mix)也就是这四个"P"的适当组合与搭配,是企业为了占有目标市场、满足顾客需求,加以整合、协调使用的可控制因素,表明市场营销观念指导下的整体营销思想。

产品、价格、渠道和促销是市场营销过程中可以控制的因素,也是企业进行市场营销活动的主要手段。4P 中的每个营销因素又是由不同形式的子因素组成,如图 1-2 所示。

某些子因素又可以细分。如质量可以分为高、中、低三个档次;价格也可以分为高、中、低三个档次,将质量和价格因素进行组合就可以形成九种组合。因此,在营销过程中,企业必须从目标市场需求和市场营销环境的特点出发,根据企业的资源条件和优势,综合运用产品、价格、渠道和促销等可控因素,将这些因素进行整体组合,使其相互配合,形成统一的、配套的市场营销战略,发挥整体效益,争取最佳的效果和作用。

(二)4C 营销组合

4P 营销组合是站在销售商的角度进行研究,其目的是销售商在其营销观念的指导下如何实现成功的市场营销活动。但应当注意,一切营销活动都是围绕消费者展开的,消费者是起到支配作用的一方。只有分析研究清楚了消费者购买行为的决定因素,供应商的营销组

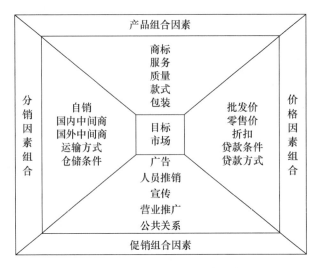

图 1-2　4P 市场营销组合因素结构图

合才会合理有效。为此,美国营销理论专家罗伯特·劳特伯恩强调每一营销工具应从顾客出发,为顾客提供利益。因此,他提出了与 4P 相对应的顾客 4C 营销组合,即顾客的需要与欲望(Customers demands and wishes)、费用(Cost)、便利(Convenience)、交流(Communication),这 4C 的具体内涵如下。

(1) 顾客的需要与欲望:即消费者需要什么样的产品。

(2) 费用:即消费者为获取这一产品能承受多少费用。

(3) 便利:这种产品是否容易买到,它有多少销售网点,提供什么服务。就顾客而言,便利性属于服务范畴。

(4) 交流:购买者接受什么样的信息交流方式。

4P 营销组合比较直观,可操作性和可控性较强,4P 包含了企业营销所运用的每个方面,它紧密联系产品,从产品的生产加工一直到交换消费,能完整地体现商品交易的整个环节,对企业而言,某个环节出现问题容易掌控。但是,4P 的缺点也比较明显,它以企业为中心,以追求利益最大化为原则,忽视了消费者的利益,势必会产生企业与顾客之间的矛盾。4C 的营销组合则注重以消费者需求为导向,克服了 4P 只从企业考虑的局限,但从企业的营销实践和市场发展的趋势来看,4C 也有一些缺陷,它立足的是顾客导向,不是竞争导向,所以,还要加强对竞争对手的分析。

进入 21 世纪以来,市场营销的环境更加复杂,商家与消费者的分歧可能会更加尖锐,市场竞争更加激烈,所以企业应善于动态地利用市场营销因素,制定市场营销组合策略,以创新的导向迎接不断出现的市场新挑战。

任务资讯三　汽车市场营销

一、汽车市场

（一）汽车市场的含义

汽车是由自身的动力装置驱动，4轮或4轮以上的非轨道、无架线车辆，主要用于载人或货物运输。传统意义上的汽车市场是指用于商品交易的新车市场。随着汽车后市场的发展，汽车市场的含义也发生一些变化，汽车市场内交易的商品除了新车外，还包括汽车配件、二手车、汽车维修服务、汽车用品、汽车金融产品等，本书讨论的汽车营销主要是研究汽车供应商以新车作为交易商品而采取的各种市场营销活动。活动的主体包含两类群体：汽车供应商（生产商、制造商或是经销商、代理商等）和汽车消费者，而作为汽车市场中交易的新车则构成活动客体。

（二）中国汽车的发展历程

中华人民共和国成立前张学良将军掌管的迫击炮厂曾经试制过"民生"牌汽车，该车是对购进的美国汽车进行分解，除发动机、后轴、电器设备和轮胎等采用原车部件外，对其他零件进行重新设计制造而成。20世纪50年代后，中国才开始成批量生产汽车，中国汽车工业的发展大致经历了三个阶段。

1. 创建阶段

1953年至1978年是中国汽车工业的创建阶段。在国家领导人的筹划和关注下，1953年7月，第一汽车制造厂在长春奠基；1956年7月第一辆"解放"牌载货汽车诞生；1967年第二汽车制造厂在十堰正式破土动工，经过二十余年的发展，中国汽车产品从无到有，生产厂家五十余家，初步奠定了中国汽车工业的发展基础。

2. 成长阶段

1978年到20世纪末，中国汽车工业获得了长足的发展，形成了完整的汽车工业体系，从载重汽车到轿车，开始全面发展，这一阶段是我国汽车工业由计划经济体制向市场经济体制转变的转型期。这一时期的特点是：商用汽车发展迅速，商用汽车产品系列逐步完整，生产能力逐步提高，具有了一定的自主开发能力。重型汽车、轻型汽车的不足得到改变。轿车生产奠定了基本格局和基础，我国汽车工业生产体系进一步得到完善。

随着市场经济体制的建立，政府经济管理体制的改革，企业自主发展、自主经营，大企业集团对汽车工业发展的影响越来越大，汽车工业企业逐步摆脱了计划经济体制下存在的严重的行政管理的束缚。政府通过产业政策对汽车工业进行宏观管理，通过引进技术、合资经营，使中国汽车工业产品水平有了较大提高，摸索了对外合作、合资的经验。

3. 全面发展阶段

进入21世纪以后,中国汽车工业在中国加入世界贸易组织(WTO)后,进入了一个市场规模、生产规模迅速扩大,全面融入世界汽车工业体系的时期。目前,我国各大汽车生产企业都在不断扩大产能,外商也纷纷增资中国汽车市场。经过近些年大规模的购并和联合,世界汽车产业已初步形成了通用-上汽、福特-马自达-长安、戴姆勒-克莱斯勒、丰田-大发、大众-斯堪尼亚、雷诺-日产等六大汽车集团。六大集团一致看好中国汽车市场的诱人前景,纷纷从各自的全球战略角度出发,在对中国市场进行战略布局的基础上,积极地、加速地展开有效的进入和竞争策略。中国汽车工业发展进入新阶段。

中国汽车工业协会公布的数据显示,2007年中国汽车产销突破800万辆,成为仅次于美国的全球第二大汽车消费市场。产量已超过德国,仅次于美国、日本,居世界第三位。2014年中国汽车产销突破2300万辆,已跃居成为世界第一大汽车制造和消费市场,且随着中国国民经济的进一步发展,中国汽车产销市场还将保持强劲的增长潜力。

(三)中国汽车市场的特点

我国汽车市场的发展与我国汽车工业的发展相一致。改革开放后,我国汽车工业的产销体系由较为封闭的状态逐渐转为开放的系统,汽车生产的市场导向取代了计划指导。目前汽车作为商品进入市场交换体系,多渠道、少环节的汽车商品市场流通体系已经初步形成。总体上看我国汽车市场的特点有如下几方面。

(1)市场随国民经济运行的波动而波动。
(2)汽车产品发展快但开发能力不足。
(3)汽车零部件工业落后于整车的发展。
(4)汽车及零部件服务贸易水平较为落后。
(5)价格较高制约着汽车工业的发展。
(6)巨大的潜在市场优势受政策环境制约。
(7)经济、政策因素对汽车消费市场影响大。
(8)汽车消费结构的主体向个人购车转变。

二、汽车营销的发展阶段

汽车的生产和经营大致经历了以下5个发展阶段。

1. 以产品为导向的营销阶段

早期的汽车工业,产品相对短缺,供不应求,消费者选择的余地很小。谁能批量生产消费者买得起的汽车,消费者就购买谁的产品。20世纪初期的福特公司就是这一阶段的代表性汽车制造企业。

1992年之前,我国汽车营销也处于这一阶段。汽车产品非常有限,只有桑塔纳等少数几个轿车品牌,汽车产品的品种和数量都供不应求。汽车营销处于国家计划经济调控之下,因此,这个阶段的汽车营销,实质就是渠道和配送体系的汽车营销。

2. 以多种营销手段创新为核心的营销阶段

短缺使得早期的汽车企业获取了大量的利润,企业不断扩大生产,其他企业也积极参与进入汽车产业,于是竞争出现了。尽管这个阶段的竞争水平比较低,但迫使汽车厂商开始采取多种销售工具,如:开发新产品、进行广告宣传与品牌塑造、创新销售渠道等。20世纪20年代后期,通用公司针对不同的市场,推出不同价位、不同品牌的产品,并采取适当的广告宣传,创建具有品牌特征的汽车专卖店,从而超过福特汽车公司,成为世界最大的汽车公司。

中国汽车营销在1992—1999年期间,表现出第二阶段汽车营销的许多特征。20世纪90年代初期,中国汽车市场处于相对疲软状态,合资引进的车型,初期未被消费者充分接受,捷达轿车等品牌遇到了前所未有的困难,企业开始尝试营销创新。由于产品和价格主要由外资企业决定,能够进行营销创新的领域是品牌宣传和渠道建设。这一阶段汽车营销的突出特点是品牌营销,就是以重大事件为核心来展示品牌,进行覆盖式的重点宣传,同时配套其他沟通方式。例如捷达推出的60万公里无大修活动,改变了捷达在市场上的被动局面,提升了品牌知名度,提高了其市场占有率。

3. 以4P整合营销功能为核心的营销阶段

20世纪60年代,美国汽车营销进入到整合营销阶段。1962年美国汽车营销专家第一次提出了4P理论,将单一营销功能效率的研究提升到整合的发展阶段,形成更加系统的4P专业化工具。其核心观点是,一个产品的销售,不仅取决于单一营销功能的创新,而是取决于产品、价格、渠道、促销四个方面的系统努力,企业要把产品销售出去,必须保证四个方面都达到整体上的优势,并进行营销的整合。

1999年开始,中国汽车营销进入到4P整合营销阶段。跨国公司大量进入中国,为跨国公司服务的营销服务机构(如广告、公关公司)也涌入中国,带来了他们习惯采用的整合营销理论的做法,此阶段汽车营销的特点是首先确定适合中国国情的产品和价格,然后投入大量的广告与宣传,建立统一形象的4S店服务体系,结果汽车新兴品牌迅速崛起,产品、价格、渠道、促销四位一体的整合营销品牌宣传模式成为汽车厂商的主要营销工具。

4. 以营销需求管理为主流营销理论的营销阶段

20世纪70年代,中东石油危机导致全球油价暴涨,4P理论指导下的大型轿车企业出现了营销危机,也暴露了4P营销理论的局限性。此时,美国三大汽车公司的大型轿车在产品质量、外观设计上没有问题,但是高油价导致消费者的需求发生变化,消费者把目光转向了小型车,大型高能耗轿车出现了滞销。4P理论虽然强调专业营销工具的系统性和一致性,但是忽略了营销最关键的因素——消费者的需求。只有分析研究不同环境下消费者需求的变化,构建产品最大程度使用市场的基础,企业的 4P 理论才能在销售上发挥作用。丰田汽车公司就是对市场需求进行准确管理和控制,使得丰田汽车逐步控制了日本的汽车市场乃至美国的进口汽车市场。

5. 价值战略营销阶段

价值战略营销目前还处于萌芽状态,但它明显不同于以往的营销特点,那就是高度强调消费者的利益和价值,要求厂家想方设法在成本和费用能够支持的背景下,尽可能实现消费者价值最大化。

创造消费者价值最大化主要表现在以下几个方面。

(1) 定制化。在美国、德国等发达国家,定制一款汽车的交货周期已经压缩到 20 天,允许消费者根据实际需求,调整自己的买车价格。

(2) 针对市场需求,开发多种车型,满足市场需求。

(3) 多方面满足消费者的利益和价值,形成贷款服务、汽车维修保养等一系列完整的价值服务体系。

(4) 深度塑造品牌价值。日本的汽车公司采用大量宣传日本的管理模式和方法,并在产品当中让消费者感受到产品的优势和特征,这样多层次、多角度、立足价值塑造品牌的手段,使得日本很多品牌汽车在美国的销量甚至超过了美国本土汽车。

(5) 从未来利益出发,开发节油型汽车或新型动力汽车,在创造消费者价值上实现全球领先。

汽车及品牌标志认知

一、了解汽车发展史

汽车发展史大致分为蒸汽汽车、内燃机汽车和大量流水线生产汽车等几个阶段。

(1) 1705 年,纽科门首次发明了利用蒸汽驱动机械的实用化蒸汽机,产生了划时代的第一次工业革命。

(2) 1769 年,法国人古诺(Cugnot)制造了世界上第一辆蒸汽驱动的三轮汽车,这是汽车发展史上的第一座里程碑。

(3) 1885 年卡尔·本茨在曼海姆制成了第一辆奔驰机动车,该车为三轮汽车,采用单缸两冲程汽油机。此车具备了现代汽车的一些基本特点,如火花塞点火、水冷循环、钢板弹簧悬架、后轮驱动前轮转向和制动手把等。1886 年 1 月 29 日,卡尔·本茨制造的汽车取得了专利权,人们通常将这一天看作汽车诞生日。

(4) 1886 年,卡尔·本茨将单缸功率为 1.1 马力、转速为 650r/min 的发动机装在一辆四轮马车上,该车的速度达到 18km/h,世界上第一辆汽油发动机驱动的四轮汽车就此诞生。可以说这是汽车发展史上的第二座里程碑。

(5) 1913 年,美国福特汽车公司首次采用流水装配线的生产作业方式,使汽车成本大幅下降,汽车不再是贵族和有钱人的豪华奢侈品,它开始逐渐成为大众化的商品。这是汽车发展史上的第三座里程碑。

(6) 21 世纪初,世界汽车企业经过一系列全球范围的兼并、联合、重组,逐步形成了当前的"7+2"格局,通用+上汽、福特+马自达+长安、丰田+富士重工、大众+铃木、标致雪铁龙+宝马、雷诺+日产+戴姆勒、菲亚特+克莱斯勒+三菱、本田、现代起亚。新形成的汽车集团公司由于采用现代信息技术的跨国管理方式,推动了扁平型企业管理组织的发展,降低了规模扩张后的管理成本,使超大汽车集团的形成成为事实,新的汽车产业格局正在逐渐形成。

二、认知汽车品牌标志

1. 分辨汽车类型

2004 年之前,我国将汽车分为客车和货车两大类,如图 1-3 所示。2004 年起,为便于与国际汽车产业接轨,我国采用了新的汽车分类标准,将汽车分为乘用车和商用车两大类,如图 1-4 所示。

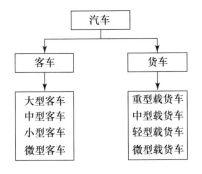

图 1-3 旧汽车分类标准

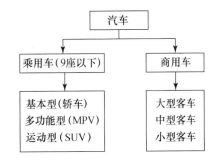

图 1-4 新汽车分类标准

2. 认知汽车生产厂家及标志

品牌的最直接表现是名称和标志,这两个信息是产品和消费者建立关系的基础。当人们看到名称和标志时,可以确信这个产品是货真价实的,它们也是产品持续一致的保证。品牌名称和标志的改变要符合产品一贯的承诺,否则用户对品牌的忠诚度就会降低。国内外典型汽车生产厂家及其标志见表 1-1。

表 1-1　国内外典型汽车生产厂家及其标志

名称	厂家简介	标志	标志含义
奔驰	1886年,戴姆勒将其研制的汽油发动机安装在马车上,创造了第一辆戴姆勒汽车。1887年,卡尔·本茨成立了世界上第一家汽车制造公司——奔驰汽车公司。1890年,戴姆勒汽车公司成立。1926年,戴姆勒汽车公司和奔驰汽车公司合并,成立了戴姆勒-奔驰汽车公司		奔驰的标志是一个形似汽车转向盘的环形围绕一颗闪亮的三叉星,三叉星象征着该公司向海陆空三个方向发展,环形显示其营销全球的发展势头
宝马	宝马公司(Bayerische Motoren Werke AG)原名是巴依尔发动机股份有限公司,简称BMW,1916年创建于慕尼黑,开始主要从事飞机引擎生产。1923年年末,他们特约在慕尼克开始生产摩托车,挂有BMW商标的R32摩托车则首次在市场中销售。1929年,宝马推出了首款汽车,踏上了汽车生产之路。1994年收购英国的Rover集团。1998年向大众公司购买劳斯莱斯的商标和标志。目前,宝马公司旗下拥有BMW、Rolls-Royce和Mini三大品牌		宝马车标中BMW是公司全称的缩写,蓝白两色为衬底的飞机螺旋桨图案,既显示公司早先在航空发动机技术方面的领先地位,又象征着公司在广阔的时空旅程中,以最创新的科技、最先进的理念来满足消费者最大的愿望,反映了宝马公司蓬勃向上的气势与日新月异的面貌
大众	1938年,大众汽车公司在德国的沃尔夫斯堡建厂,并正式命名为"Volkswagenwerk"开始生产由波尔舍设计的甲壳虫车型。1973年,大众的第二款传奇车型帕萨特(Passat)问世。1974年,大众推出的经典掀背式小型家用车型高尔夫(Golf),成为继甲壳虫车型以来汽车行业的又一奇迹。1985年,大众公司进入中国市场,与中方合资组建上海大众。1998年收购了布加迪、兰博基尼和宾利等豪华车品牌。目前,拥有大众(Volkswagen werk)、奥迪(Audi)、斯柯达(Skoda)、宾利(Bentley)、布加迪(Bugatti)等汽车品牌		大众的商标图案叠加的VW是德文Volks Wagen werk的两个单词的缩写,意思是"大众汽车"。整个图案又形似3个叠加的V,表示大众公司的产品"必胜—必胜—必胜"
			奥迪车标表示该公司当初是奥迪(Audi)、霍克(Horch)、万德勒(Wanderer)和DKW四家公司联合而成的,预示着四兄弟团结合作的紧密关系和奋发向上的敬业精神

续表

名称	厂家简介	标志	标志含义
通用	1901年苏格兰人大卫·别克制造了一辆别克车,1903年别克在布里斯科兄弟的帮助下创建了别克汽车公司,1908年,威廉·杜兰特以别克为中心成立了通用汽车公司。1909年凯迪拉克公司加入通用汽车公司。1929年收购了德国欧宝汽车厂。目前通用公司旗下拥有凯迪拉克(Cadillac)、雪佛兰(Chevrolet)、别克(Buick)、奥兹莫比尔(Oldsmobile)、土星(Saturn)、悍马(Hummer)、欧宝(Opel)、绅宝(Saab)等汽车品牌	GM	通用商标上的"GM"是通用公司英文名General Motor Corporation的简称
福特	1903年亨利·福特在底特律创办了福特汽车公司。1908年福特汽车公司生产出属于普通汽车消费者的T型车。1913年福特汽车公司开发了第一条汽车生产线。1922年福特收购了林肯汽车公司。福特如今是最大的卡车制造商,是美国第二大汽车公司。目前福特集团拥有著名的七大汽车品牌:福特(Ford)、林肯(Lincoln)、水星(Mercury)、马自达(Mazda)、阿斯顿·马丁(Aston Martin)、路虎(Land Rover)和捷豹(Jaguar)汽车品牌	Ford	福特公司标志采用蓝底白字,中间是福特英文字样,由于创始人福特喜欢小动物,所以标志设计者将其画成一个小白兔样子的图案。活泼可爱、充满活力的小白兔既象征着福特汽车奔驰在世界各地,又暗示福特对动物的喜爱
克莱斯勒	1925年沃尔特·克莱斯勒买下破产的马克斯维尔公司组建了克莱斯勒汽车公司。此后他又买下了道奇、普利茅斯等公司,发展成为美国的第三大汽车公司。目前公司拥有克莱斯勒(Chrysle)、奔驰(Benz)、道奇(Dodge)、吉普(Jeep)等品牌	CHRYSLER CHRYSLER	克莱斯勒汽车公司的标志为一枚五星勋章,五角星的五个部分代表了世界五大洲,寓意着克莱斯勒汽车公司的汽车遍及全世界 1998年克莱斯勒与奔驰联合组成了戴姆勒-克莱斯勒集团,于是采用了飞翼标志,表示克莱斯勒将重新崛起

续表

名称	厂家简介	标志	标志含义
丰田	1933年,丰田喜一郎在纺织机械制作所的基础上成立汽车部,开始制造汽车。1937年,汽车部从丰田自动织机制作所独立出来,成立汽车工业公司。1939年丰田公司成立蓄电池研究所,开始着手电动汽车的研制。在丰田的发展过程中创造了皇冠、花冠、雷克萨斯等世界知名品牌。丰田汽车公司目前,拥有丰田(Toyota)、雷克萨斯(Lexus)、大发(Daihatsu)和塞恩(Scion)等汽车品牌	TOYOTA	丰田车标发表于1989年10月,Toyota创立50周年之际,设计的重点是椭圆形组成的左右对称的构成。椭圆是具有两个中心的曲线,表示汽车制造者与顾客心心相印。并且,横竖两椭圆组合在一起,表示丰田(Toyota)的第一个字母T。背后的空间表示Toyota的先进技术在世界范围内拓展延伸,面向未来,面向宇宙不断飞翔
本田	1948年,本田宗一郎组建了"本田技术研究工业总公司",总部设在东京,以生产摩托车为主。1962年开始涉足汽车生产。目前本田公司拥有本田(Honda)、阿库拉(Acura)等品牌	HONDA	本田公司采用的是三弦音箱式商标,即带框的"H",同时这个字母也是"Honda"的第一个字母。这个标志体现出技术创新、职工完美和经营坚实的特点,同时还有紧张感和可以放松一下的轻松感
日产	1933年,日本产业公司、户田铸造公司共同出资注册成立了"汽车制造股份公司"。1934年更名为"日产汽车公司"。1999年,日产公司与法国雷诺公司签订联盟协定,2002年雷诺增资日产持股比例达到44.4%。目前日产公司拥有日产(Nissan)、途乐(Patrol)、风度(Cefiro)、蓝鸟(Bluebird)、帕拉丁(Paladin)、英菲尼迪(Infiniti)及总统(President)等品牌	NISSAN	日产车标是将Nissan放在一个红火的太阳上,突出了所在国家的形象,这在汽车商标文化中独树一帜。Nissan是"日产"的日语拼音,即日本产业的简称,整个图案的意思是以人和汽车的明天为目标

续表

名称	厂家简介	标志	标志含义
一汽	第一汽车制造厂始建于1953年，它是中国汽车工业的摇篮。1991年同德国大众合作，先后引进奥迪、捷达等轿车生产技术。1992年更名为中国第一汽车集团，此后一汽不断壮大，以控股等方式将沈阳金杯、吉林微型收入旗下。2002年，一汽与天津汽车工业集团联合重组，后又与日本丰田汽车公司全面合作。经过几十年的发展，一汽在东北、华北、华东、西南形成了布局合理的生产基地，拥有产品开发和工艺材料开发国内领先水平的技术中心，产品涉及重、中、轻、轿、微、客等六大系列上百个品种。目前拥有解放、红旗、夏利、马自达、一汽大众和一汽丰田等品牌		中国一汽的商标是取第一汽车中的"一汽"为核心元素，经组合、演变，构成雄鹰视觉景象，喻示着第一汽车搏击长空、展翅翱翔
东风	东风汽车公司前身为1969年建于湖北十堰的中国第二汽车制造厂。1975年二汽生产的汽车经国务院批准命名为"东风"。1990年12月二汽与法国雪铁龙公司签订了轿车项目合同。1992年9月第二汽车制造厂正式更名为东风汽车集团。2003年公司运营中心由十堰迁至武汉。经过几十年的建设，现拥有十堰（以中、重型商用车为主）、武汉（以轻型商用车、乘用车为主）、襄樊（以乘用车为主）和广州（以乘用车为主）四大生产基地。目前主要品牌有东风、东风日产、东风本田、东风悦达起亚、东风风神		东风汽车标志——"风神"，是一对燕子在空中飞翔时的尾羽，通过艺术手法作为图案基础，以夸张的表现形式喻示双燕舞东风，使人自然联想到东风送暖，春光明媚，神州大地，生机盎然，给人以启迪，给人以力量。二汽的"二"字寓意于双燕之中。戏闹翻飞的春燕，象征着东风牌汽车的车轮不停地旋转，奔驰在祖国大地，奔向全球

续表

名称	厂家简介	标志	标志含义
上汽	上汽集团全称是上海汽车工业（集团）总公司，是中国汽车行业的骨干企业之一。1958年，生产出了第一辆轿车，名为"凤凰"牌轿车，后易名为"上海"牌轿车。1983年第一辆上海桑塔纳轿车组装成功。1985年上海大众汽车有限公司成立。1997年上海通用汽车有限公司成立。1998年首辆别克新世纪轿车下线。2006年拥有自主知识产权的"荣威"轿车投产。主要品牌有上海大众、上海通用、上海双龙、上海通用五菱、上海申沃及荣威等	SAIC	上汽集团的标志中间是上海汽车工业总公司的英文缩写，并伸展出近似球形的S，寓意上汽集团崇尚人本、集成全球资源、提高创新能力，努力打造成为具有国际竞争能力的汽车集团。 　　荣威ROEWE的命名取意于"创新殊荣，威仪四海"，标识图案充分体现经典、尊贵的气质，整体形象中西合璧，包蕴自信内涵，充分阐释了上海汽车以自主掌控、自主创新的信念，传承世界先进技术，全新塑造中国的国际品牌的决心和信心

三、实训总结

1. **品牌的内涵**

（1）利用参考书、网络资源等查找并总结奥迪、奔驰、沃尔沃等典型品牌的内涵与定位。

（2）小组派代表讲解主要汽车品牌的内涵和定位。

2. **画出品牌等级图**

组织学生上网查询通用汽车公司与一汽集团各级子品牌及其下属的具体车型，然后画图说明其品牌等级关系。

3. **评价**

（1）各小组对其他小组的实训作品及讲解情况给予点评。

（2）指导教师对各小组的训练过程及实训作品给予评分。

福特公司的经营理念

一、案例背景资料

美国福特汽车公司是世界最大的汽车企业之一。1903年由亨利·福特先生创立创办于美国底特律市。在福特公司发展的不同阶段采用了不同的经营理念,下面介绍的是在不同时期福特公司开发的典型产品和经历的大事件,请仔细阅读,然后完成后面的分析任务。

1. 公司成立

福特汽车公司成立于1903年6月16日,那天亨利·福特和11位合伙人在密歇根州递交了成立公司的申请报告。福特汽车成立后仅几个星期,便向加拿大的一位消费者售出了一部A型汽车,从此开始了福特走向世界的伟大历程。

2. T型车

1908年,亨利·福特在试造了几个车型后,终于推出了改变世界的T型车,这是一款普通百姓能买得起的汽车。T型车结构简单,就像在四个轮子上装了一个黑盒子,各部分可装可拆。这款车免除了许多不必要的附件,减轻了车身,使得造价大幅度降低,满足了普通消费者的需求。

上市第一年T型车的产量达到10 660辆,创下了汽车行业的纪录。至1927年停产,T型车共卖出1 500多万辆,使T型车的足迹遍布世界每个角落,亨利·福特也被尊称为"为世界装上轮子的人"。在1999年的世纪末评选中,福特T型车被评为"世纪之车",亨利·福特本人也获得了《财富》杂志"二十世纪商人"的称号。

3. 汽车生产线

1913年,福特发明了现代工业革命史上具有里程碑意义的流水装配线,奠定了大规模生产方式的基础。福特采用大规模的汽车流水生产线后,从过去12.5小时生产一辆T型车,降到9分钟生产一辆,大幅度降低了生产成本,使汽车价格最终降到每辆240美元。

在采用生产线大批量生产T型车的时候,福特提出"不管顾客需要什么,我的车都是黑色的"的以自我为中心的经营策略,以黑色车作为福特汽车公司的象征。

4. 福特F系列卡车

随着1945年第二次世界大战的结束,美国的汽车生产线恢复了民用车的生产。1948年1月,福特汽车公司建造了第一辆后来成为汽车史上最成功的车型系列的F系列皮卡。自1948年以来,全球各地的消费者、企业和商用车队客户大约购买了2 750万辆F系列皮卡。1995年,F系列压倒大众甲壳虫成为历史上全球最畅销的汽车品牌。在北美,F系列卡车连续21年成为最畅销车辆,共计26年荣获"畅销汽车"称号。

5. 福特野马

20世纪60年代,第二次世界大战生育高峰期出生的孩子已长大成人,这代人追求高档、新潮,原有车型很难满足他们的需求。福特公司用一战中所向披靡的战斗机"野马"为名,开发了适合年轻人的低价跑车。为符合"野马"这一名称,设计者将车子涂成白色,车轮涂成红色,车尾的保险杠向上翘曲,仿佛一匹昂首阔步向前奔跑的骏马。福特公司还将车标设计成狂奔的野马,这样新车真成了一匹不驯的野马。

时任公司总经理的亚科卡决定采用广告攻势配合新车的推出。对这次广告策划亚科卡强调的是那种铺天盖地、不可阻挡的感觉。大家决定多种渠道出击,发动新闻战,让广大用户了解新产品,向消费者本人直接促销,在最佳时机做广告。轮番不断的广告攻势让公司的努力没有白费,野马上市第一天,就有400万人涌到福特的销售点购买新车,一年内,野马的销售量达到418 812辆,创下惊人的纪录。40年以来,福特野马已经成为美国风景的一部分。时至今日,它在各年龄层人们的心中还是魅力不减。

6. 福特金牛座

福特还有一个典型成功案例发生在20世纪80年代早期的经济滑坡之后。石油价格飞涨和汽车销量下降促使福特尽快制造出一款既省油又标新立异的汽车。1986年投产的福特金牛座车型,对于当时的主流家庭轿车市场而言,无疑是一个轰动性的设计。符合空气动力学原理的流线型设计风格,使得其他大部分轿车看起来非常陈旧,一时间其他汽车制造商纷纷效仿。

福特金牛座自1992年起连续9年蝉联全美十大畅销车型桂冠,是美国轿车的表征车型。20世纪末据汽车调查公司的数据,安全性已经成为新车购买者最在意的项目,金牛座将安全性、便利性和舒适性放在了突出的位置。金牛座拥有一系列令人印象深刻的安全性设施,这保证了它在美国联邦政府正面碰撞试验中的出色表现,司机和前座乘客都获得了5星级的标准(碰撞安全的最高标准)。

7. 福特金融服务集团

福特金融服务集团的前身是福特收购的郝兹公司,它是世界一流的汽车租赁公司。以此为基础,福特公司1987年10月成立了福特金融服务集团,其主要有两大类业务。

(1) 福特汽车信贷公司。向海内外分销商和顾客提供金融支持。福特汽车信贷公司是世界上第二大金融公司,1988年仅在美国,就为160万辆汽车提供了贷款。

(2) 美国国际租赁公司。福特公司于1987年11月将其收购,随后将福特信贷公司中从事专门租赁业务转到美国国际租赁公司中。除提供汽车租赁业务外,还提供商用设备租赁、市政金融服务、测试仪器租赁等服务。

8. 阿斯顿·马丁

1994年,阿斯顿·马丁成为福特汽车公司的全资子公司。福特除了为其提供财务保障外,还向它提供福特在世界各地的技术、制造和供应系统,以支持新产品的设计和开发,令这颗豪华跑车中的明珠重新焕发出迷人的魅力。阿斯顿·马丁的多款汽车都曾是007系列影片中邦德的座驾,为邦德的出奇制胜立下了赫赫战功。

9. 追求可持续发展

福特汽车公司长期以来致力于成为可持续发展的汽车厂商。尤其进入21世纪以来,面对汽车排放对环境造成的危害,福特汽车选择以绿色环保为切入口,并将绿色理念贯穿到整个企业之中。过去数年中,福特汽车都尽可能广泛地使用更加环保的非金属可再生生物基材料。比如以大豆为原料的泡沫塑料椅垫、以麦秸为填充料的塑料、可再生树脂制成的车身底部系统、可再生纱线制成的椅套以及天然纤维塑料制成的内饰件等。福特在全球的大部分新款汽车或改款车型的座椅织物至少含有25%的回收材料。

10. 福特汽车环保奖

福特汽车环保奖是世界上规模最大的环保奖评比活动之一,授奖活动遍及五十多个国家和地区,其前身是1983年在英国首次发起的"亨利·福特环保奖",其宗旨是鼓励各阶层人士积极参与有助于保护本地环境和自然资源的活动。2000年,福特汽车环保奖首次进入中国。14年来,"福特汽车环保奖"总计授予奖金1 610万人民币,共有325个优秀环保团体和个人获得了奖金资助或提名鼓励。

二、讨论分析

(1) 学生阅读福特公司开发的主要产品和大事记后,复习任务资讯中有关汽车营销观念及汽车营销的发展阶段的知识点。

(2) 老师给出福特公司的发展历程简介资料,或学生上网查询福特公司发展历程的相关资料。

(3) 对于背景资料中涉及的福特公司开发的各种汽车产品,小组讨论分析福特开发它们时贯彻了什么样的市场营销理念。从汽车营销的发展阶段看,这些产品下线销售时处于汽车营销的哪个阶段。

(4) 小组讨论分析,福特公司发展历程中贯彻的汽车营销理念对我国汽车工业有何借鉴作用。

三、案例总结

(1) 各个小组将讨论结果写在案例总结报告中,老师可以给出案例总结报告样本。
(2) 各个小组将讨论结果制作成海报或者PPT幻灯片。
(3) 各个小组派代表上台讲解本组的讨论结果。
(4) 各个小组对其他小组的讨论结果进行点评。
(5) 指导老师对各个小组的表现给以评价。

思考题

1. 如何理解市场的含义?市场有什么作用?
2. 市场营销的内涵是什么?市场营销观念的发展经历了哪些阶段?

3. 市场营销有哪些要素？如何理解 4P 营销组合？
4. 什么是汽车市场？中国汽车市场有什么特点？
5. 汽车营销的发展经历了几个阶段？每个阶段各有什么特点？
6. 汽车如何分类？试分析汽车的发展历程。
7. 列举出 6 个以上世界知名汽车品牌，并分析每个品牌的内涵。
8. 画图分析说明一汽集团各子品牌的等级关系。

任务二
汽车市场营销环境分析

1. 了解企业与市场营销环境的关系。
2. 理解分析市场营销环境的目的。
3. 掌握汽车市场营销环境的主要内容。
4. 掌握汽车市场营销环境各因素及其变化趋势对汽车营销产生的影响。
5. 能对特定时期的汽车市场营销环境进行有效分析,发现机会与威胁,合理调整汽车企业的营销决策。

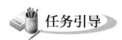

汽车企业市场营销活动都是在一定的市场营销环境里进行的,随着时间的推移汽车市场营销环境也不断变化,环境因素的变化对企业来说,既可以带来机会,也可能形成某种威胁。你能有效分析汽车市场营销环境吗?如何根据汽车企业市场营销环境的变化调整汽车企业的营销策略呢?

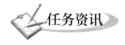

任务资讯一 汽车市场营销环境概述

一、市场营销环境的含义

企业作为社会的经济细胞,其营销活动不可避免地受到企业内、外部因素的影响,这些因素构成了市场营销活动的前提。市场营销环境是指对企业的市场和营销活动产生重要影响的全部因素,所以,任何企业都不可能脱离客观存在的市场营销环境而从事营销活动。根据各因素对企业营销活动的影响不同,可将市场营销环境分为微观环境和宏观环境。

1. 微观环境

微观环境是指企业的内部因素和企业外部的活动者等因素。内部因素是指企业内在的、可以控制的环境因素,如企业的经济实力、经营能力、企业文化等。企业外部的活动者主要包括供应商、营销中介、竞争者、顾客及有关公众等。

2. 宏观环境

宏观环境是指环境中间接影响企业营销活动的不可控制的较大社会力量,如政治、法律、经济、人口、技术和文化等。在某些情况下,它也能对企业营销活动产生直接影响。

二、汽车市场营销环境的特点

汽车市场营销环境是汽车企业营销活动的基础和条件,它具有如下一些特点。

1. 客观性

汽车市场营销环境是影响与制约汽车企业营销活动客观存在的因素,它不以企业的主观意志为转移。如消费者消费收入、消费结构的变化等是客观存在的经济环境变化,在一定程度上影响了汽车消费,但这些变化并不是汽车企业可以主导的。

2. 不可控性

汽车营销环境的客观性决定了它的不可控性,即汽车市场营销环境是企业不可能控制的。汽车企业主要是通过市场调查的方法来认识市场营销环境变化的趋势及对企业经营的影响,然后调整企业营销策略,适应汽车市场营销环境的变化。

3. 差异性

汽车市场营销环境的差异性不仅表现在不同企业受不同环境的影响,而且同样一种环境因素的变化对不同汽车企业的影响也不相同。因此,汽车企业为适应营销环境的变化所采取的营销策略也不相同。例如,车船使用税按发动机排量征收,对生产大排量汽车的企业是不利因素,对生产经济型汽车的企业而言又是个机会。

4. 相关性

汽车市场营销环境不是由某单一因素决定的,还要受到一系列相关因素的影响。例如,汽车销售不但受汽车市场供求关系的影响,还要受到国家关于汽车相关政策等的影响。

5. 动态性

汽车市场营销环境是不断发生变化的,而且变化的速度还在不断加快,每一个汽车企业作为一个小系统都与市场营销环境这个大系统处于动态的平衡中,一旦环境发生变化,平衡就被打破,汽车企业就必须积极地适应这种变化。

三、汽车市场营销环境分析的目的

大量的营销实践说明：即使在经济衰退时期，企业也能够捕获到一些新的市场机会，其中还有相当一部分企业通过自己出色的营销活动，创造了不同寻常的业绩。在经济繁荣时期，市场环境也可能给企业带来一些新的威胁，即有一些企业难以摆脱倒闭的厄运。也就是说，不断变化的市场环境，既给企业的市场营销提供机会，也可能带来威胁。同一环境的变化，对一些企业是机会，对另一些企业则可能是威胁。营销管理者的任务就在于了解把握营销环境的变化趋势，适应环境的变化，提高应变市场的能力，趋利避害地开展市场营销活动，使企业更好地生存和发展。分析汽车市场营销环境的主要目的如下。

（1）通过对汽车市场环境的分析研究，了解把握汽车市场环境变化发展的趋势。

（2）从汽车市场环境的变化中，发掘新的市场机会，捕捉市场机遇，牢牢把握市场时机，更好地发展汽车企业。

（3）及时发现汽车市场环境给汽车企业带来的威胁，采取积极措施，避免或减轻威胁给汽车企业造成的损失。

（4）努力运用汽车企业可以控制的营销手段，及时调整汽车市场营销策略，使汽车企业在激烈的市场竞争中立于不败之地。

任务资讯二　汽车市场营销微观环境分析

一、汽车企业自身

汽车企业自身是指企业的组织机构、经济实力、营销能力、企业文化等因素。企业的组织机构，即企业智能分配、部门设置及各部门之间的关系，是企业内部环境最重要的因素。汽车企业各部门保持和谐的沟通、高效的职能运行是汽车企业经营成功的基础。

1. 企业的经济实力

汽车企业的经济实力是企业市场营销成功的物质基础，它往往以汽车企业的规模、生产能力和市场占有率等显征系列表现出来，为企业的生存和发展提供一定的空间。

当今汽车行业一个显著特征就是大型汽车生产厂家的合资、并购与重组，汽车企业的经济实力进一步增强，对汽车的生产和消费都产生了巨大影响。我国的上海汽车工业总公司和一汽集团通过与德国大众、美国通用的合作，使得企业产销两旺，经济实力进一步增强，进一步提高了企业的营销能力和竞争能力。

2．企业的经营能力

经营能力是支撑企业市场营销成功的精神基础，它往往以企业效益、资本运作和产品销量等指标表现出来，为企业的生存与发展提供一定的空间。

世界各大汽车公司的经营者们无一不是资本或资产运作的高手。他们或者通过控股来取得其他汽车企业的所有权,或者通过参股来取得其他汽车公司的经营权。总之都是通过对其可支配资本或资产的经营,来求得经济效益的最大化。在我国一些大型汽车企业也开始探索资本或资产经营的理论与实践,上海汽车工业总公司采取社会募集方式成立了上海汽车股份有限公司,并且每年都通过发行股票、收购股权、全资收购、协议受让等形式,成功地进行着资本或资产经营,实现了经济实力与经营能力的协调发展。

3. 企业文化

所谓企业文化就是企业这一独立的经济实体以在长期的生产经营过程中逐步生成和发育起来的企业哲学、企业精神为指导核心的共同价值准则、行为规范、道德规范、生活信念和企业的风俗、习惯、传统等,以及在此基础上生成、强化起来的经营指导思想、经营意识等。企业文化一般表现为三种形态:第一种是以人为载体的精神文化,第二种是以企业为载体的制度文化;第三种是以企业生产资料、产品、各种硬件设施为载体的物质文化。

企业的经营管理、生存与发展都需要企业精神为支柱,它可以使企业的营销管理更加完善。实践表明,谁拥有企业文化优势,谁就可以获取更大的竞争优势、效益优势和发展优势。所以汽车企业应当重视文化建设。

二、供应商

供应商是向企业及其竞争对手供应各种所需资源的工商企业和个人。供应商供应的原材料价格的高低和交货是否及时、数量是否充足等,都会影响产品的成本、售价、利润和交货期。因此,营销管理人员必须对供应商的情况有比较全面的了解和透彻的分析。一般说来,按与供应商的对抗程度,可以将供应商分为两类:作为竞争对手的供应商(寄生关系)和作为合作伙伴的供应商(共生关系)。对供应商管理的目的就是确定在哪些条件下对哪些原料可以通过自行生产来解决,而哪些原料需要通过外购来解决。

1. 作为竞争对手的供应商

一般说来,对供应商的管理意味着实现输入成本的最优化,也就是说,企业主要关心原料的价格和数量,并设法维持一种强有力的与供应商讨价还价的能力。例如,当一个企业在做自行生产还是在开放的原料市场上购买所需资源的决策时,它实际上关心的是以哪种形式投资更可获利。因此,将供应商作为竞争对手的观念实际上是倡导这样一种原则:即尽可能地减弱他们的讨价还价能力,以获得更大的收益。在这种情况下,下列一些做法可能有利于企业维持与供应商的关系,并能保证原材料的有效供应。

(1) 寻找和开发其他备选的供应来源,以尽量减少对任何一个供应商的过分依赖和降低其原料成为企业单位产品成本的重要部分的可能性。

(2) 如果企业仅有一两个供应商,可以通过积极地寻找替代品供应商而减弱他们与企业讨价还价的能力(如用塑料容器代替玻璃容器)。

（3）向供应商表明企业有能力实现后向一体化，也就是说，企业有潜力成为供应商的竞争者而不仅仅是一般的顾客。另外，如果企业具有自我生产的经验，就有助于了解供应商的制造过程和原材料成本方面的信息，从而使企业在讨价还价中处于有利地位。

（4）选择一些相对较小的供应商，使企业的购买量在其总产量中占较大比重，即增加供应商对企业的依赖性。

2. 作为合作伙伴的供应商

企业将供应商作为竞争对手来考虑，往往引起一些消极的后果，为了获得原材料或者其他物料的稳定供应，维持质量的一致性，与供应商保持长期稳定的关系，企业最好将供应商作为自己的伙伴，并在此基础上考虑自己的营销活动。这种合作模式首先产生于日本，它的主要特点是：企业在管理供应商过程中更多地采用谈判，而不是讨价还价，力图与供应商建立长期和互利的关系。为了实现上述目标，可以考虑以下几种方案。

（1）可以考虑与供应商签署长期合同而不是采用间断式的购买方式从供应商那里获得原料，这对稳定将来的供应关系有很大的作用，它所带来的优势是使供应商拒绝向竞争者提供货物。在许多情况下，供应商也倾向于签署长期合同。签署长期合同并不一定像人们抱怨的那样，会使企业丧失灵活性。事实上，一个经过充分准备的长期合同需要考虑将来发生的偶然事件（如需求变化、产品线扩张等），以及在这些偶发事件中合同双方各自的期望。此外，签署长期合同也有助于企业更好地对库存、运输、供货的数量、组合以及供应商的地位进行规划，而这些正是战略思维所要考虑的问题。

（2）说服供应商积极地接近顾客，尤其是当企业处于下游生产过程，也就是更接近于终端用户时，帮助供应商了解顾客可能是有益的，它有助于供应商更有效地为企业提供服务。

（3）分担供应商的风险。例如，企业可以与供应商密切协作，以改进原料制造工艺和质量，这样做有可能降低供应商的成本。在特殊情况下，企业甚至应向供应商投资，以促进其对新技术的采用和生产能力的扩大。在必要的情况下，企业也可以与供应商联合或组成合资企业，并通过共同研究和开发来进入新的市场。

对于帮助我们认识不同的供应商是有益的，在实际情况下，可能并没有哪一家供应商的行为完全与其中某一种模式相吻合，但无论对于哪种类型的供应商，营销管理人员都应该培养一种对他们进行理智性分析的能力。应该指出：尽管目前营销人员在顾客和市场研究方面已变得相当成熟，同时关于竞争者和竞争态势的分析也已逐步流行，但比较起来，对供应商的分析仍处于幼儿期。在对供应商进行分析时，主要应该了解以下信息。

（1）备选供应品的来源、组合、适用性以及确定可接受替代品供应商的可能性。

（2）了解企业所购物品在供应商收入中所占的百分比，它是企业对供应商是否重要的一种衡量。

（3）供应商与企业目前所在行业前向一体化的兴趣和成为竞争对手的可能性，供应商与竞争对手协议的项目及条件。

因此,只有在全面了解和深入分析供应商的基础上,企业才能做出适当的购买决策。

3. 精益生产使供需双方关系更为紧密

为了降低生产成本,减少库存,节约作业时间,提高产品质量,许多现代化的企业都实行了精益生产。例如,美国通用汽车公司与上海汽车集团合资生产别克和赛欧汽车的工程中,就贯彻了这种观念。精益生产使企业与供应商的关系体现了下面一些要求。

1. 正点生产

正点生产的目标是质量100％合格和零库存,它意味着原材料送达用户工厂的时刻与该用户需要这种材料的时刻正好衔接,它强调供应商与用户的生产同步。这样一来,作为缓冲作用的库存就没有任何必要。有效地实施正点生产将可以降低库存,提高产品质量、生产能力及应变能力。

2. 严格的质量控制

如果买方从供应商处接收到优质商品并无须检验时,就更能发挥正点生产最大的成本节约。这意味着供应商应实行严格的质量控制,如统计过程控制和全面质量控制。

3. 稳定的生产计划

为了让原材料在需要时正点运到,工业用户必须向供应商提供自己的生产计划。

4. 单一供货来源与供应商的前期合作

正点生产是指买卖双方的组织机构密切合作,以便减少各种费用。企业认识到供货方是这方面的专家,并请他们设计生产程序。这意味着企业买主将长期的订货合同仅仅给予一家可以信赖的供应商。只要供应商可以按时交货并且能够保证质量,合同几乎是自动续订的。

5. 频繁和准时的交货

每天固定时间交货也是唯一防止库存增加的办法。现在越来越多的工业用户开始强调交货期,而不再强调装运期,不再强调如果不能按时装运,则要给予惩罚。上述特征帮助企业买方与企业售方的关系日趋密切。由于买卖双方在投资的时间、厂址的选择和通信的连接转换方面成本很高,其主要目标是谋求整个合作的最大效果,而不是追求某一次交易的最大效益。

三、营销中介单位

营销中介单位是协助企业推广、销售和分配产品给最终消费者的企业和个人,它们包括中间商、实体分配公司、营销服务机构和金融机构。

中间商在企业的营销活动中起着十分重要的作用,它帮助企业寻找顾客并直接与顾客进行交易,从而完成产品从生产者向顾客的转移。除非企业建立自己的销售渠道,否则,中间商的销售效率及任何变动对产品从生产领域流向消费领域都会产生非常巨大的影响。企业应该保持与中间商的良好关系,互相协调。协调的目的是将中间商活动纳入到企业整体营销活动体系中去,这也是企业营销渠道的主要内容。

实体分配公司主要包括将货物运往下一个目的地前专门储存和保管商品的仓储公司和负责将货物从一地运往另一地的运输公司。在我国,可能更多地采用中间商和实体分配公司相结合的方式,也就是中间商除分配产品外,还同时负责储存和运输。但无论采用哪种方式销售商品,企业都要考虑储存成本、运输费用、安全性和交货期等因素。

市场营销服务机构是指调研公司、营销咨询公司、广告公司以及各种广告媒体,这些机构协助企业选择目标市场,并帮助推销产品。目前我国专门的市场调研和营销咨询公司数量非常有限,大多数情况下,企业都是自己进行调研或者与大学或管理咨询公司合作开展这方面的工作。关于广告的作用和设计将在以后的章节中予以介绍。

金融机构包括银行、信贷公司、保险公司等。它们负责为企业和顾客之间的交易融通资金,并对企业的营销活动施以显著的影响。因此,企业应该与金融机构建立良好的合作关系,这在我国目前一定时期内资金短缺条件下尤为重要。

四、顾客

顾客是企业产品或劳务的购买者,是企业服务的对象。顾客可以是个人、家庭,也可以是组织机构(包括其他企业和转售商)和政府部门。它们可能与企业同在一个国家,也可能在其他国家和地区。

对于一个企业来说,最令其不安的莫过于顾客采取了企业所不期望的行为,如许多顾客突然开始购买竞争者的产品,要求企业提供更好的服务或更低的价格等。在这种情况下,企业应做出怎样的反应以避免失去顾客的风险呢?答案自然应该是做一个妥善的计划,以赢回失去的顾客和满足他们的要求。

顾客分析的目的在于了解顾客选择企业的产品或服务的原因,是因为价格低、质量高、快速送货、可靠的服务、有趣的广告,还是因为推销人员业务能力强?如果企业无法精确地知道哪些东西吸引顾客以及他们的选择将来可能如何变化,企业最终将失去市场上的优势地位。有效的顾客分析应包括下列几个步骤。

第一,要收集有关顾客的全面信息,并仔细地加以研究。信息包括:

① 企业的顾客是个人、家庭还是组织;
② 购买本企业产品的目的;
③ 选择本企业产品的原因;
④ 产品对用户的最终适用性(如产品的新技术装备是否满足顾客的使用需求);
⑤ 要求特性(服务质量和功能);
⑥ 顾客的统计学特点;
⑦ 顾客的购买方法;
⑧ 地理位置。

第二,明确企业需要在哪些方面增进对顾客的了解。一旦初步选定了所要服务的顾客群体,下一步就是仔细地考察企业在对顾客的认识上仍存在着哪些空白,它们往往成为随后数据收集与分析的焦点。它们包括:

① 产品满足了顾客的哪些需求;
② 顾客还有哪些要求未得到满足;
③ 顾客对企业产品和技术的熟悉程度如何;
④ 谁是购买决定者和参与者;
⑤ 顾客的购买标准是什么;
⑥ 顾客群体的范围和增长程度。

第三,决定由谁和如何来分析所收集的信息。在这一过程中,至关重要的是将有关信息在企业各部门内广泛交流,同时要求市场、销售和研究开发部门的管理人员明确顾客分析的特殊意义,以及他们各自应采取哪些新的行动。企业高层管理人员应该判断企业的计划是否真正符合顾客的需要。总之,顾客分析的目的在于帮助企业做出一些实际的决策,而不是将一大堆数据和报告束之高阁。

五、竞争者

一般说来,为某一顾客群体服务的企业不止一个,企业的营销系统是在一群竞争对手的包围和制约下从事自己的营销活动。这些竞争对手不仅来自本国市场,而且也来自其他国家和地区;竞争不仅发生在行业内,行业外的一些企业也可能通过替代品的生产而参与竞争。因此,对竞争者进行分析是成功地开展营销活动的一个重要方面。

竞争者分析的内容相当广泛,大体包括以下几个方面,对这些问题的了解,有助于认识竞争者并制定相应的变通战略。

1. 产品研究与开发

了解竞争者的产品研究和开发策略是否与其产品生命周期阶段相适应,无论从绝对意义上还是相对意义上都是重要的。在产品生命周期的早期,产品研究和开发具有较高的投资风险,同时竞争对手可能还没有想出顾客需要的特点是什么。因此,应着重分析其实验、制造和正确判断的能力。

随着行业进入成长阶段,产量开始缓慢增加,这时应特别注意竞争对手研究与开发的规模,并与本企业作对比。显然,对实力不同的企业,即使用于研究和开发的费用同样多,但对它们基础的冲击是大不相同的。如IBM公司和苹果公司虽然花同样多的钱来开发新型个人计算机,但它对IBM的影响可以说是微不足道的,而对苹果公司的销售和利润却有很大的影响。

在产品生命周期的后期,产品研究与开发对企业的影响更为复杂,应特别注意竞争对手是否正在重新设计产品,以减少成本,是否正在扩大技术并服务于新的市场,以及是否正在对产品采取一定的修补,以维持其竞争地位。

2. 产品制造过程

可以根据成本、质量、灵活性和可靠性等变量来评价竞争对手所设计的制造过程的有效性。一般说来,在产品生命周期的早期,消费者选择的主要依据是质量和灵活性,而在成熟期则主要考虑产品的成本和可靠性。

3. 采购

外购货物在总成本中占有很大比例的行业或者当供应商非常强大时,分析竞争者的购买方式是非常重要的。在作这种分析时,所需了解的关键问题依赖于所购买货物的性质。例如,对于原材料,关键问题是竞争者是否利用了长期合同、数量折扣和接近供应商,并因而减少了成本;对于劳动力,关键问题是竞争者如何组织的,是否利用了国际市场上的劳动力,为获得有技能的和非技术性的劳动力,是否采用了不同的策略。除此之外,还应了解竞争者在哪里购买了何种产品以及购买条件(合同、价格)是什么。

4. 市场

企业营销人员应该分析和评价竞争者是如何选择目标市场和满足顾客需要的同时,要了解它们在目标市场的销售量、产品组合、广告费用和促销项目等,尤其需要明确竞争者市场计划中的要素是什么,以及它们之间是否互相适应;最后还要了解竞争者为了保持竞争优势,为目前和潜在的消费者做了些什么。

5. 销售渠道

在技术比较稳定和适用性较好的成熟行业,销售渠道往往成为企业能否成功地进行营销的关键。在这些行业必须细心地估价竞争者的销售渠道的成本、规模和质量。在一些特殊行业,不仅要评价竞争者销售渠道对顾客需要的敏感性,而且要评价其销售商和销售人员的专业知识水平。

6. 服务

应该细心地评价竞争对手在修理能力、服务、培训、零配件的适用性等方面为顾客提供优质服务的能力和意向,其中包括服务人员的数量和背景、服务项目的数量、服务人员和销售人员之间的关系以及服务在竞争战略中的作用。

7. 财务管理

对某些竞争者来说,良好的财务系统往往是执行其总体战略的关键。因此,营销人员应该分析竞争对手的现有资产、债券、债务和红利的管理方式并与本企业加以比较。

8. 个性和文化

在竞争分析领域,普遍强调收集和分析有关竞争对手的财务、制造、市场方面的定量数据,尽管这些信息对揭示竞争对手的能力是重要的,但它们通常并不能说明竞争对手将如何利用这些能力。因此,企业营销人员应该重视对竞争对手个性和文化的分析,这不仅有助于了解它的思维方式,而且有助于更好地预测其将来的动向和对企业所坚持的不同战略将做出怎样的反应。例如,通过对竞争对手目标的分析,可以了解其个性和可能坚持的战略。一个承诺不解雇人员的企业,在需求下降的市场上将难以实现低成本战略;一个追求高增长目标的企业,在价格上很可能比强调利润的企业更富有进攻性。分析竞争对手的投资历史,可以帮助企业了解其基本原则和习惯;通过对竞争对手在其他行业的战略的研究,可以估计它在有兴趣的行业的战略。例如,它是一贯倾向于高价还是低价,它经常以怎样的方式扩张,在研究和开发上,它是领先者还是追随者。此外,通过对竞争对手在过去时期内一些实践的分析,也可以在很大程度上揭示其思维方式是坚强的还是懦弱的。例如,它是否很快地丢弃无法获利的业务,或者虽已失败却仍向这种业务投资;它的主要财力资源是用于现有业务,还是致力于新的发展。

对竞争者个性和文化的分析还包括对其组织结构和管理人员的分析,例如,它的所有权、理事会的组成和主要管理者的个人情况等。一般说来,个人持股的竞争者常有较低的利润目标,这往往使企业难以和它们竞争。理事会的组成有时能够说明其管理方式,例如,以内部理事(在企业中有管理职位)为主的理事会倾向于注意生产,而外部理事则可能更多地强调财务收益。主要管理者个人的经历对竞争对手的行为也有重要的影响,他们往往倾向于采用自己在其他企业和业务活动中所采用过的成功的战略和方法。

综上所述,对竞争对手的分析包括两个方面:其一是它的行为,其二是它的个性和文化。有关前者的事实和数据说明企业竞争对手是否能够开展竞争,而后者则说明竞争者喜欢如何竞争,它是企业分析竞争对手的最终目标。

任务资讯三 汽车市场营销宏观环境分析

宏观环境是指能够影响整个微观环境和企业营销活动的广泛性因素——人口环境、自然环境、经济环境、科技环境、政策法律环境以及社会文化环境。一般地说,企业对宏观环境因素只能适应,不能改变。宏观环境因素对企业的营销活动具有强制性、不确定性和不可控制性等特点。

一、人口环境

人口环境(Demographic Environment)是指一个国家和地区的人口数量、人口质量、家庭结构、人口年龄分布及地域分布等因素的现状及其变化趋势。这些因素对汽车产品的市场规模、产品结构、消费层次、购买行为等具有决定性的作用。

1. 人口数量

一个国家或地区的人口总量,会在很大程度上影响着汽车消费市场的总容量。人口数量越多,这个汽车消费市场的容量就可能越大。中国是一个人口数量庞大的国家,汽车销量正以极快的速度增长,汽车消费市场的潜力巨大。

2. 人口质量

人口质量主要是指人口受教育的程度,受教育程度不同的消费者在汽车消费过程中表现出明显的差异性。总的来说,受教育程度高的国家或地区,汽车消费市场比较活跃。

3. 人口年龄结构

人口年龄结构特点直接影响着汽车消费市场的消费特性。不同年龄结构的消费者,对汽车的喜好和选择表现出相当大的差异性。如青年人喜好汽车具有时尚的外观和卓越的驾驶性能,老年人认为汽车应具有较高的安全性和稳重的外观。

4. 收入及职业状况

人口的收入状况将直接决定消费者是否具备汽车消费能力以及汽车消费的层次。人口的职业特点将影响消费者对汽车车型的选择,不同职业的消费者在选择汽车时带有明显的职业性倾向。

汽车市场营销人员在分析研究人口环境时,应当注重区别人口环境对国际、国内两个汽车市场的不同影响。对西方发达国家而言,由于汽车尤其轿车已经作为耐用消费品广泛地进入家庭,对于这样的汽车市场,营销者就应更加重视研究目标市场的人口环境特点,以便展开正确的营销活动。对国内汽车市场而言,由于汽车尚未广泛进入家庭,营销者在进行家用轿车市场的人口环境分析时,应着重分析高收入阶层的人口数量、职业特点、地理分布等因素的现状及其发展变化。同时,营销者还必须注意到我国人口众多,生活水平日益提高,汽车特别是轿车作为耐用消费品广泛进入中国家庭已经起步,人们对交通的需要迅速增加的事实。因而,汽车企业应加强对我国人口环境因素具体特点的研究,充分做好各项营销准备,以抓住不断增加的营销机会。

二、自然环境与汽车使用环境

1. 自然环境

自然环境是指影响社会生产的自然因素,主要包括自然资源和生态环境。

(1) 对汽车营销的影响。

自然环境对汽车企业市场营销的影响主要是以下两个方面。

① 自然资源的减少将对汽车企业的市场营销活动构成一个长期的约束条件。由于汽车生产和使用需要消耗大量的自然资源,汽车工业越发达,汽车普及程度越高,汽车生产消耗的自然资源也就越多,而自然资源总的变化趋势是日益短缺。

② 生态环境的恶化对汽车的性能提出了更高的要求。生态与人类生存环境总的变化趋势也是日趋恶化,环境保护将日趋严格,而汽车的大量使用又会产生环境污染,因而环境

保护对汽车的性能要求将日趋严格,这对企业的产品开发等市场营销活动将产生重要影响。

(2) 采取的应对措施。

汽车企业为了适应自然环境的变化,应采取的对策包括以下几点。

① 发展新型材料,提高原材料的综合利用。例如,第二次世界大战以后,由于大量采用轻质材料和新型材料,每辆汽车消耗的钢材平均下降10%以上,自重减轻达40%。

② 开发汽车新产品,加强对汽车节能、改进排放新技术的研究。例如,汽车燃油电子喷射技术、主动和被动排气净化技术等都是汽车工业适应环境保护的产物。

③ 积极开发新型动力和新能源汽车。例如,国内外目前正在广泛研究电动汽车、燃料电池汽车、混合动力汽车以及其他能源汽车等。

2. 汽车使用环境

汽车使用环境是指影响汽车使用的各种客观因素,一般包括气候、地理、车用燃油、公路交通、城市道路交通等因素。

(1) 自然气候。

自然气候包括大气的温度、湿度、降雨、降雪、降雾、风沙等情况以及它们的季节性变化。自然气候对汽车使用时的冷却、润滑、启动、充气效率、制动等性能,以及对汽车机件的正常工作和使用寿命产生直接影响。因而汽车企业在市场营销的过程中,应向目标市场推出适合当地气候特点的汽车,并做好相应的技术服务,以使用户科学地使用本企业的产品和及时解除用户的使用困难。

(2) 地理因素。

这里所指的地理因素主要包括一个地区的地形地貌、山川河流等自然地理因素和交通运输结构等经济地理因素。地理因素对汽车企业市场营销的影响有以下两点。

① 经济地理的现状及其变化,决定了一个地区公路运输的现状及其变化,它对企业的目标市场及其规模和需求产生影响。

② 自然地理对经济地理尤其对公路质量(如道路宽度、坡度长度、平坦度、表面质量、坚固度、隧涵及道路桥梁等)具有决定性影响,从而对汽车产品的具体性能有着不同的要求。因此,汽车企业应向不同地区推出性能不同的汽车产品。例如,汽车运输是西藏自治区交通运输的最主要的一种方式,针对西藏的高原、多山、寒冷的地理气候特点,有些汽车公司推出了适合当地使用条件的汽车,而其他公司的汽车产品却因不能适应当地使用条件,难以经受使用考验。

(3) 车用燃油。

车用燃油包括汽油和柴油两种成品油。它对汽车企业营销活动的影响有以下几点。

① 车用燃油受世界石油资源不断减少的影响,将对传统燃油汽车的发展产生制约作用。例如,20世纪在两次石油危机期间,全球汽车产销量大幅度下降。

② 车用燃油中汽油和柴油的供给比例影响到汽车工业的产品结构,进而影响到具体汽

车企业的产品结构。例如,柴油短缺对发展柴油汽车就具有明显的制约作用。

③ 燃油品质的高低对汽车企业的产品决策具有重要影响。例如,燃油品质的不断提高,汽车产品的燃烧性能也应不断提高。

车用燃油是汽车使用环境的重要因素,汽车企业应善于洞察这一因素的变化,并及时采取相应的营销策略。例如,日本各汽车企业在20世纪70年代就成功地把握住了世界石油供给的变化趋势,大力开发小型、轻型、经济型汽车,在两次石油危机中赢得了营销主动,为日本汽车工业一跃成为世界汽车工业的强国奠定了基础。而欧美等国的汽车企业因没有把握好这一因素的变化,以至于形成日后被动竞争的局面。

(4) 公路交通。

公路交通是指一个国家或地区公路运输的作用、各等级公路的里程及比例、公路质量、公路交通量及紧张程度、公路网布局、主要附属设施(如停车场、维修网、加油站及公路沿线附属设施)等因素的现状及其变化。公路交通对汽车营销的影响有以下两点。

① 良好的公路交通条件有利于提高汽车运输在交通运输体系中的地位。公路交通条件好,有利于提高汽车运输的工作效率,提高汽车使用的经济性等,从而有利于汽车的普及;反之,公路交通条件差,则会减少汽车的使用。

② 汽车的普及程度增加也有利于改善公路交通条件,从而对企业的市场营销创造更为宽松的公路交通使用环境。

(5) 城市道路交通。

城市道路交通是汽车尤其轿车使用环境的又一重要因素,它包括城市的道路面积占城市面积的比例、城市交通体系及结构、道路质量、道路交通流量、立体交通、车均道路密度以及车辆使用附属设施等因素的现状及其变化。

城市道路交通对汽车市场营销的影响,与前述公路交通基本一致。但由于我国城市的布局刚性较大,城市布局形态一经形成,改造和调整的困难很大,加之人们对交通工具选择的变化,引发了对汽车需求的增加,中国城市道路交通的发展面临巨大的压力,因而该使用环境对汽车市场营销的约束作用就更为明显一些。有关方面现正着手考虑通过建立现代化的城市交通管理系统、增加快速反应能力和强化全民交通意识等手段,提高城市交通管理水平。同时,国家和各城市也将更加重视对城市交通基础设施的建设,改善城市道路交通的硬件条件。

三、科技环境

科技环境(Science-technological Environment)是指一个国家和地区整体科技水平的现状及其变化。科学与技术的发展对一个国家的经济发展具有非常重要的作用。一般来说科技环境对汽车市场营销的影响表现在以下几个方面。

1. 对汽车性能的影响

科学技术的发展对汽车性能的改进起到了巨大的推动作用,大大提高了汽车的安全性、舒适性和操控性等,最大限度地满足了消费者的要求,推动了汽车的消费。尤其进入20世纪后,汽车电子控制系统的应用更加普及,如导航系统、无级变速系统、雷达测距系统、车身稳定控制系统及智能安全气囊系统等,使汽车的发展进入了新的里程碑。

2. 对汽车材料的影响

传统的汽车材料多采用钢材,而现在和未来的汽车将更多采用塑料、橡胶、陶瓷或者铝镁合金、铝碳合金、碳素纤维等合成材料,以达到重量轻、耐磨损、抗撞击、寿命长、成本低的特点。如德国大众奥迪A8采用了全铝车身,减轻了汽车重量,降低了燃油的消耗。

3. 对汽车成本的影响

科学技术在汽车生产中的应用,不但改善了产品的性能,而且能降低汽车产品的成本,使得汽车产品的市场竞争能力提高。采用虚拟开发技术,将样车在计算机中成型,可以省却许多费时耗工的实体样车制造和试验过程,及早发现解决样车性能和生产工艺过程中的问题。虚拟开发技术是对传统开发技术的重大革命,它在降低开发成本、缩短开发周期、提高开发质量方面具有极大的优势和潜力,是汽车工业竞争取胜的关键技术。

4. 对汽车销售的影响

科技进步促进了汽车企业市场营销手段的现代化,推动了市场营销手段和营销方式的变革,极大地提高了汽车企业的市场营销能力。企业市场营销信息系统、营销环境监测系统以及预警系统等手段的应用,提高了汽车企业把握市场变化的能力。现代通信技术、办公自动化技术,提高了企业市场营销的工作效率和效果。随着因特网的普及与发展,网络汽车营销也将成为汽车销售的一个新途径。

四、经济环境

经济环境(Economic Environment)是指那些能够影响顾客购买力和消费方式的经济因素。包括消费者实际收入状况、消费者储蓄与信贷状况以及消费者支出模式的变化等。

1. 消费者实际收入状况

消费者收入包括工资、奖金、退休金、红利、租金、赠给性收入等,但由于受通货膨胀、风险储备、个人税赋因素的影响,实际收入经常低于货币收入。实际收入只是货币收入扣除通货膨胀、风险储备、税收因素影响后的收入。

可能成为市场购买力的消费者收入还有"可支配的个人收入(Disposable Personal Income)"与"可随意支配的个人收入(Discretionary Personal Income)"之分。前者是指货币收入扣除消费者个人各项税款(所得税、遗产税)以及交给政府的非商业性开支(学费、罚款等)后可用于个人消费、储蓄的那部分个人收入,这是影响消费者购买力和消费者支出的决定性因素;后者则是指在扣除消费者个人基本生活用品支出(食物、衣服等)和固定支出(房租、保险费、分期付款、抵押借款等)后的那部分个人收入。消费者可随意支配收入成为购买、消费汽车的焦点,需要汽车企业市场营销人员格外关注。

2. 消费者储蓄与信贷状况

在消费者实际收入为既定的前提下,其购买力的大小还要受储蓄与信贷的直接影响。从动态的观点来看,消费者储蓄是一种潜在的未来的购买力。在现代市场经济中,消费者的储蓄形式有银行存款、债券、股票、不动产等,它往往被视为现代家庭的"流动资产",因为它们大都可以随时转化为现实的购买力。在正常状况下,居民储蓄同国民收入成正比变化,但在超过一定限度的通货膨胀的情况下,消费者储蓄向实际购买力的转变就极易成为现实。

消费者信贷是指消费者以个人信用为保证先取得商品的使用权,然后分期归还贷款的商品购买行为。它广泛存在于西方发达国家,是影响消费者购买力和消费支出的另一个重要因素。在西方国家,消费者信贷主要有4种形式:日常用品的短期赊销、购买住宅时的分期付款、购买耐用消费品时的分期计息贷款以及日益普及的信用卡信贷。因此,研究消费者信贷状况与了解消费者储蓄状况一样,都是现代企业市场营销的重要环节。

日本人通常将其收入的18%作为储蓄,而美国人只储蓄收入的6%,可见日本人收入中更大的部分不大可能转化为短期内的购买力。这样看来,与美国公司相比,日本银行能够以更低的利率放贷给日本公司。低的贷款利息能够刺激日本公司的生产经营,而美国人由于有更高的债务负担,阻碍了他们投资地产和长线项目。营销人员应该仔细留意消费者收入、生活成本、利率、储蓄、借款模式等的变化,我国政府也希望通过《个人汽车贷款管理办法》等产业政策来推动我国汽车市场的发展。

3. 消费者支出模式的变化

消费者支出模式是指消费者收入变动与需求结构变动之间的关系。其变化状况主要受恩格尔定律的支配,即随着家庭收入的增加,用于购买食物的支出比例将会下降,用于住宅、家务的支出比例则大体不变,而用于服装、交通、娱乐、保健、教育以及储蓄等方面的支出比例会大大上升。除此以外,消费者支出模式的变化还要受两个因素的影响:一个是家庭生命周期,另一个则是消费者家庭所处的地段。显然,同样的年轻人,没有孩子的"丁克"家庭与普通家庭的消费方式差异较大。家庭所处的位置也会造成家庭支出结构的差异,居住在农村与居住在城市的家庭,其各自用于住宅、交通以及食品等方面的支出情况也必然不同。因此,注意研究消费者支出模式的变动走势,对于企业市场营销来说,具有重大意义,它不仅有助于企业未来时期内避免经营上的被动,而且还便于企业制订适当的发展战略。

当一个国家人均GDP由800美元向3 000美元过渡时,这个国家的经济发展将步入一个高速增长阶段,外在表现为汽车、房地产及服务业等行业的快速持续增长,我国的一些城市这个指标早已被突破,上海、深圳的人均GDP就已接近或超过5 000美元。有关方面调查的资料显示,当前我国城市家庭年收入在10万元以上的已经一半有车,而收入在5万元以下的家庭拥有汽车的不足五成,汽车的主要消费对象将是收入在5万元以上的家庭,而这样收入水平的家庭占城市总家庭的6.1%。值得注意的是,这一比例目前仍有不断扩大的趋势。

五、政策与法律环境

营销学中的政治与法律环境,又称为政治环境(Political Environment),是指能够影响企业市场营销的相关政策、法律以及制定它们的权力组织。市场经济并不是完全自由竞争的市场,从一定意义上说,市场经济本质上属于法律经济。因而在企业的宏观管理上主要靠经济手段和法律手段来调控,政治与法律环境正在越来越多地影响着企业的市场营销。政治与法律环境对市场营销的影响表现在以下几方面。

1. 法律对工商业的限制和保护

(1) 法律对工商业的限制。

近几年来,全世界各国有关工商业的立法稳步增长,覆盖竞争、公平交易行为、环境保护、产品安全、广告真实性、包装与标签、定价及其他重要领域。这方面的法律主要有三种类型。

① 保护企业相互之间的利益,维护公平竞争的立法。这种立法的目的是要说明何为不公平竞争,以及如何防止不公平竞争。如美国1890年通过的旨在禁止垄断行为的《谢尔曼反托拉斯法》,1950年通过的有关企业兼并的《反吞并法》等。

② 保护消费者利益免受不公平商业行为损害的立法。这种立法的核心在于防止企业以欺骗性广告或包装招徕顾客,或以次品低价引诱顾客的行为,否则将对其进行法律制裁。比如我国的《消费者权益保护法》《中华人民共和国广告法》等。

③ 保护社会公众利益的立法。这种立法是为了保护环境、防止经济发展与生活水平反向变化现象出现,以及避免企业在生产过程中造成的负担,旨在约束企业行为的立法。这方面的立法有各种专门的国际公约,各国也有具体的立法,比如美国的《国家交通安全法》、我国的《机动车排放污染防治技术政策》等。

无论法律的具体类型如何,都会对企业的市场营销活动构成某种约束。从这种意义上说,企业的市场营销人员必须掌握关于环境保护、消费者利益和社会利益方面的法律。

(2) 国家政策和法律对工商业的保护。

法律和政策将随新的经济形势的变化而不断变化,企业管理人员在制订产品及其营销计划的时候,必须注意这些变化。

中国在加入WTO以后,国家的产业政策、税收政策以及国家的进出口管理政策发生了重大调整。以产业政策为例,国家出台了对幼稚产业的保护政策和战略性贸易政策。

对幼稚产业的保护政策,是指对那些经济发展后起步的国家,必须选择某些具有潜在优势和发展前景的产业(幼稚产业)给予适当的、暂时的关税保护,以便逐步扶持其参与国际竞争的能力。加入WTO以后,农业、汽车产业、金融服务业等被国家定为幼稚产业。

战略性贸易保护政策指由于不完全竞争和规模经济的存在,市场本身运动的结果处于一个"次优"的境地,政府可适当运用如关税、补贴等干预措施扶持本国战略性产业的成长,并带动相关产业的发展,从而增加本国的经济贸易福利。如谋取规模经济之外的额外收入、抢占国际竞争对手的市场份额。

2. 社会规范和商业道德对市场营销的影响

形成文字的法律法规不可能覆盖所有可能产生的市场弊端,而现有法律也很难全部执行。而且,除法律和规章以外,企业也要受社会规范和商业道德的约束。大量出现的商业丑闻,使人们重新重视商业道德问题。因此,许多行业和专业贸易协会提出了关于道德规范的建议,许多公司制定了关于复杂的社会责任问题的政策和指导方针。

另外,公众利益团体(如消费者协会、动物保护委员会、妇女权益委员会等)迅速崛起,给企业的市场营销活动带来极大的影响。如果企业营销人员缺乏相应的技巧,就难免给原有的目标市场造成影响。

六、社会文化环境

社会文化环境(Cultural Environment)是指一个国家、地区或民族的传统文化(如风俗习惯、伦理道德观念、价值取向等),它包括核心文化和亚文化。核心文化是人们持久不变的核心信仰和价值观,它具有世代相传并由社会机构(如学校、教会、社团等组织)予以强化和不易改变等特点。亚文化是指按民族、经济、年龄、职业、性别、地理、受教育程度等因素划分的特定群体所具有的文化现象,它根植于核心文化,但比核心文化容易改变。

社会文化环境对汽车营销的影响有以下两点。

(1) 它影响着人们的行为(包括购买行为),对企业不同的营销活动(如产品设计、造型、颜色、广告、品牌等)具有不同的接受程度。例如,某些性能先进、国际流行款式、深受外国人喜爱的"溜背式"轿车,在推向中国市场时却遇到了销售不畅的麻烦,其原因就在于:中国的集团消费者认为它"不气派",生意人认为其"有头无尾"等。总之,这种车型被认为"不符合国情",致使汽车企业不得不为改变上述文化观念花费大量促销费用。

(2) 亚文化的发展与变化决定了市场营销活动的发展与变化。例如,在20世纪60年代以前,由于受第二次世界大战和战后物质相对贫乏的影响,人们的心情还非常沉重,世界汽车也多以深颜色(如黑色)为主。之后,由于世界汽车工业的重心向日本转移(日本人多喜欢白色),而且人们也开始追求自由自在的生活,世界汽车的流行色也变得以轻快、明亮的色泽(如白色、银灰色)为主。但另一方面,营销者也可以利用亚文化的相对易变性,充分发挥主观能动作用,引导亚文化向有利于本企业市场营销的方向变化。

"高尔夫"是款好车,最起码对于德国的消费者来说,这是款物美价廉、皮实耐用的车,是老百姓喜欢的家庭轿车。可就是这样的车来到中国却"水土不服",销售一直平平,对于高尔夫的不佳表现,有人认为是中国消费者不识货,也有人说是车型较老,国外已经生产新款高尔夫,而一汽大众还在拿着上一代车型当摇钱树,还有人表示是价格太高,让高尔夫丧失了平民本色。高尔夫现象在2003年并不是个例,高尔、奥迪A4、威姿等多款在国外热销的车型,拿到国内都遭到冷遇。市场正用这种冷热鲜明的反差无情地告诉厂家:中国有自己的特殊性,不要随便把国外的车型理所当然地拿到我国生产。

总之,社会文化环境对企业的营销活动有很大影响,同时,营销活动对社会文化环境也有一定的能动作用。

任务训练

企业市场营销战略分析与制定

一、企业市场营销环境的分析

汽车企业制定市场营销策略经常采用 SWOT 分析法,SWOT 即:Strengths(优势)、Weaknesses(劣势)、Opportunities(机会)、Threats(威胁)。SWOT 分析法只要是通过对外部营销环境和内部营销环境进行全面分析,研究外部环境将带来的机会和威胁,并确定企业自身在竞争环境中的优劣势,在此基础上制定较为全面的营销战略。

1. 外部环境分析

市场营销部门要时刻对外部环境进行监测,尤其是对其业务会造成直接影响的因素。这些因素包括宏观环境因素,如:人口结构、经济、技术、政治、法律及社会文化等;还包括微观环境参与者,如:企业顾客、竞争者、供应商、中间商及有关公众等。研究外部环境因素就是要分析这些因素的发展趋势与规律,以寻找市场机会,规避市场风险和威胁。

外部环境的变化给具有不同资源和能力的企业带来的机会与威胁一般是不同的,如表 2-1 所示。对环境机会与威胁进行分析时,通常以可能带来营销成功的概率高低和其吸引力的大小对机会进行分析,而环境威胁则按照威胁的严重性和发生的概率进行分析。在分析机会时,往往将其列为企业营销目标的重要选择因素,当面对可能的威胁,往往需要制订出相应的应变计划。

表 2-1 企业外部环境分析的要素

潜在的外部机会	潜在的外部威胁
市场增长缓慢	纵向一体化
竞争者压力增大	市场增长迅速
政策不利	可以增加互补产品
竞争者增加	能争取到新的客户群
用户偏好改变	扩展产品线以满足用户需要
通货膨胀递增	在同行业中竞争业绩优良

2. 内部环境分析

分析企业内部环境因素,通常从其营销能力、财务能力、制造能力以及组织能力等几个方面进行优劣势的评估分析,如表2-2所示。所谓的优劣势是相对而言的,必须找到分析对比的对象,对比的对象可以是目标竞争对手,也可以是行业平均水平状态等。

企业在营销活动中不应纠正它所有的劣势,纠正劣势往往要付出极高的代价,使得经营成本大幅提高;同样,也不是所有优势都必须在每一次战略分析中加以利用。优势和劣势是动态的,在分析企业内部优劣势时,也要考虑一些可变的因素。

表 2-2 企业内部环境分析的要素

潜在的内部优势	潜在的内部劣势
产权技术	技术开发落后
成本技术	相对于竞争对手的高成本
竞争优势	竞争处于劣势
产品创新	产品线范围变窄
具有规模经济	没有形成规模经济
高素质的管理人员	管理不善
公认的行业领先者	销量和利润落后于竞争对手
品牌的良好印象	战略实施的历史纪录不佳

二、营销战略的分析与制定

1. 营销战略的选择

在对企业内外部环境因素全面分析的基础上,总结企业面对外部环境的机会与威胁、面对竞争对手的优势与劣势,可以采用SWOT分析法,画出企业的优势与劣势、机会与威胁矩阵图,为企业选择营销战略提供依据,如图2-1所示。

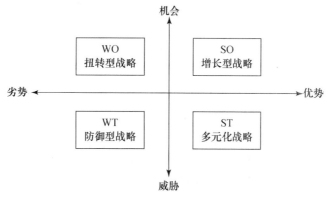

图 2-1 SWOT 分析矩阵

(1) SO 战略。

SO 战略,即优势机会战略。当企业拥有强大的内部优势和众多的外部机会时,企业应采取增加投资、扩大生产、提高生产占有率的增长型战略。

(2) ST 战略。

ST 战略,即优势威胁战略。当企业具有较大的内部优势,但必然面临严峻的外部挑战时,企业应采取多元化战略,即充分利用自身优势,开展多元经营,避免或降低外部威胁的打击,分散风险,寻找新的发展机会。

(3) WO 战略。

WO 战略,即劣势机会战略。当企业面临外部机会,但自身内部条件缺乏时,企业应采取扭转型战略,改善企业内部的不利条件。

(4) WT 战略。

WT 战略,即劣势威胁战略。当企业既面临着外部威胁,自身条件也存在问题时,应采取防御型战略,想办法克服自身劣势的同时,多采用规避外部风险以及威胁的各种措施。

2. 强化训练

(1) 背景资料。

2010 年年初,丰田汽车公司在美国汽车市场被强制召回,召回的主要原因是油门踏板及制动系统问题,召回产品涉及其众多知名品牌,如卡罗拉、普锐斯、凯美瑞、雷克萨斯及 RAV4 等,全球前后共召回 800 多万辆汽车。在中国汽车市场,召回的车型主要是 RAV4,一共一万多辆,在中国市场召回车辆总数不多,但对汽车消费者心理影响非常巨大。

(2) 分析与训练。

① 以分组讨论的形式进行。试根据 SWOT 分析法,对 2010 丰田在中国市场的外部营销环境及自身内部条件加以分析(建议与其在中国的主要竞争对手德国大众公司作对比分析)。

② 在内外部环境分析的基础上,设计出代表着机会与威胁以及优势与劣势的 SWOT 矩阵图。

③ 依据画出的 SWOT 矩阵图,说明 2010 年丰田在中国汽车市场应采取何种营销战略。

三、实训总结

(1) 各小组将设计好的 SWOT 矩阵图画在图纸上或制成 PPT 幻灯片。

(2) 各小组派代表上台讲解本组的分析过程和结论。

(3) 各小组对其他小组设计的 SWOT 矩阵图和制定的营销战略进行评价。

(4) 教师进行点评、总结,并对各小组的实训情况进行打分。

一汽大众奥迪Q系营销环境分析

一、案例背景信息

1. 一汽奥迪的诞生

20世纪80年代中期,中国的经济改革取得阶段性成果,国民经济持续健康地发展。此时国内的汽车市场对轿车的需求急剧增加,而国内轿车产量不足、产品单一的问题更加凸显。中国第一汽车集团公司(以下简称"一汽集团")意识到,中国的汽车工业不能闭门造车,要掌握中高级轿车的自主知识产权,必须引进和吸收国外先进的高档车技术,通过组装生产,将其消化吸收,进而复兴民族品牌。

此后一汽集团在与美国克莱斯勒和德国大众公司的谈判过程中,美国人坚持收取高昂的生产线转让费,而德国大众公司董事长哈恩博士同意以更优惠的条件与一汽集团合作生产奥迪100轿车。这是中国历史上第一个高档轿车的技术转让合同。此后二十多年时间里,一汽集团与奥迪不断深入合作,不断超越,创造了无数个第一。也许就连当时在场的那些远见卓识的企业家们也未曾料想到,这一纸合同在二十几年后会对中国乃至全球汽车工业的格局产生何等影响。

务实的德国大众公司得到了丰厚的回报,如今一汽奥迪已成为著名的汽车企业厂家。其独自生产车辆超过了100万辆,车系有奥迪100、200,奥迪A系列和奥迪Q系列。

2. 奥迪Q系的成长

近几年,随着增购用户和更新用户的增多,中国汽车市场的用户消费升级的诉求强烈,用户的选择也呈现车型多样化以及级别高级化的趋势;同时,随着闲暇时间的增多和休闲旅游产业的发展,高底盘、越野性能强的SUV车型越来越受到青睐。

一汽奥迪及时抓住了市场需求的变化,于2006年将奥迪Q7投放中国市场,成为中国豪华车市场的有力竞争者。随后又陆续向中国市场推出奥迪Q5、Q3,满足不同消费层次的需求。目前,在高端SUV市场,奥迪Q系列的销量名列前茅,仅2014年奥迪Q5的销量就达到近11万辆。

二、奥迪Q系列市场营销环境的分析

分析市场营销环境主要从微观环境和宏观环境两个方面入手。由于汽车营销的宏观和微观环境中影响汽车营销的因素众多,重点就下述的几个因素分析奥迪Q系列的营销环境。也可以根据自己的认知程度对分析范围进行拓展。

1. 奥迪 Q 系列微观环境分析

(1) 企业的内部环境。

汽车营销微观环境中最重要的因素是汽车企业的内部情况。一汽奥迪经过二十余年的发展,已成为国际上知名的大型汽车企业,通过销售 A 系列、Q 系列等产品积累了雄厚的资金。一汽奥迪的销售体系也日趋完善,2007 年成立了奥迪销售事业部,负责奥迪的国产和进口车的销售工作。下设市场部、销售部、网络部、售后服务部等,对奥迪系列车型进行整合营销。这些部门即互相独立又相互协作,能对市场的变化做出及时的反应。

(2) 供应商。

奥迪 Q 系列不论是在国内生产的,还是进口的车型,其零部件的供应标准均能保证质量,完成生产并将产品及时地投入中国市场,实现"同一星球、同一奥迪、同一品质"。

(3) 竞争对手。

目前豪华品牌 SUV 市场上车型众多,竞争比较激烈。奥迪 Q 系列的竞争对手主要有:宝马 X 系列、奔驰 ML、大众途锐、雷克萨斯 RX/LX 等。

奥迪是第一个在中国实现本土化生产的豪华汽车品牌,有先入优势。母公司是大名鼎鼎的大众公司,给了奥迪坚实的后盾。拥有国内规模最大的轿车服务网络,凭借奥迪的品牌美誉,及自身的领先的科技、豪华的内饰和高品质的驾驶乐趣,奥迪 Q 系列超过所有竞争对手,年销售量排名第一。

2. 奥迪 Q 系列宏观环境分析

(1) 经济环境。

我国的经济发展迅速,人们生活水平的提高,人们的收入结构多样化,买得起高端汽车的消费者在平稳的增加。另外我国消费者消费支出的模式正在逐步改变,以贷款和租赁购买汽车的方式也在增多,这都有利于高端奥迪 Q 系列车的销售。

(2) 政策与法律环境。

2008 年,财政部和国家税务总局发出通知,决定从 2008 年 9 月 1 日起调整针对厂家征收的汽车消费税税率,包括提高大排量乘用车的消费税税率,降低小排量乘用车的消费税税率。这对奥迪 Q 系列车是非常不利的,因为进口的奥迪 Q7 排量均在 3.0L 以上。奥迪及时做出反应,在价格方面进行调整,将本应由消费者承担的消费税大部分由奥迪公司进行补贴,减小了消费税政策对奥迪 Q7 的冲击。此后,奥迪在中国市场又陆续推出排量低于 3.0L 的 Q5 和 Q3,更好地适应中国的汽车法规和政策。

(3) 社会文化环境。

奥迪在中国的成功,归根于奥迪先驱车型 A6 的形象、品牌内涵与中国人的传统文化稳重、内敛、不张扬相吻合。此外,改革开放三十多年,人们在亚文化方面也发生了很多变化,开始追求生活质量、生活品位和生活方式,这也使得崇尚生活方式的奥迪 Q 系列有了良好的人文基础。

3．拓展训练

（1）教师给出奥迪Q系列在中国市场的营销资料，或由学生上网查阅。
（2）将学生分成四组讨论、分析奥迪Q系列的营销环境。
① 一组分析奥迪Q系列的使用环境。
② 二组分析奥迪Q系列的科技环境。
③ 三组分析奥迪Q系列的营销中间商。
④ 四组分析奥迪Q系列的消费群体。

三、案例总结

（1）各组整理讨论、分析结果形成书面报告。
（2）每个小组派代表上台讲解本组的讨论结果。
（3）各个小组对其他小组的讨论结果进行点评。
（4）教师对案例分析结果给予总结和点评。

思考题

1．市场营销环境的含义及特点是什么？
2．为什么要分析汽车市场营销环境？
3．汽车企业的营销微观环境因素有哪些？汽车企业的营销宏观环境因素有哪些？
4．精益生产对企业与供应商的关系有哪些基本要求？
5．顾客分析的主要步骤和内容是什么？
6．对汽车企业竞争者分析的主要内容有哪些？
7．自然环境和使用环境对汽车市场营销有哪些影响？
8．举例说明政策和法律环境对汽车市场营销的影响。
9．举例说明社会文化环境对汽车市场营销的影响。
10．目前，长城汽车的SUV已经占据一定市场份额，但其面临外资或合资各品牌SUV的竞争也十分激烈。试用SWOT分析法，分析长城汽车应采取何种市场营销战略。

任务三 汽车购买行为分析

任务目标

1. 了解汽车的使用特点与汽车私人消费市场的特点。
2. 了解汽车用户的类型,能分析各种用户在购买行为上的异同点。
3. 掌握影响私人消费者和影响组织用户购买行为的各种因素。
4. 掌握私人消费者和组织用户购买决策的过程。
5. 能分析动机等心理因素对私人消费者购买行为的影响过程。
6. 学会利用案例资料完成用户购车心理和购车动机的分析。

任务引导

汽车消费者购车的基础是需求,汽车市场营销的核心就是要满足他们的需要和欲望。营销活动要取得成功,就必须了解汽车消费者购车行为的产生、形成过程和影响因素,把握消费者购车行为的规律,从而制定营销策略,实现经营目标。你能分析汽车消费者的购车心理和动机吗?你知道一家人买车时谁是购车的决策者吗?

任务资讯

任务资讯一 汽车市场的用户类型

一、汽车的使用特点

汽车本身是一种有形商品,但其使用特点又明显不同于一般生产资料和消费资料等有形商品。这种特殊性体现在以下两个方面。

1. 集生产资料与消费资料于一体

（1）作为生产资料使用。

各类生产型企业利用自己拥有的汽车，进行原材料、配套件、在制品以及产成品的运输，由于这类运输活动构成企业生产活动的一部分，因而汽车属于一种生产资料。国民经济基本建设单位、公共工程建设单位等集团组织，也将汽车作为其不可或缺的设施装备使用，汽车也是其生产资料的一部分。对从事公路专业运输、出租汽车运输、城市公共交通、汽车租赁、旅游业务等经营或营运活动的单位和个人来说，汽车是作为经营资料使用的，它是运输服务的物质载体，像这种作为经营资料使用的汽车，也可看作是生产资料。

（2）作为消费资料使用。

汽车用作消费资料的一种表现是它属于一种集团消费资料。例如，用于满足各类企事业单位、各级各类政府机关、非营利组织团体等公务及事业活动需要的轿车和用于解决职工上下班的通勤客车等，都属于集团消费资料。很大一部分轿车、客车、某些载货汽车均是作为集团消费资料在使用。汽车用作消费资料的另一种表现是它作为一种生活耐用消费品进入到广大居民家庭消费领域，此时，汽车作为消费资料，主要用于私人代步，满足消费者个人出行的需要。

2. 作为终端商品使用

从产品的加工程度看，汽车本身属于产成品。无论是作为生产资料使用的汽车，还是作为消费资料使用的汽车，都是最终可以直接使用的产品。在这一意义上，汽车与那些作为原材料、中间产品、生产协作件等形态的生产资料存在差别。

汽车的上述使用特点决定了汽车用户的广泛性，也决定了汽车的购买行为既有与一般消费资料和生产资料等商品相似的一面，又有不同的一面，值得汽车营销者进行研究。

二、汽车用户的类型

汽车用户有着明显的广泛性，依据各种用户在购买模式或购买行为上的共同性和差异性，汽车用户可以分为以下几种类型。

1. 私人消费者

将汽车作为个人或家庭消费使用，解决私人交通的用户，他们构成汽车的私人消费市场。目前，汽车私人消费市场已成为中国最大的一个细分市场，其重要性已经越来越受到各汽车厂商的关注。

2. 集团消费者

将汽车作为集团消费性物品使用，维持集团事业运转的集团用户，我国通常称为"机关团体、企事业单位"，它们构成汽车的集团消费市场。这一市场是我国汽车市场比较重要的一个细分市场，其重要性不仅表现在具有一定的需求规模，还常常对全社会的汽车消费起着示范性作用。这类用户主要包括各类企业单位、事业单位、各种社团组织等。

3. 运输营运者

将汽车作为生产资料使用,满足生产、经营需要的组织和个人,他们构成汽车的生产营运者市场。这类用户主要包括具有自备运输机构的各类企业单位、将汽车作为必要设施装备的各种建设单位、各种专业的汽车运输单位和个人等。目前,这一市场在我国汽车市场上具有特殊的位置,因为对某些车型而言,它是这些车型的主要市场。

4. 其他直接或间接用户

以上用户以外的各种汽车用户及其代表,主要包括以进一步生产为目的的各种再生产型购买者,以进一步转卖为目的的各种汽车中间商,他们都是间接用户。由这类购买者构成的市场,对于汽车零部件企业或以中间性产品(如汽车的二、三、四类底盘)为主的企业而言,是非常重要的。

以上各类汽车用户,从总体上也可以大体分为消费者个人和集团组织两大类,前者构成汽车的消费者市场,后者构成汽车的组织市场。也就是说,组织市场是指工商企业为从事社会生产或建设等业务活动,以及政府部门和非营利性组织为履行职责而购买汽车产品所构成的市场,即组织市场是以某种组织为购买单位的购买者所形成的市场,是消费者市场的对称部分。就卖方而言,消费者市场是"个人"市场,组织市场是"法人"市场。

任务资讯二 汽车私人消费者购买行为

一、汽车私人消费市场的特点

汽车私人消费用户是指为了消费而购买和使用汽车商品的人,包括个体消费者和家庭消费者用户两类。它是组织市场乃至整个经济活动为之服务的最终市场,对汽车私人消费市场的研究是对整个汽车市场研究的基础。当然,现代市场营销学对普通消费者市场研究的许多成果,在研究汽车私人消费者市场时可以参考借鉴,但由于汽车商品本身的使用特点、产品特点及价值特点与一般商品有很大区别,因而还必须研究其特殊的市场特点。

1. 消费需求的伸缩性

一方面,汽车的个人消费需求具有较强的需求价格弹性,即价格的变动对汽车的个人需求影响很大;另一方面,这种需求的结构可变,当客观条件限制了这种需求的实现时,它可以被抑制,或被转化为其他需求,或最终被放弃;反之,当条件允许时,个人消费需求不仅会得以实现,甚至会发展成为流行性消费。

2. 消费需求的多样性

由于各个消费者在个人收入、文化观念、年龄、职业、兴趣、爱好等方面的差异,从而使个人购买者的需求表现出多样性,有的人注重汽车的安全性,有的人追求汽车的动力性,有的人买汽车为了上下班代步,有的人则为了节假日旅游之用。就这种意义而言,汽车企业如果能够为消费者提供多种多样的汽车产品,满足消费者多样化的需求,则会为企业争取更多的营销机会。

3. 消费需求的可诱导性

汽车是专业技术性比较高的产品,大多数个人购买者缺乏足够的汽车专业知识,企业可以通过营销活动的努力,制造某种消费氛围或强化广告宣传的促销手段来转移或改变人们的消费需求,甚至可以通过营销活动创造出消费需求。例如,中国人的传统观念认为轿车应该是"有头有尾"的三厢车,比较排斥两厢车,近几年,企业通过引导、调节和培养该细分市场需求,逐步使中国消费者接受了两厢车的概念,两厢车的市场占有率在不断提高。

4. 消费需求的替代性

需求的替代性表现在某种商品销量上升,其他商品销量下降,即不同品牌商品之间具有竞争性。例如,如果二手汽车市场相对繁荣,不可避免地会使一手汽车的销售量下降。如今,个人消费者在购买汽车时面临的选择越来越多,往往会货比三家,那些能充分满足消费者需求,并具有特定吸引力,在同类商品中具有较高性价比的汽车产品,才会最终导致消费者的购买。

5. 消费需求的发展性

人们对汽车产品的需求会随着社会生产力的发展和人民生活水平的改善而不断提高,会经历从简单到复杂、由低级向高级发展的过程。最初人们只要求汽车可以代步就行,而现在,各类生活方式、消费观念、消费结构的变化总是与需求的发展性和时代性息息相关,所以汽车产品个人购买需求的发展也会永无止境,如在不过分强调购买负担的前提下,消费者对汽车的安全、节能和环保等性能的要求会越来越高,汽车上的新配置和新技术也越来越多。

6. 集中性和广泛性

一方面,由于私人汽车消费与个人经济实力关系密切,在特定时期内,经济发达地区的消费者或者收入相对较高的社会阶层,对汽车(或某种车型)的消费比较明显,需求表现出一定的集中性;另一方面,高收入者各地都有(尽管数量上的差异可能较大),而且随着经济发展会不断增多,因而需求又具有地理上的广泛性。

二、私人消费者购买行为的类型

研究汽车的个人购买行为时,一般需要从不同角度作相应的分类,但较为普遍的分类方法是以购买态度为基本标准。因为购买态度是影响个人购买行为的主要因素,按照这种标准划分,汽车的私人购买行为可分为理智型、冲动型、习惯型、选价型等四种。

1. 理智型的购买行为

理智型购买者其购买思维方式比较冷静,在购买商品前一般要经过深思熟虑,通常要做广泛的信息收集和比较,充分了解商品的类型,在不同的品牌之间进行充分的调查,慎重挑选,反复权衡比较,不会受到周围环境和言论的影响。这类消费者的购买过程比较复杂,通常要经历信息收集、产品和品牌评估、慎重决策和购后评价等几个阶段,属于一个完整的购买过程。

现阶段,对于一般家庭来说,购车是一项较大的消费开支,因此我国的私人汽车消费者的购买行为多属于这种类型。对于这类顾客,营销者应制定策略,帮助顾客掌握产品知识,借助多种渠道宣传产品优点,发动营销人员乃至顾客的亲朋好友对顾客施加影响,简化购买过程。

2. 冲动型的购买行为

冲动型的购买者在购买商品时容易为某商品的某一个特性(比如外观、包装、式样甚至是企业的广告宣传和购买氛围等)所吸引,从而在进行必要的考虑前,就做出了购买决定。这类顾客通常情感较为外向,具有较强的资金实力,容易受别人诱导和影响而迅速做出购买决策。具有冲动性购买行为的消费者容易在购后怀疑自己决策的正确性,因此汽车企业应针对这种消费者提供较好的售后服务,通过各种途径经常向顾客提供有利于本企业和产品的信息,使顾客相信自己的购买决定是正确的。

3. 习惯型的购买行为

习惯型的购买者通常对于所购买的商品有充分的了解,形成特殊的信任,而且不会轻易改变所选的品牌。这类购买行为较少受广告宣传和时尚的影响,其需求的形成多是由于长期使用某种特定品牌并对其产生了信赖感,从而按习惯重复购买,这类消费者容易成为某一种品牌的忠诚用户,因此,这种购买行为实际上是一种"认牌型"购买行为。但对于销售员来讲,这些顾客很难通过他们的推销活动而改变原先的购买计划。

4. 选价型的购买行为

选价型购买者对商品价格变化较为敏感,往往以价格作为决定购买决策的首要标准。选价型购买行为又有两种截然相反的表现形式:一种是选高价行为,即个人购买者更乐意选择购买高价优质商品,如那些豪华轿车购买者多是这种购买行为;另一种是选低价行为,即个人购买者更注重选择低价商品,多数工薪阶层的汽车用户以及二手车的消费者主要是这种购买行为。对于选低价行为的消费者,要注意介绍不同价格商品的质量区别,并引导顾客购买优质高价商品。

三、影响私人消费者购买行为的因素

私人消费者不可能凭空做出自己的购车决定,他们的购买行为会受到很多因素的影响。影

响私人消费者购买行为的主要因素有文化因素、社会因素、个人因素和心理因素等。其中文化因素影响社会因素,进而影响消费者及其心理活动的特征,从而形成私人消费者的购买行为。

（一）文化因素

文化是人类欲望和行为最基本的决定因素,文化是人们所共有的由后天获得的各种价值观念和社会规范的综合体,一般由全体社会成员所共有的基本的核心文化以及具有不同的价值观念、风俗习惯的亚文化组成。核心文化是人们持久不变的核心信仰和价值观,具有世代相传的特点。亚文化是从社会群体内分化出的许多较小群体所具有的独特生活方式、道德标准和行为规范等。亚文化包括民族亚文化、宗教亚文化、地理亚文化,即在一个宗教内部,或在一个民族内部,或在一定的地理区域,由于各种因素的影响,人们的价值观念、审美观、风俗习惯等会表现出不同的特征,这就是亚文化。

文化因素之所以影响购买者行为,其原因有以下方面。

(1) 社会文化对于购买行为的影响通常是间接的,不同文化背景下的消费者会出现不同的偏好。

(2) 消费者的文化水平直接会影响消费者的购买行为。受教育程度高的消费者在选择汽车时可能会更重视汽车的功能、安全性能等,而不是仅关心价格。受教育程度较低的消费者选择汽车时可能会更多关注汽车的价格、款式等。

(3) 文化自身所具有的广泛性和普及性使消费者个人的购买行为具有攀比性和模仿性。因此,营销者在选择目标市场和制订营销方案时,必须了解各种不同的文化对于企业产品的影响,以及购买者对企业产品的实际兴趣所在。

（二）社会因素

社会因素通常有四类,它们分别是社会阶层、相关群体、家庭和角色地位。

1. 社会阶层

从汽车营销学的角度看,划分社会阶层的主要标准是购买者的职业、收入、受教育程度和价值倾向等。不同阶层的购买者由于具有不同的经济实力、价值观念、生活习惯和心理状态,并最终产生不同的消费活动方式和购买方式。例如,不同层次的收入者购车时的关注点是不一样的(如表3-1所示),所以汽车企业的营销工作应当集中力量为某些特定的阶层服务,想要满足所有阶层的需要是非常困难的。

表 3-1　收入不同的阶层购车时的关注点

收入层次	购车关注点
超高收入阶层	品牌、动力、操控、尊贵
高收入阶层	品牌、质量、文化、效应
中等收入阶层	款式、质量、服务、价格
低收入阶层	价格、实用、款式、安全

2. 相关群体

相关群体是指那些能够直接或间接影响消费者个人消费行为的群体。一般可分为以下三类。

（1）紧密型群体。这类是影响消费者行为的主要群体，指与购买者个人关系密切、接触频繁、影响最大的群体，如亲友、同事等。

（2）松散型群体。这类是影响消费者行为的次要群体，指与购买者个人关系一般、接触不太密切，但仍有一定影响的群体，如个人参加的职业协会、学会和其他社会团体等。

（3）崇拜型群体。即消费者个人并不是这些群体的成员，但却仰慕该类群体某些成员的名望、地位，而去效仿他们的消费模式与购买行为。这类群体的成员主要是各种社会名流，如文艺与体育明星、政界要人、学术名流等。

3. 家庭

家庭是社会上最为重要的消费者购买组织，消费者的家庭成员对消费者行为影响很大，例如，个人消费者的价值观、审美情趣、个人爱好、消费习惯等，大多是在家庭成员的影响与熏陶下形成的。

根据家庭的购买权威中心的差别区分，家庭基本上可以分为四类：丈夫决策型、妻子决策型、协商决策型和自主决策型。私人做买车的决策时，一般是丈夫决策或协商决策，但在款式和颜色的选择上，妻子的意见影响很大。家庭成员不同的购车需求也是有差异，例如，收入较高的年轻夫妻可能会倾向于选择时尚、美观的高档车，而有了孩子以后，因为考虑到孩子的接送，就会比较关注汽车的内部空间。

4. 角色地位

营销学中的角色地位是指由于个人购买者在不同的场合所扮演的角色及所处的社会地位，个人消费者在购买商品时，其需求及其消费行为要考虑与其角色和地位相一致。

（三）个人因素

通常，在文化、社会各方面因素大致相同的情况下，仍然存在着个人消费行为差异极大的现象，其中的主要原因就在于个体消费者之间还存在着年龄、职业、收入、生活方式和性格等个人情况的差别。

1. 年龄

消费者的需求和购买能力往往会因年龄不同而发生变化，处于不同年龄阶段的人审美观、价值观会不同，从而表现出不同的购买行为。例如，年龄大的人选择汽车时会考虑稳重、成熟的车型，而年轻人会重点考虑车型的时尚和个性。

2. 职业

职业往往决定一个人的地位和角色，对于人们的需求和兴趣有着重大影响，例如，企业家、政府官员大都喜欢购买黑色汽车,因为黑色代表着庄重和成熟;而从事艺术和传媒行业的人一般喜欢色彩鲜艳的汽车。通常,企业的市场营销在制订营销计划时,必须分析个人购买者的职业因素,在产品细分许可的条件下,注意开发适合于特定职业消费需要的产品。

3. 经济状况

经济状况实际上决定的是个人和家庭的购买能力,它对于企业营销的重要性就在于,有助于了解个人购买者的个人可支配收入的变化情况,以及人们对消费开支和储蓄的态度等。当企业对经济发展形势估计有误时,则应按实际经济状况重新调整企业营销策略,例如,重新设计产品,调整价格,减少产量和存货,或者采取一些其他应变措施。

4. 生活方式

生活方式是一个人在世界上所表现的有关其活动、兴趣和看法的生活模式。具有不同生活方式的消费者对商品或品牌有各自不同的偏好,从而也会形成不同的消费需求。在企业与消费者的买卖关系中,一方面个人购买者要按照自己的爱好选择商品,以符合其生活方式;另一方面企业也要尽可能提供合适的产品,使产品能够满足消费者个人生活方式的需要。

5. 个性和自我观念

个性是影响个人购买行为的另一个因素,指的是个人的性格特征,以及与其相关联的另一个概念,即购买者的自我观念和自我形象。对于汽车营销来说,了解个人购买者的个性特征和思想观念,可以帮助企业建立正确的符合目标消费者个性特征的产品品牌形象,例如,有事业心、有才干的男士,可能对商务轿车比较感兴趣。

(四)心理因素

消费者购买决策通常还要受心理过程的影响,包括动机、感知、学习、信念和态度,它们各自在购买过程中具有不同的作用。

1. 动机

(1) 动机形成。

社会心理学认为,人类的行为受动机的支配,而动机则是由需要引起的,当个人的某种需要未得到满足或受到外界刺激时,就会引发某种动机,再由动机而导致行为,因此,从某种意义上看动机其实就是在一定程度上的需要。个人消费者的动机所支配的是个人消费者的购买行为,弄清个人消费者动机生成的机理,对于企业市场营销具有重要意义。

(2) 需要层次论。

美国著名心理学家马斯洛的"需求层次论"在分析个人消费者动机生成机理中有重要的地位。这一理论的基本内容是:

① 人类是有需求与欲望的,随时等待满足,至于需求的状况,主要决定于已实现的欲

望,已满足的需求不会形成动机,只有那些未满足的需求才构成行为动机。

② 人类的需求是分层次的,共五个层次:生理需求、安全需求、社会需求、尊重需求和自我实现需求,如图 3-1 所示。这五个需求呈现出从低级到高级的演进特征,当低级的需求得到满足后,才会产生更高级的需求,而需求程度的大小则与需要层次的高低成反比。

值得注意的是,马斯诺的需求层次理论所反映的是人类社会的一般现象,并不能适用于每一个人,而且人们在满足需求时会出现跳跃现象,即当低层次需求尚未满足时,就出现对高层时需求。应用这一理论对汽车市场营销是有价值的,因为消费者在既定收入条件下,首先要满足的是基本的生理需求。汽车是高档消费品,只有在收入达到一定程度时,才会出现对其的需求。企业就必须了解目标市场的收入状况,以及他们尚未满足的需求有哪些,从而开发适合其需要的汽车产品。

图 3-1 马斯洛的需求层次论

(3) 效用与动机的关系。

购买动机源于需求,但产品的效用才是形成购买动机的根本条件,如果产品没有效用或效用不大,即使具备购买能力,购买者也不会对该产品产生强烈的购买动机;反之,如果效用很大,即使购买能力不足,购买者可能筹措资金也要购买。

产品的效用是指产品所具有能够满足用户某种需求的功效,就汽车功效而言,不同车型、不同品种的汽车具有不同的功效。此外,同样的汽车对不同的购买者和不同用途来说,其功效也不相同。例如,轿车用于出租车营运,他的功效在于获取经济效益,则低端轿车的功效要高于高端轿车;若轿车用于公司的商业活动,它的功效在于代步工具,应该体现企业形象,所以中高档轿车的功效要比低档轿车大。

2. 感知

感知是指人们通过自己的身体感觉器官而对外界刺激物所做的反应。消费者的感知过程是一个有选择的心理过程,它有三种方式,即选择性注意、选择性曲解、选择性记忆。

(1) 选择性注意。人们对日常生活中感觉到的事物,并不会都产生注意,只有对少数的事物会格外关注。人们通常会注意与当前需要相关的刺激物和正在期待的刺激物,以及和其他刺激物有明显差别的刺激物。因此,汽车企业从事营销活动时,必须善于突破选择性注意设下的屏障,才能有效地达到营销目的。例如,在每届车展上各个汽车企业总是使尽招数来安排现场布置,这就是研究了选择性注意,想方设法地将自己的产品和宣传在众多的汽车企业中脱颖而出,从而引起参观者的注意,留下印象,以激发参观者的购买欲望。

（2）选择性曲解。人们对于注意到的事物,往往会结合自己的经验、偏好、当时的情绪、情境等来理解,就会出现与创作者预期的结果相背离的结果,这种按照个人意愿曲解信息的倾向,就是选择性曲解。对于这种曲解,汽车企业只能进行适当的引导,应当特别重视对于企业信誉和产品名牌的创立。

（3）选择性记忆。在生活中,人们容易忘掉大多数信息,会倾向于保留那些能够支持其态度、信念的信息,这就是选择性记忆。因此,在购买行为上则表现为只记住自己所喜爱的品牌。掌握选择性注意的规律,可以使汽车企业的信息更有效地避免被消费者选择性忽略掉,为促进其认识过程奠定基础。

3．学习

当消费者有购买某一种商品的意向,尤其是购买汽车这样的耐用消费品时,往往会收集有关该商品的资料,加以对比。当其购买该商品后,会根据自己使用后的感受对该商品做出评价,这一整个的过程就是学习的过程,消费者所得的经验、印象会成为以后购买商品的参考,对这种现象通常可以用"刺激-反应"学习模式来表示,如图3-2所示。

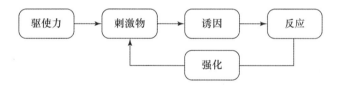

图3-2 刺激-反应学习模式

"刺激-反应"学习模式表明,个人购买者的购买行为是驱使力、刺激物、诱因、反应和强化五种要素相互作用的结果。驱使力是指消费者个人产生购买行为的推动力,它来源于未得到满足的需要;刺激物是指能满足个人购买者需求的整体产品;诱因是指能诱发个人购买行为的所有因素,例如,家庭成员的建议、广告宣传等;反应是指消费者为满足需要所采取的购买行为;强化则是指消费者的购后评价,主要指对刺激物的反应和评价。如果所购物品的满足程度较高,则会形成正向强化,会形成重复购买;如果所购物品满足程度较低,甚至完全没有得到满足,则会形成负向强化,不仅不会形成重复购买,多数情况下还会通过口头宣传而影响其他人的购买行为。

4．信念和态度

信念是从实践和学习中得来的,是指人们对事物的认识,例如,人们常常认为"奔驰"象征着成功人士,"福特"代表着踏实的中产阶级,"宝马"则体现车主的运动与激情。这些认识就是人们对这些汽车品牌的信念。购买行为中的信念,有的是建立在对名牌产品的信任基础上,有的可能是建立在某种偏见或讹传的基础上。

态度是指人们对某些事物所持的持久性和一致性的评价与反应,态度一旦产生,也很难改变,并表现出一致性的模式。所以,企业不应试图改变消费者的态度,而应当考虑如何改变自己的产品或形象,以迎合消费者的态度。

对营销有利的信念和态度,企业应当采用各种手段去加强,而不利的信念和态度,企业应该采取一些营销手段去纠正产品在消费者心中的形象。例如,由于受影视剧的影响,美国人常把摩托车同犯罪活动联系起来,这给本田摩托车进军美国市场带来困难,本田公司为了改变摩托车在美国公众心目中的产品形象,开展了以"你可以在本田车上发现最温雅的人"为主题的促销活动,同时期发布的广告画面上都是神父、教授和淑女等,逐渐改变了公众对摩托车的态度。

四、私人消费者购买决策过程

私人消费者购买决策过程一般可分为五个阶段,如图3-3所示。

图3-3 购买决策过程

1. 确认需要

任何购买行为都是由动机支配的,而动机有时又由需要所引起,因此,需要是购买过程的起点。当消费者感到一种需要并准备购买某种商品以满足这种需要时,购买决策过程就开始了,这种需要,可能是由内在的生理活动引起的,也可能是受外界的某种刺激引起的,如看别人都开汽车了,自己也想购买,或者是由内外两个方面的因素共同作用的结果。汽车企业要善于规划刺激,运用刺激物,根据目标市场的规律,顺利引发和深化消费者对需要的认识。

2. 收集信息

如果唤起的需要很强烈,可满足需要的商品易于得到,消费者就会希望马上满足他的需要。但在多数情况下,消费者的需要并非马上就能获得满足,他必须积极寻找或收集信息,以尽快完成从知晓到确信的心理过程,做出购买决策。消费者获取信息的来源一般有以下几个。

(1) 个人来源。通过家庭、朋友、邻居和其他熟人得到信息。

(2) 商业来源。通过广告、售货人员介绍、商品展览、商品包装和说明书等得到信息。

(3) 公众来源。从报刊、电视等大众传播媒介的宣传报道、消费者组织的有关评论和官方公布的材料中得到信息。

（4）经验来源。通过自己参观、实验和实际使用商品来得到经验。

在这一阶段中,市场营销者既要千方百计地做好商品广告宣传,吸引消费者的注意力,又要努力搞好商品陈列和说明,使消费者迅速获得对企业有利的信息。

3. 评估选择

消费者得到的各种有关信息可能是重复的,甚至互相矛盾的,因此,还需要进行分析、评估和比较,从而对市场上能够满足其需要的产品逐步形成不同的看法,最后决定购买与否,这是决策过程中的决定性一环。

理性消费者在对产品评估选择过程中所考虑的首要问题是产品性能,其次还会考虑产品的品牌形象,最后会将实际产品与自己的理想产品相比较,才会做出购买决策。为此,汽车营销者可采取如下对策,以提高自己产品被选中的概率。

（1）修正产品的某些属性,使之接近消费者理想的产品。

（2）通过广告宣传改变消费者对产品各种性能的重视程度,设法提高自己产品占优势性能的重要程度,引起消费者对被忽视的产品性能（如省油、配件价格低等）的注意。

（3）改变消费者心目中的品牌信念,通过广告和宣传报道努力消除其不符合实际的偏见。另外,当消费者对竞争品牌的信念超过实际时,可通过比较性广告,改变消费者对竞争品牌的信念。

（4）设法改变消费者心目中理想产品的标准。

4. 购买决策

通过评估选择,消费者会对其备选范围内的各个品牌形成一定的偏好顺序,但是,这种偏好和最终的购买决策之间仍然会出现不统一,其他人的态度以及消费者自身对于未来情况的预测,都可能改变其最终的决策。购买决策通常有三种情况：一是消费者认为商品质量、款式、价格等符合自己的要求和购买能力,决定立即购买；二是认为商品的某些方面还不能完全满意而延期购买；三是对商品质量、价格等不满意而决定不买。

消费者的购买决策是许多项目的总抉择,包括购买何种产品、何种牌号、何种款式、数量多少、何时购买、何处购买、以什么价格购买、以什么方式付款等。购买决策是消费者购买行为过程中的关键阶段,营销者在这一阶段,一方面要向消费者提供更多、更详细的商品信息,以便使消费者消除各种疑虑；另一方面要通过提供各种销售服务,方便消费者选购,促进消费者做出购买本企业产品的决策。

5. 购后感受

购后感受是消费者对已购商品通过自己使用或他人评估对满足自己预期需要的反馈,重新考虑购买了这种商品是否选择正确、是否符合理想等,从而形成的感受。这种感受一般表现为满意、基本满意和不满意三种情况。消费者购后感受的好坏会影响到消费者是否重复购买,并将影响到他人的购买问题,对企业信誉和形象影响极大。消费者的满意程度取决于消费者对产品的预期性能与产品使用中的实际性能之间的对比,就是说,如果购后在实际消费中符合预期的效果,则感到基本满意;超过预期,则很满意;未能达到预期,则不满意或很不满意。实际同预期的效果差距越大,不满意的程度也就越大。

根据这种观点,营销者对其产品的广告宣传必须实事求是,符合实际,以便使购买者感到满意。有些营销者对产品性能的宣传甚至故意留有余地,以增加购后的满意感。

购买者购后感受是企业产品是否适销的一种极为重要的反馈信息,它关系到这个产品在市场上的命运,因此,企业要注意及时收集信息,加强售后服务,采取相应措施,进一步改善消费者购后感受和提高产品的适销程度。

任务资讯三　组织用户的购买行为

一、组织市场的购买者和特点

（一）组织市场的购买者

不同于私人汽车消费市场,组织市场的购买者多为各类组织、它们的购买数量较大。组织市场的购买者包括以下几类。

1. 企事业集团消费型购买者

这类购买者包括企业组织和事业单位两大类型,其中,企业组织是社会的经济细胞,是从事产品生产与经营服务的各种经济组织,其特点是自负盈亏、照章纳税、自我积累和自我发展。事业单位是从事社会事业发展的机构,是为某些或全部公众提供特定服务的非营利性组织,其特点是接受财政资助或得到政策性补贴,也可以在规定范围内向其服务对象收取一定费用。事业单位主要包括学校、医院、红十字会、卫生保健组织、图书馆、博物馆、文艺体育团体、基金会、福利和慈善机构等。

2. 政权部门公共需求型购买者

这类购买者包括各种履行国家职能的非营利性组织,是指服务于国家和社会,以实现社会整体利益为目标的有关组织,具体包括各级政府及其下属部门、保卫国家安全的军队、保障社会公共安全的警察组织、管制和改造罪犯的监狱、负责立法的各级人大机关等。这些部门的特点是,其运行经费全部来自各级财政的行政经费支出或军费支出。

3. 运输营运型购买者

这类购买者是指专业从事汽车运输服务的各类组织或个人,具体包括各种公路运输公司、旅游运输公司、城市公共汽车运输公司、城市出租汽车运输公司、具有自备运输的大型企业或某些行业系统的专业运输部门、各种私人运输经营户等。

4. 再生产型购买者

再生产型购买者主要是采购汽车零部件进行进一步加工、生产制造出整车的汽车生产企业,如各种主机生产企业、重要总成装配厂家、各种特种车专用车生产厂家等。

5. 装备投资型购买者

这类购买者包括那些将汽车作为装备投资,将汽车用作生产资料的各类组织,主要是各种基本建设单位、农业生产和林业生产单位,其特点是:汽车主要限于基本建设工地、农场或者林区范围内使用。

(二)组织市场的特点

与向消费者出售商品或服务相比,在向组织市场出售汽车的过程中要牵涉更多的项目和金钱,组织市场的特点表现在以下几个方面。

1. 购买者的数量较少

一般情况下,集团组织市场的购买者要比消费者市场的购买者少得多。组织市场上,一家汽车企业的潜在顾客是所有企业和组织,而消费者市场上,其潜在客户可以是所有人,人的数量显然比企业和组织的数量大。

2. 购买规模比较大

许多汽车组织市场的购买数量都很大,一个消费者一般一次只买一辆汽车,而一家运输公司一次就可能购买几辆甚至几十辆的汽车。

3. 供需关系密切

正因为组织市场客户的购买规模大,所以他们通常愿意和那些在技术规格和交货要求上与自己密切合作的汽车企业成交,因此,供求双方常常需要保持较为密切的联系,这样能保证稳定货源,节省采购成本。

4. 专业专职采购

消费品市场上的购买者往往对汽车产品的专业技术性能并不熟悉,而组织市场上的购买者通常为受过专业训练的人,他们了解汽车的技术特征,能较全面地比较和选择符合本组织需求的汽车产品。因此,汽车企业的营销者应多从产品功能、技术和服务的角度介绍本企业的优势,尽量提供详细的技术资料和特殊服务。

5. 需求具有派生性

需求的派生性是组织市场区别于消费者市场的显著特征之一。派生性是指组织对汽车产品的需求最终来源于组织面向的顾客对汽车产品的需求。消费者的需求就是原生需求,没有消费者的原生需求就没有组织用户的派生需求。

6. 需求的波动性较大

集团组织购买者对汽车的需求要比个人购买者的需求具有更大的波动性。根据现代社会生产的供应链管理原理,存在一种需求的"加速原理",即处于供应链下游企业的需求变化,会因为供应链上的企业层层放大或缩小,最终导致供应链上游企业销售的剧烈波动。

7. 短期的需求弹性较小

需求弹性是指由于产品价格变动而引起的其市场需求的相应变动率。组织市场上汽车产品的需求弹性小是指大多数组织购买者的需求受价格变化的影响小,特别是短期内需求受价格变动的影响不大。例如,汽车再生产者由于其制造工艺不可能在短时期内进行重大变革,不会因为汽车零部件或中间性产品的价格上涨而减少购买,也不会因为价格下跌而增加购买。

8. 购买的行为方式多样化

组织购买行为的方式是灵活和多样的,主要有三种形式。一是直接购买,即集团组织购买者往往直接从生产企业采购所需的产品,而不通过中间商环节;二是互惠采购,即在供应商与采购者之间互相购买对方的产品项目时,互相给对方提供优惠,实施互惠采购;三是租赁,一些集团组织用户由于资金紧缺或短期内用车需求大增的情况下,会倾向于采用租赁汽车的方式来继续经营,而非直接购买汽车。

9. 多人影响购买决策

同个人购买者的购买决策相比较,集团组织购买的一个重要特征就是集体决策。在整个购买过程中,参与决策的人员众多,主要有使用者、采购者、决策者及其他对购买决策产生影响的人。汽车产品由于技术性强、价格高,一般参与决策的人较多,采购中心的规模也较大。对汽车营销人员而言,当面对组织市场时,首先应当明确组织市场的参与购买者的复杂程度,并且要注意查明谁是真正具有决定权力的人,以便以其需要为目标有效地促成交易。

(三)组织购买行为的类型

1. 直接重购

直接重购是指组织用户按照以往的一贯性需要,按原有订货目录和其他基本要求,继续向原有的供应商重复购买一直在采购的产品,产品规格、型号一般变动不大,可能只有数量上的调整。因此,这种采购类型花费的人力较少,集团组织的采购人员做出购买决策的依据是过去的经验和对供应商以往的满意程度。

直接重购的优点是:有利于稳定供需双方关系,原有的供应商不必重复推销,而能致力于保持产品和服务的质量,从而简化了购车手续,节省了购买者时间。但对于新的供应商来说,这无疑加大了其进入该市场的难度,因而其营销活动应注意先从零星的小额交易打开缺口,再逐渐扩大市场占有率。

2. 修正重购

修正重购是指组织用户为了某种目的而需要改变产品规格、型号、价格、交货条件等,甚至更换供应商。这种购买类型下的采购行为比直接重购复杂,它要涉及更多的购买决策人员和决策项目。修正重购有助于刺激原供应商改进产品和服务质量,大大提高生产率,降低成本,保持现有的组织用户,同时还给新供应商提供了竞争机会。

3. 新购

新购是指组织用户首次购买其所需的产品和服务。由于是第一次购买,买方对所购的产品没有使用经验,因而其购买决策会比较复杂,通常要收集大量的信息,建立一整套的标准,详细比较和选择供应商以及产品品牌。新购的产品金额越大,风险就越大,采购决策的参与者就会越多,制定采购决策所需的信息就越多,决策所花费的时间也就越长。

二、影响组织用户购买行为的因素

与消费者市场一样,组织购买行为也会受到各种因素的影响,主要影响因素有环境因素、组织因素、人际因素、个人因素等四种因素。

1. 环境因素

环境因素是指组织用户周围环境的因素,诸如一个国家的经济发展前景、技术变化情况、市场竞争态势、政治形势等。例如,如果预期经济前景不佳,市场需求不振,组织购买者就不会增加投资,甚至会减少投资,减少原材料采购量和库存量,降低产量;还有我国政府已经对国家公务人员和国有企业领导干部用车的标准做出了一系列的硬性规定,这就限制了此类型组织用户的购车标准。

2. 组织因素

组织因素是指一个组织用户本身的因素,诸如购买者内部采购部门自身的目标、政策、程序、结构、制度等方面的设置状况。营销者还应当关注采购部门在企业组织结构中的变化趋势。

3. 人际因素

人际因素是指组织用户内部各机构不同的人员之间的关系。营销者要善于了解组织用户的人际关系状况,如采购中心的构成情况,有多少人参与购买决策,他们分别是谁,分别对决策行为有什么影响力,他们的选择和评价汽车的标准是什么等,并想办法利用这些因素促成交易。

4. 个人因素

个人因素是指组织用户内部参与购买决策的有关人员所具有的自身特点,诸如年龄、受教育程度、个性因素等,也就是消费者市场上影响购买行为的个人因素在组织市场上依然会起作用,这就使得组织用户在最终做出购买决策时会受个人购买经历、品牌偏好、供应商印象的影响。因此,营销者要了解个人因素,以便采取"因人而异"的营销措施。

三、组织用户的购买决策

(一)组织用户购买决策过程

生产资料的购买者与消费资料的购买者一样,也有决策过程,但没有一个统一的格式支配所有生产资料购买者的实际购买过程,一般认为,生产资料用户的购买过程分为以下八个阶段。

1. 提出需求

提出需求是生产者购买决策过程的起点。需求的提出,既可以是内部的刺激,也可以是外部的刺激引起。内部的刺激,如汽车企业决定推出某种新款汽车,因而需要采购生产这种汽车的零部件和新配置;外部刺激,诸如商品广告,营销人员的推销等,使采购人员发现了质量更好、价格更低的产品,促使他们提出采购需求。

2. 确定需求

确定需求指确定所需产品的数量和特征。标准产品的采购,一般由采购人员直接决定;而复杂产品的采购,则须由企业内部的使用者和工程技术人员共同来确定产品的一般特性,包括可靠度、耐用性、价格等。

3. 说明需求

组织用户在确定需求以后,由专业技术人员具体、详细地说明所需汽车产品的品牌、排量及其他技术参数,供采购人员作参考。

4. 寻找供应商

购买者可以通过查找汽车企业名录、利用网络搜寻、请其他公司推介以及参观车展等手段,挑选服务周到、产品质量好、声誉好的供应商。供应商的任务就是要使自己列入主要备选企业的范围内,应通过有力的广告及促销方案,努力提高企业在市场上的知名度。

5. 征求供应建议书

购买者可以邀请合格的供应商提交供应建议书。对于复杂和花费大的项目,买方会要求每一个潜在的供应商提出详细的书面建议,以供选择。例如,在招标采购中,供应商就必须按照招标的要求,提供一系列的书面材料以及标书。

6. 选择供应商

有些企业最后确定的供应商不限于一个,以免受制于人,并且可以通过几个供应商的竞争来促使他们改进服务质量。例如,购买者最后确定了两家供应商,分别向他们采购所需产品的60%和40%,这样可以使两个供应商展开竞争,进一步做好供应工作。

7. 签订定购合约

当供应商选定后,采购中心便开订货单给选定的供应商,在订货单上列举技术参数、需要的数量、交货日期等。现在许多企业日趋采用"一揽子合同",即与某一家供应商建立长期的供货关系,供应商承诺只要购买者需要购买时,他就会按原定的价格条件及时供货。这种订购方式对供求双方都有利,对采购者而言,不但减少了多次购买签约的麻烦和由此增加的费用,也减轻了库存的压力;就供应商而言,他的产品有了固定的销路,减轻了竞争的压力。

8. 绩效评价

产品购进后,采购者还会及时向使用者了解其对产品的评价,考察供应商的履约情况,并根据了解和考察的结果决定今后是否继续采购某供应商的产品。

这八个阶段并非适用于所有购买类型,其中对于新购业务来说,一般包括这八个采购阶段,属于完整的采购过程;直接重购只需经过两个阶段,修正重购可能经过某些阶段,也可能不必经过某阶段。修正重购和直接重购两种决策过程都属于不完整的采购决策过程,如表3-2所示。

表 3-2 组织购车用户购买决策的过程与购买类型

购买阶段	购买类型		
	新购	修正重购	直接重购
提出需求	是	可能	否
确定需求	是	可能	否
说明需求	是	是	是
寻找供应商	是	可能	否
征求供应建议书	是	可能	否
选择供应商	是	可能	否
签订定购合同	是	可能	否
绩效评价	是	是	是

(二)组织用户的购买方式

组织用户在采购过程中,常常要选择合适的购买方式。常见的购买方式有以下两种。

1. 公开招标选购

公开招标选购方式常被用于政府采购、再生产者配套采购、重大工程项目建设单位装备采购等场合。采用招标方式,集团组织会处于主动地位,供应商之间会产生激烈的竞争。招标采购的程序如下。

(1)招标单位在报刊、互联网上登出广告或发出招标信函,写出具体要采购产品的品种、规格、数量等,要求卖方在规定期限内报出价格或其他服务项目,然后进行投标。

(2)企业有条件并有意向投标时,在规定期限内填好标书。标书中表明可供产品的名称、品种、规格、数量、交货日期、价格和服务等项目,然后密封送达招标单位。

(3)招标单位对各个拟投标的供应商进行资格审查,看其产品质量是否能够通过本企业质量部门或产品试验部门的质量认定,考察其是否具有必要的融资能力等,然后选出正式参加招标的供应商。

(4)在招标规定日期,在公开场合开标。招标单位选出标价最低、服务最好、最有利的供应商,并与选定的供应商签订供货合同。

(5)供货商在合同规定期限内组织生产,并按时供货。

(6)供应商交货后,对使用方进行产品调试并对使用操作人员进行培训,招标单位验收合格后,支付货款,可按合同规定扣留一定比例的质保金。

2. 议价合约选购

集团组织的采购部门同时与若干供应商就某一采购项目的价格和有关交易条件展开谈判,最后与符合要求的供应商签订合同,达成交易。汽车产品的大宗订单、特殊需求订单一般均采取此种购买方式。

任务训练

消费者购车心理分析

一、消费者购车心理与购车行为的关系

一般而言,人的行为是基于心理活动而产生的,所以个人购买行为必然受个人的心理活动支配。心理学"刺激-反应"学派的研究成果表明,人们行为的动机是一种内在的心理活动,是一种看不见、摸不着的"黑箱"。在心理活动与现实行为之间的关系中,外部的刺激必须经过心理活动过程的"黑箱"才能引起反应,才能引起行为。按照这种动机生成机理,汽车营销企业要引导各类购买动机实现,满足消费者的各种需求,就必须对消费者接受外部刺激所做出的反应,对消费者的心理有比较全面的了解。

我们对顾客购车心理分析的目的就是了解顾客购车心理类型及表现,并能通过顾客的言行举止准确区分其心理类型,从而采取不同的应对方法。

二、消费者购车心理分析

1. 了解消费者心理类型

消费者的心理类型多种多样,心理学家将消费者的心理划分为9种类型,如表3-3所示。熟悉每一类消费者的性格与心理特征,可以在推销过程中对症下药,因人施计。

表 3-3　消费者心理类型分析

心理类型	心理表现	应对方法
内向型	封闭、冷淡、敏感	第一印象、投其所好
随和型	性格开朗、容易相处	耐心、风趣
刚强型	个性严肃、正直	严谨、勿随意
神经质型	异常敏感、易激动	语言谨慎、顺其自然
虚荣型	喜欢表现、嫉妒心重	使其心情愉快
好斗型	好胜顽固、征服欲强	准备充分、勿意气用事
顽固型	具有特别偏好	准备充分、先发制人
怀疑型	处处质疑	对自己、车辆充满信心
沉默型	表现消极、反应冷淡	避免僵局、打破沉默

2．判断消费者心理表现与类型

不同心理类型其外在表现会千差万别，但是总有些规律可循，需要对消费者的各种表现作细致的体会，以准确辨别其心理类型。分析和判断消费者心理表现时应注意以下两点。

（1）消费者的心理表现也许是几类的综合，也许是介于两类之间，并且在购车过程中的不同时期会有所改变，要求汽车营销人员能灵活加以分析和判断。

（2）消费者的心理类型和其性别、年龄、职业、地位等有很紧密的关系。所以判断消费者的心理类型时不能全凭其外在表现，还要充分了解消费者的背景资料，以便做出比较准确的判断。

3．选择应对方法

根据消费者的不同心理类型，可以采取的基本应对方法如表 3-3 所示。在实际车辆销售过程中还需销售人员加以灵活应用。

4．模拟训练

（1）根据学生人数将学生分成若干组，组内的成员分别扮演汽车消费者和汽车销售员。
（2）教师给每个小组分发顾客的背景资料信息，然后进行角色演练。
（3）小组成员利用摄像机或手机等设备录制完整的角色演练过程。
（4）一个小组演练时，其他小组将其做得好的地方和不足之处记录下来。

三、实训总结

（1）每个小组演练完成后，其他小组给予点评。
（2）各小组将训练的收获和体会写到实训报告中。
（3）教师进行点评、总结，并对各小组的实训情况进行打分。

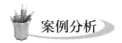
案例分析

消费者的几种典型购车动机

一、消费者购车动机的类型

掌握购车动机可以将消费者购车活动指向特定目标,以满足消费者购车的意愿和冲动。消费者的购买动机宏观上分为理智型动机和感情型动机,从消费者购车动机的具体表现来看,可将其分为八种动机,如表3-4所示。

表 3-4 消费者购车动机

购车动机	消费者购车心理与购车特点
求实动机	它是指消费者以追求商品或服务的使用价值为主导倾向的购买动机。消费者在购买汽车时,特别重视汽车的质量、功能与性价比
求廉动机	它是指消费者以追求商品、服务的价格低廉为主导倾向的购买动机。消费者选择商品以价格为第一考虑要素,对降价、折让等促销活动怀有较大兴趣,而对商品质量、款式、包装、品牌等不是很挑剔
求便动机	它是指消费者以追求商品购买和使用过程中的省时、便利为主导倾向的购买动机。消费者对时间、效率特别重视,他们愿意快速方便地买到商品,讨厌过长的购物时间和过低的销售效率,对购买的商品要求携带方便,便于使用和维修
求新动机	它是指消费者以追求商品、服务的时尚、新颖、奇特为主导倾向的购买动机。消费者选购汽车时注意追求汽车的造型新颖和别致,是汽车新款的倡导者,相对而言认为汽车的耐用性、价格等是次要的考虑因素
求美动机	它是指消费者以追求商品欣赏价值和艺术价值为主要倾向的购买动机。消费者选购商品时特别重视商品的颜色、造型、外观、包装等因素。求美动机的核心是追求赏心悦目,注重商品的美化作用和美化效果
求名动机	它是指消费者以追求名牌、高档商品,借以显示和提高自己的身份、地位而形成的购买动机。持有这种动机购买汽车时一定程度上还可以减少购买风险、简化决策过程和节省购买时间
模仿动机	它是指消费者在购买商品时自觉不自觉地模仿他人的购买行为而形成的从众购买动机。模仿和从众有的出于羡慕、钦佩和获得认同,有的由于惧怕风险和保守,有的缺乏主见而随波逐流。通常,普通消费者的模仿对象多是社会名流或其所崇拜、仰慕的偶像,如利用明星制作汽车广告,目的之一就是要刺激普通消费者的模仿动机,促进产品销售
癖好动机	它是指消费者以满足个人兴趣、爱好为主导倾向的购买动机。其核心是为了满足某种嗜好、情趣。比如,汽车收藏者,他们购买汽车是以自己的嗜好、需求为标准,不关注其他方面

二、案例背景资料

案例资料一。

在装修公司工作的小亮,大学毕业三年,收入还不算很丰厚。最近看周围几个同事纷纷买车,上下班非常方便,很是羡慕,于是他准备先了解一下目前各车系的最新车型。某天,小亮来到长安铃木4S店,他的眼前一亮,被"锋驭"(一款SUV)的外形折服。通过与销售员的交流,小亮发现长安汽车为促进"锋驭"的销售,推出了0首付、0利息的贷款政策,当即跟店里签订了购车意向协议。

案例资料二。

李老师是一高校的老师,可谓是一个准汽车发烧友,对各种车的性能以及车市的动态比较了解。他有一套自己的理论:日系车车身钢板较薄,车体也比较轻,高速的操控性和稳定性稍差,但是燃油经济性较好;德系车车身较重,发动机的功率较大,高速稳定性较好,但是燃油经济性稍差。考虑很久,李老师觉得买车主要是为了在市区内上下班用,而且汽油价格逐年攀升,最终打算购买东风日产公司的骐达轿车。

案例资料三。

富家子弟小明,非常喜欢足球明星贝克汉姆,一是喜欢他的球技,二是认为"小贝"人很帅。最近,他从网上看到"小贝"又买了一辆名车——布加迪威龙,很是羡慕,本来他父亲已经给他买了一台宝马M3跑车,可小明还缠着要买一台布加迪威龙,他父亲正在考虑是否该给他买。

三、分析几位消费者的购车动机

1. 购车动机分析的注意事项

(1) 了解购车动机的差异性。从消费者动机的具体表现看,消费者的购买动机可归纳为八类动机,但是需要注意的是购车动机与消费者的性别和年龄等因素也有紧密联系。比如,女性消费者购车具有强烈的感情色彩,波动性会比较大;而青年消费者购车一般趋于求新、求美,购车动机具有较明显的冲动性。

(2) 分析购车动机的有效手段。通过与消费者的交流与提问,观察消费者购买动机的外在表现,分析消费者关心的利益点,如车辆给顾客的整体形象、成功欲望、安全、人际关系、便利、兴趣、价格、服务等,找到消费者关心的利益点,与消费者的沟通才会有交集,进而准确判断消费者的购车动机。

2. 分析三位消费者的购车动机

(1) 学生分成三组,每组讨论分析一个案例。

(2) 每个小组根据案例资料中消费者的心理活动、语言表达等信息,分析消费者的购车动机属于何种类型。

(3) 小组讨论,针对案例中的消费者,汽车营销人员应如何向顾客提供帮助?怎样引导他们完成购车的决策?

四、案例总结

(1) 各小组总结讨论与分析的结果并形成书面报告。

(2) 每个小组派代表上台讲解本组的讨论结果。

(3) 各个小组对其他小组的讨论结果进行点评。

(4) 教师对案例分析结果给予总结和点评,并对各小组的实训情况进行评价。

1. 汽车的使用特点有哪些?汽车市场用户的类型有哪几种?
2. 汽车私人消费市场有什么特点?
3. 汽车私人购买行为的类型有哪些?每一种类型有什么特点?
4. 影响私人消费者购买行为的因素有哪些?
5. 举例说明文化因素对私人消费者购买行为的影响。
6. 请分析动机、感知、学习、信念和态度等心理因素对私人消费者购买行为的影响。
7. 简述私人消费者购买决策的过程。
8. 组织市场的特点是什么?组织市场有哪些购买者?
9. 影响组织用户购买行为的因素有哪些?
10. 简述组织用户购买决策的过程与购买方式。
11. 通过消费者购车心理与购车动机分析的实际训练,你有何收获和体会?

任务四 汽车市场调研与预测

任务目标

1. 理解汽车市场调研的作用和主要内容。
2. 掌握汽车市场调研的步骤和方法。
3. 掌握汽车市场预测的作用和主要方法。
4. 能根据特定调查目的完成调查问卷的设计,并能撰写简单的调研报告。
5. 能通过各种渠道获取调查信息,进行整理、分析和总结,并在此基础上完成目前汽车市场需求的预测。

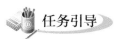任务引导

我国汽车市场正处于飞速发展的状态,各汽车生产厂商的竞争也更加激烈。若要在竞争中立于不败之地,就必须从研究汽车市场出发,大量收集市场信息,建立市场信息系统,并对信息进行有效的分析,科学准确地预测目前和未来市场需求的情况,这也是企业的营销管理者制定有效营销策略的基础。你能设计并组织一次市场调研活动吗?你能对当地汽车市场的需求情况做出准确的预测吗?

任务资讯

任务资讯一 汽车市场调研概述

一、市场调研的概念和作用

1. 市场调研的概念

市场调研也称市场调查,它是指为了解决某一特定的市场营销问题而进行资料的搜集、

整理、分析，对市场的状况进行反映或描述，并取得结论的一种系统的、有目的的活动与过程。具体来说，汽车市场调研是汽车生产企业、经销商对用户及潜在用户的购买力、购买对象、购买习惯、未来购买动向和同行业的情况进行全面或局部的了解，弄清涉及企业生产和发展的市场运行特征、规律和动向，以及汽车在市场产、供、销方面的状况及其相关的影响因素。

2. 市场调研的作用

市场调研是企业营销活动的出发点，其作用有以下几点。

（1）市场调研利于销售人员了解市场环境，掌握市场动态，有利于企业进一步挖掘和开拓新市场，开发新产品，发挥竞争优势，也是开发潜在客户的重要手段。

（2）市场调研为企业的经营决策提供信息平台，有利于企业在科学的基础上制定营销战略与计划。

（3）有利于发现企业营销活动中的不足，保持同市场的紧密联系和改进营销管理。此外，还可以掌握竞争对手的动态，掌握企业产品在市场上所占份额大小，针对竞争对手的策略，对自己的工作进行调整和改进。

（4）通过市场调研，可以了解宏观上的国家政策法律法规的变化对汽车销售企业发展的影响，预测未来经济走向，抓住发展机遇。

二、市场调研的内容

1. 汽车市场营销环境调研

汽车市场环境调研一般多在企业投资决策阶段展开。汽车市场营销环境调研包括对政策法律环境、经济环境、科技环境以及社会文化环境等方面的调研。

（1）政策法律环境调研。包括对政府有关汽车方面的方针、政策和各种法令、条例等可能影响到汽车企业发展的诸因素的调查。例如，汽车金融政策、汽车排放法规、汽车税收政策、产业发展政策等。

（2）经济环境调研。主要调查所在地区的经济发展整体水平、经济结构、人口及就业状况、交通条件等，同时还应重点调查该地区消费者的收入水平、消费结构和消费水平等。

（3）科技环境调研。主要对国际国内新技术、新车型的发展速度、变化趋势、应用和推广情况进行调查。

（4）社会文化环境调研。主要调查一个社会的文化、风气、时尚、爱好、习俗等方面，通过调查，可以比较具体地了解到消费者对汽车产品需求所带来的文化色彩，并根据不同的文化特点和文化层次，采用不同的市场营销策略。

2. 汽车市场消费者调研

汽车市场消费者调研主要内容包括以下内容。

（1）消费需求量调研。消费需求量直接决定市场规模的大小，影响需求量的因素是货币收入及适应目标消费人群。估计市场需求量时，要将人口数量和货币收入结合起来考虑。

(2) 消费结构调研。消费结构是消费者将货币收入用于不同商品的比例,它决定了消费者的消费投向。消费结构的调研包括人口构成、家庭规模和构成、收入增长状况、商品供应状况以及价格的变化趋势。

(3) 消费者购买动机和购买行为调研。购买动机调查的目的主要是了解购买动机产生的各种原因,根据各种原因采取相应的诱导措施。购买行为调查实际上主要是了解消费者在何时购买、何处购买和如何购买等情况,在了解消费者购买行为特征的基础上,使销售人员以积极主动的方法去影响客户消费全过程,从而扩大销售。

(4) 潜在市场的调研。主要目的是发现潜在目标市场。调研渠道是驾驶学校、已有用户、目标群体、汽修场所等。

3. 汽车企业营销组合策略调研

营销组合由产品、价格、销售渠道和促销方式四个方面组成,调研要定期从这四个方面开展。

(1) 汽车产品调研。汽车产品调研包括汽车销售服务能力、汽车实体、汽车生命周期的调研。汽车销售服务能力包括供货渠道、销售与售后服务的质量及方便性、维修设备的先进程度、维修工人的技术水平等。汽车实体调研是对汽车本身各种性能的好坏程度进行调研,包括汽车的类型、配置、内饰、性能和产品外观认可程度等。对于汽车生命周期的调研,在汽车的不同生命周期所调研的内容也不同,例如,在投入期调研的主要内容是消费者购买此款车的购买动机,对价格的承受力等。

(2) 汽车产品价格调研。汽车产品调研内容主要包括目标市场不同阶层顾客对产品的承受能力,竞争车型的价格水平及销售量,提价和降价带来的反应,目标市场不同消费者对产品的价值定位,现有定价能否使企业盈利,盈利水平在同类企业中居于什么样的地位等。

(3) 销售渠道调研。销售渠道调研解决的主要问题是采用何种方式更有利于企业扩大销量,为更多的消费者所了解和认可。例如,汽车销售过程中最常见的流通渠道或分销渠道的情况,现行经销渠道中最成功的方式,经销商的一般库存量与进出货渠道,以及产品到达顾客手中每一环节的折扣有多大等。

(4) 促销调研。促销调研的内容包括汽车广告宣传、公关活动、现场演示、优惠活动等。例如,在广告制作前要为制作适应目标顾客的广告而进行调研,广告制作发布后,需针对广告效果进行调研。促销活动要调研试行促销后的销售量、市场占有率的变化等。

4. 汽车企业竞争对手调研

竞争对手可以分为现实竞争对手和潜在的竞争对手。调研内容包括在竞争中主要的竞争对手有哪些,消费者对主要竞争产品的认可程度,市场容量以及竞争对手在目标人群中占有的市场份额有多大,市场竞争激烈程度如何,与企业是直接竞争还是间接竞争,竞争对手的销售能力和市场计划,竞争对手对经销渠道的控制程度和方法,竞争对手所售的车型与服务的优势和劣势在哪些方面,消费者还有哪些要求尚未在竞争产品上体现出来,市场竞争的焦点与机会等。

5. 汽车售后服务调研

汽车售后服务调研包括维护修理的水平与质量调研、客户满意程度调研、客户关系维系方法与效果调研、维修企业管理水平与管理能力的调研等。

三、汽车市场调研的类型

根据市场调研课题的不同,汽车市场调研可以分为以下四种类型。

1. 探索性调研

当企业对需要调研的问题所涉及的范围和内容尚不清楚时,就应采用探索性调研作为试探,以便进一步调研。例如,某汽车企业近一段时期产品销售量下降,一时弄不清,是价格偏高、服务不好,还是市场上出现了新的竞争性产品的原因。此时,可以先对一些用户、中间商或企业生产经营人员进行试探性调研,从中发现销售下降的主要原因,确定继续调研的方向。探索性调研是为了确定"研究什么"的问题。

2. 描述性调研

描述性调研是针对需要调研的问题采用一定的方法,对问题进行如实的记录,了解有关这一问题的实际情况和影响因素。这种调查研究是通过实际的资料,了解和回答"何时""何地""谁""如何"等方面的问题。多数的市场调研都属于描述性调研,例如,对汽车市场需求的潜在量、市场占有率、促销方法和销售渠道等的研究。描述性调研的资料对统计推论是十分有用的,它解决社会现象"是什么"的问题。

3. 解释性调研

解释性调研是在描述性调研已收集资料的基础上,研究各因素的因果关系。在市场调研中,经常会遇到一些要回答"为什么"的问题。例如,为什么该品牌的汽车产品的销售量会下降?为什么消费者在同类汽车中比较喜欢别的品牌?要求对这一类问题找出问题的原因和结果。因此,解释性调研是解决"为什么"的问题。

4. 预测性调研

预测性调研是通过收集、分析和研究过去和现在的各种市场情况资料,运用预测方法,研究和估计未来一定时期内市场上某种汽车的需求量和变化趋势。这种调研已属于市场销售预测的范围,这种调研是为了解决"会怎么样"的问题。

四、市场调研程序

市场调研一般可分为调研准备、调研实施和调研总结三个阶段。

(一) 调研准备阶段

调研准备阶段主要包括确定市场调研目的、选择调研机构(或成立调研工作组)、制订调研方案和计划等几个步骤。

1. 确定市场调研目的

明确市场调查任务是整个汽车市场调查工作的起点,包括提出汽车企业经营中要解决的问题,并由此明确调查的目的。明确调查目的,主要是明确为什么要进行此项调查;通过调查要获取哪些市场信息,调查结果有什么用途。例如,调研的目的是为了企业制定市场营销的战略规划,还是为了改进企业市场营销的活动效果等。

2. 选择调研机构(或成立调研工作组)

市场调研工作可以选择企业自行调研和委托专业调研机构完成两种形式。专业的市场调研机构大致有三种类型:综合性市场调研公司、咨询公司、广告公司的调研部门。如果选择企业自行调研还必须成立调研工作。调研工作组的职能就是具体完成调研工作,其组成人员可包括企业的市场营销、技术研究、经营管理、财务或投资等多方面的人才。

3. 制订调研方案和计划

(1) 制订调研方案。这是着手调研的第一步。调研小组应根据调研的总体目标进行目标分解,做好系统设计,制订调研方案。

(2) 制订实施计划。制订实施计划和阶段目标是整个汽车市场调研过程中最复杂的阶段。调研计划一般由摘要、调研目的、调研内容与范围、调研方法与手段、调研进度和调研预算、调研工作进度安排及调研监督检查等组成。每次汽车市场调研都需要支出一定的费用,因此,在制订计划时,应编制调研费用预算,合理估计调研的各项开支。一般包括调研方案设计费、调研问卷费、差旅费、礼品和咨询费等。

(3) 确定调研方法与抽样方法。

调研方案与计划制订之后,进行状态与问题分析,即详细分析企业现实所面临的问题,提出假设、命题、概念、指标、变量等。然后,根据状态分析结果确定所采用的调查方法与手段。例如,在状态与问题分析时,如果发现企业对消费者的态度与需求情况不清楚,应该选择问卷法和访问法;如果发现企业对竞争产品的策略不明,可以选择观察法和访问法等。

(二) 调研实施阶段

1. 调研实施

调研实施是营销调研的正式实施步骤。为了保证调研工作按计划顺利进行,必须重视对调研人员的选拔与培训工作,而且要充分估计出调研过程中可能出现的问题,并要建立报告制度。调研工作组应对调研进展情况了如指掌,做好控制工作,并对调研中出现的问题及时采取解决或补救措施,以免拖延调研进度。调研过程中调研者还必须具体确立收集调研信息的途径,有些信息可以利用二手资料获取,有些信息必须到调查现场进行实地调查。

2. 调研监督

调研期间,调研工作组应对调研的过程进行有效的监督与考核,以保证调研工作的合理性、时效性。对调研者工作表现的考核,应注意结合工作成果大小提出具体的标准,例如,将询问、记录、资料整理、分析等活动中发生错误的次数作为考核标准。考核调研者的工作表现要注意结合工作进度来进行,而不要等工作结束后才进行。

(三)调研总结阶段

1. 整理分析调研资料

调研者应对调研得到的资料及被调研者的回函分门别类地整理和统计分析,过滤掉那些不真实或错误的资料。然后把整理好的资料进行统计分析,系统地制成计算表、统计表、统计图等,以方便参考。为提高工作效率,保证统计分析的准确性,应采用计算机等先进手段辅助进行信息处理。

2. 提出调研报告

调研报告是营销调研的最终结果,是评价整个调研过程工作好坏的重要标准,决策者就是根据调研报告的结果指导企业的经营决策的。因此,要十分重视调研报告的撰写,必须写出真实、准确的调研报告。调研报告编写的程序应包括:主题的确立、材料的取舍、提纲的拟定和报告的形式。在编写调研报告时,要注意紧扣调研主题,力求客观、扼要并突出重点,使企业决策者一目了然,少用专门的技术性名词,必要时可用图表形象说明。

3. 调研追踪

调研结束后,要针对调研的内容及关键问题进行追踪调研,以了解其变化情况,或者为了巩固调研成果和验证调研材料真实性,也需进行一段时间的追踪调研。同时还要对调研没有解决的问题进行补充调研。

任务资讯二 市场调研的方法

一、调研对象的选取方法

调研对象的选取方法可分为普遍调研与抽样调研。在实际的研究中,由于受到各种条件的限制,普查调研是非常困难的,往往代之以抽样调研。抽样调研是从研究对象的总体中选择一部分代表加以调研,然后用所得的结果推论和说明总体特征。抽样方法主要有随机抽样选取法和非随机抽样选取法两类。

1. 随机抽样选取法

随机抽样选取法是在调研对象总体中随机抽取一定数目的样本进行调研。这种调研总体中每一个单位都有被选作样本的机会。抽取样本的方式有以下四种。

(1)简单随机抽样。简单随机抽样是最基本的概率抽样,又称纯随机抽样。简单随机抽样是对总体中的所有个体按完全符合随机原则的方法抽取样本,它保证了总体中的每一个个体都有同等被抽取的概率。

（2）分层随机抽样。分层随机抽样也称类型抽样或分类抽样。分层随机抽样是先对总体单位按某种特征（如年龄、性别、职业等）分层，然后每一层都按照一定的方法随机抽取部分单位构成样本的一种抽样形式。

（3）等距离随机抽样。等距离随机抽样又称系统抽样或机械抽样，即将调研总体中所有单位按一定标志顺序排列、编号，计算出抽样距离，然后按相等的距离或间隔抽取样本。

（4）分群随机抽样。分群随机抽样是将调查对象总体按一定标准划分为若干个群体，然后采用简单随机抽样法抽取部分群，并对抽中的群体进行普查的一种抽样组合形式。

2. 非随机抽样选取法

非随机抽样是按照调研者主观设定的某个标准抽取一定数目的单位进行调研，并不是每一个单位都有机会被选为样本，非随机抽样有以下四种具体方法。

（1）方便抽样。方便抽样又称偶遇抽样，即在一定时间内和一定环境里所能遇到的或接触的人均选入样本的方法。

（2）判断抽样。判断抽样是研究者依据主观判断选取可以代表总体的个体作为样本，这种样本的代表性取决于研究者对总体的了解程度和判断能力。

（3）配额抽样。配额抽样是先对总体进行分组，然后由调研者从各组中任意抽取一定数量的样本。

（4）滚雪球抽样。滚雪球抽样是先从几个适合的样本开始，然后通过它们得到更多的样本，这样一步步地扩大样本范围的抽样方法。

二、市场调研方法

市场调研方法按照获取资料的方式可分为间接调研和直接调研两种方式。间接调研又称为文案调研；直接调研又称为实地调研，它主要有访问法、观察法、实验法、网络法等调研方法。

（一）间接调研法

间接调研即通过搜集各种历史和现实的第二手资料，从中摘取与市场调研课题有关的情报，再进行统计分析的调研方法。这种方法主要是通过调研者向有关方面或从网络搜集各种相关资料，其资料和信息来源主要有企业内部和企业外部两种。

1. 企业内部资料

（1）汽车企业市场调查部门汇编的资料。不仅包括在具体调研课题过程中所获得的资料，还包括从汽车企业的组织机构中收到的各种报纸杂志和其他文献的剪报等。

（2）汽车企业信息系统本身积累的资料，如企业的销售额、利润、竞争对手情况、业务记录、统计报表等。

2. 企业外部资料

(1) 国家机关公布的国民经济发展计划、统计资料、政策、法令、法规等。

(2) 汽车行业协会发布的行业资料,是汽车企业调研资料的宝贵来源。

(3) 国内外公开出版物,如书籍、文献、报纸和杂志等。

(4) 各研究单位、学会、专业情报机构和咨询机构提供的市场情报和研究结果。

(5) 企业之间交流的有关资料。

(6) 全国或地方不定期举办的汽车展览会、交易会等。

间接调研法的特点是花费时间少,费用低,但得到的是第二手的资料。通过间接调研法获取的有用信息会产生重要作用。例如,日本的汽车公司要进入美国市场,就查阅了美国的有关出口贸易的法律条款,由此得知,美国法律中对于本国商品的定义是:美国制造的零件所含的价值必须占该商品总价值的50%以上。日本的汽车公司针对这一规定,制定出一条对策:在美国生产汽车,核心部件采购美国市场生产的,其价值占整车价值比率在50%以上,而其他零部件则在日本生产,然后运到美国,在美国组装生产整车,就成为美国国内的产品,避免上缴整车关税,这样就可以直接和美国公司竞争了。

(二) 直接调研法

1. 访问法

访问法是将拟调研的事项以当面、电话、书面或其他方式向被调研者提出询问,以获得所需资料的调研方法。具体方式有:面谈调查、电话调查、邮寄调查、留置调查等。

(1) 面谈调查。

面谈调查是指调查者与被调查者面对面地接触,通过有目的的谈话取得所需的资料。面谈有个别面谈和集体面谈两种。面谈调查的方法具有回收率高、信息真实性强、搜集资料全面的优点,但所需费用高,调研结果易受调研者业务水平和态度的影响。按照访问的地点和访问的形式,面谈调查又可以分为入户访问和拦截访问。

① 入户访问。入户访问是调查者到被调查者的家中或工作单位进行访问,直接与被调查者接触,然后利用访问式问卷逐个问题进行询问,并记录下对方的回答;或是将自填式问卷交给被调查者,讲明填写方法,等待对方填写完毕或稍后再回来收取问卷。入户访问的调研方法的优点是当面听取被调研者的意见,并观察其反应,问卷回收率较高;其缺点是调查成本较高;调查结果受调查者技术熟练度及诚实度的影响很大。

② 拦截访问。拦截访问是指在某个场所(如商业区、商场、街道、医院、公园等)拦截在场的一些人进行面谈调研。这种方法常用于商业性的消费者意向调查。例如,在汽车城的前台拦截顾客询问他们对各种汽车品牌的偏好以及购买习惯、行为等。拦截面访的好处在于效率高,因为是被调查者向调查者走来,而不是调查者寻找被调查者。但是,无论如何控制样本及调查的质量,收集的数据可能不具备很好的代表性,这是拦截访问的最大问题。

(2) 电话调查。

电话调查是通过电话向被调查者征求对所调查的内容意见的调查方法。调查者用一份问卷和一张答案纸，在访问过程中用铅笔随时记下答案。电话调查方法的优点是可在短时间内调研多数样本，成本较低、回收率较高；其缺点是交谈时间短，不能询问较为复杂的内容，很难全面提问，不易获得对方的合作，调查者的谈话方式会影响到被调查者的回答，不同的调查者对被调查者回答的内容理解和记录会有所不同，随意性较大。

(3) 邮寄调查。

邮寄调查是调研者将预先设计好的问卷或表格邮寄给被调研者，请他们按要求填好后再邮回。邮寄调查方法的优点是调研成本低；抽样时可以完全依据随机抽样法抽取样本，因而抽样误差低；被调查者有充分的考虑时间，较之电话调查和面谈调查，对某些私人问题能得到更真实的回答。其缺点是收回率通常偏低，需要的时间比较长，影响调研的代表性；因无调查者在场，被调研者可能误解问卷意义；不够灵活，要求所有被调查者按既定顺序回答问题，缺乏针对性。

(4) 留置问卷调查。

留置问卷调查是调研者将设计好的问卷送交给被调研者，等其填写好后再由调研者定期收回。这种方法吸收了面谈调查和邮寄调查的一些长处，调查者可当面消除被调查者的思想顾虑和填写调查表的某些疑问，被调查者又有充分的时间独立思考回答问题，并可避免受调查者倾向意见的影响，因而能减少调查误差，提高调查质量和调查表的回收率。

2. 观察法

观察法是在不向被调查者提问的条件下，通过现场观察和记录等方式获取被调查者的各种信息。观察法的特点是一般在被调查者不知不觉的情况下，观察和记录其行为、反应和感受，容易获取真实的信息。常用的方法有以下几种。

(1) 直接观察法。

直接观察法是指直接对被调查者进行观察。例如，调查消费者对品牌、商标的爱好与反应，可派人到出售有关产品的商店、商场、展销会观察购买者的选购行为。

(2) 亲身经历法。

亲身经历法是指调查者亲自参与某种活动来搜集有关的资料。例如，某汽车制造厂要了解其销售服务 4S 店服务态度的好坏，可以派人到 4S 店做维修保养。通过亲身经历法搜集的资料，一般是非常真实的，但应用中注意不要暴露自己的身份。

(3) 实际痕迹测量法。

实际痕迹测量法不直接观察被调查者，而是观察被调查者留下的实际痕迹情况。例如，目前汽车销售商大都兼营汽车修理，为了解在哪个电台上做汽车广告效果好，他们就观察并记录来修理的汽车里的收音机定位在哪个电台上，将记录的结果进行统计，在顾客常听的这些电台上做汽车广告的效果最好。

（4）行为记录法。

在调查现场安装录音机、摄像机、照相机等监听、监视电子仪器，调查者不必亲临现场，即可对被调查者的行为和态度进行观察、记录和统计。

观察法的主要优点是：因被调查者没有意识到自己正在接受调研，一切动作均极自然，准确性较高。用仪器观察和收录资料更为详细，容易保留与再现。

观察法的缺点是：观察不到内在因素，有时需要作长时间的观察才能得出结果。与访问法相比，观察法的时间和费用成本比较高。

3. 实验法

实验法是指先在一定的小范围内进行实验，然后再研究是否大规模推广。实验法起源于自然科学的实验求证法，具体做法是：从影响调查者的若干因素中，选出一个或几个因素作为实验因素，在其他因素处于不变的条件下，了解实验因素变化对调研者的影响；实验完成后，还需用市场调研方法分析这种实验性的推销方法或产品是否值得大规模推行。常用的实验调查方法有以下两种。

（1）实验室实验调查。

研究广告效果和选择广告媒体时常采用此方法。例如，某汽车企业为了解什么样的汽车电视广告信息最吸引人，可以找一些被调查者到实验室，给每个人看一系列的汽车电视广告，询问哪几个广告对他们的吸引力最大，以便为本企业设计广告提供有用的参考信息。

（2）销售区域实验调查。

对于汽车商品，在改变品质、设计、价格、广告时，均可以采用此调查方法。一般是在汽车销售展厅、展销会、试销会、订货会等销售区域场合做小规模的实验性展览或试销，以调查市场和消费者的反应，通过信息反馈，有助于汽车企业进行决策。

销售区域实验调查方法的优点是：使用的方法科学，资料的客观价值较高；其缺点是：实验的时间过长，成本高，选择的被调查者不一定具有代表性。

4. 网络法

网络法是指在因特网上针对特定营销环境进行简单的调研设计、收集资料和初步分析的调查方法。利用因特网进行市场调查有两种方式：一种是利用因特网直接进行问卷调研等方式收集一手资料，这种方式称为网上直接调研；另一种是利用因特网的媒体功能，从因特网收集二手资料。

网上市场调研的实施可以充分利用因特网，作为信息沟通渠道的开放性、平等性和直接性的特性，使得网上调查具有传统调查方法所不具备的特点。表现在以下几个方面。

（1）花费的人力、经费比较少，调查成本低。

（2）时效性和共享性好。网络调查是开放的，任何网民都可以进行投票和查看结果，投票信息经过分析软件初步自动处理后，可以马上看到阶段性的调查结果。

（3）可靠性和交互性好。网络调查是被调查者在自愿的情况下参与的，问卷填写的信息可靠性强,调查结论更客观。同时,被调查对象可以及时就问卷相关问题提出自己的看法和建议,可以减少因问卷设计不合理而导致调查结论的偏差。

(4) 无时空和地域限制。网络调查可以24小时全天候进行,这与受区域和时间制约的传统调查方式有很大区别。

任务资讯三 汽车市场预测

一、汽车市场预测的概念和分类

(一) 汽车市场预测的概念

市场预测就是在市场调研的基础上,利用科学的方法和手段,对未来一定时期内的市场需求、需求趋势和营销影响因素的变化做出判断,为营销决策提供依据的科学化服务过程。

汽车市场预测大致包括市场需求预测、市场供给预测、产品价格预测、竞争形势预测等。对企业而言,最主要的是市场需求预测。汽车市场预测有以下几个作用。

(1) 可对汽车市场需求及供给趋势做出判断,有利于适应和满足汽车消费者的需要。

(2) 有利于提高汽车企业经营管理和决策水平。

(3) 有利于提高汽车企业的经济效益。

(4) 有利于提高企业对市场机制的利用程度。

(二) 汽车市场预测的分类

1. 按预测的程度和范围来分

按预测的程度和范围,市场预测可分为宏观市场预测和微观市场预测。宏观市场预测是对整个国民经济的总体市场进行预测,是对各种影响市场环境的社会经济的总体发展变化进行估计,例如,国民经济增长速度、居民收入和支出的变化等。宏观市场预测通常是由国家有关部门进行,企业可通过有关途径获得。

微观市场预测是指汽车企业对产品生产经营变化趋势、某类或某种产品的市场需求做出的估计,例如,消费者对汽车企业产品需求情况预测、生产能力预测、销售预测、潜在用户预测等。微观市场预测是汽车企业确定生产目标和进行营销决策的重要依据。

2. 按预测期限来分

按预测期限,市场预测可分为短期、中期和长期预测。

短期预测是指计划年度内的市场预测,预测期一般为0.5~2年,这种预测主要是为企业的日常经营管理及编制年度生产经营计划服务。中期预测是指预测期为2~5年以内的市场预测,这种预测主要是为企业的中期计划服务。长期预测是指预测期在5年以上的长期预测,主要为企业制定长期规划、选择战略目标提供决策信息。

3. 按预测的性质来分

按预测的性质,市场预测可分为定性预测、定量预测和综合预测。

定性预测是根据已掌握的信息资料,依靠有关人员的直觉和经验,对预测对象的变化趋势进行质的判断。

定量预测是运用预测理论和有关的数学模型,对预测对象的变化趋势进行量的描述。

综合预测就是把定性和定量的方法结合起来使用,而对预测对象的变化趋势进行质和量的描述。

二、汽车市场预测的步骤

汽车市场预测的一般步骤如图 4-1 所示。

图 4-1 汽车市场预测的一般步骤

1. 确定预测目标

进行预测首先要明确预测什么,即通过预测要解决什么问题,达到什么目的。同时,还应规定预测的期限和进程,划定预测的范围等。

2. 搜集信息资料

搜集信息资料是指围绕预测目标,搜集信息资料,然后对资料进行有效的分析整理。预测所需资料包括与预测对象有关的各种因素的历史统计数据资料和反映市场动态的现实资料。其中,市场调研资料是一个重要的信息来源。

3. 选择预测方法

市场预测应根据预测目标和占有的资料选择适当的预测方法。预测的方法与模型有很多,各有其预测对象、范围和条件,应根据预测问题的性质、占有资料的多少、预测成本的大小,选择一种或几种方法。

4. 撰写预测报告

根据收集整理的资料,选用合适的预测方法进行预测,并及时将预测结果写成预测结果报告。在报告中,表述预测结果应简单、明确,对结果应作解释性说明和充分论证,包括对预测目标、预测方法、资料来源和预测过程的说明。

5. 分析预测结果

预测是对未来事件的预计,很难与实际情况完全吻合,因而要对预测结果进行判断、评价,要进行误差分析,找出误差原因及判断误差大小,修改调整预测模型得出的预测数量结果,或考虑其他更适合的预测方法,以得到较准确的预测值。

三、汽车市场预测的方法

汽车市场预测方法有很多,按预测的方式不同,可分为定性预测方法和定量预测方法两大类。

(一)定性预测方法

定性预测方法也称为判断分析法,它是预测者根据拥有的历史资料和现实资料,凭借人们的主观经验、知识和综合分析能力,对未来市场发展趋势做出估计和测算。

1. 集合意见法

集合意见法是集中企业的管理人员、业务人员等,凭他们的经验和判断共同讨论市场发展趋势,进而做出预测的方法。具体做法是:预测组织者首先向企业管理人员、业务人员等有关人员提出预测项目和期限,并尽可能地向他们提供有关资料。有关人员应根据自己的经验和知识进行分析、判断,提出各自的预测方案。预测组织者再将有关人员的预测方案预测值进行综合分析,以确定最终的预测值。

集合意见法的优点是:简单易行,成本也较低。缺点是受到预测人员的知识和经验的限制。而且在预测过程中预测人员容易受一些心理和社会因素的干扰,例如,受权威性、自尊心、从众心理等因素的影响,影响预测的准确性。

2. 专家意见法

企业利用汽车行业内专家的意见进行预测,预测的准确性主要取决于专家的专业知识与经验,因此要求专家具有较高的水平。利用专家意见有多种形式,比较常见的是德尔菲法(Delphi),它是 20 世纪 40 年代由美国的兰德公司首创和使用的,后在西方发达国家广泛盛行的一种预测方法。德尔菲法是按规定的程式,采用背对背的反复征询方式,征询专家小组成员的意见,经过几轮的征询与反馈,使各种不同意见渐趋一致,经汇总和用数理统计方法进行总结,得出一个比较统一的预测结果供决策者参考。

德尔菲法是市场预测的一个重要的定性方法,应用十分广泛。这种方法有下面几个特点:一是匿名,不公开预测专家的姓名与职务;二是采用函询方式,专家不必集中到一起讨论,通过信函发表自己的见解和了解别人的意见;三是反馈,预测领导小组收集各位专家的意见,加以集中整理后,再反馈给各位专家,让专家们参照别人的意见不断修正自己的判断。经过数次反馈后,专家们的意见相对集中,预测领导小组再进行统计分析,计算综合预测值。一般以平均数来表示专家们意见的倾向性。所以应用德尔菲法,不受时间和空间的限制,专家互不见面,各预测成员可以独立完成预测,避免了屈服于权威或屈服于多数人意见的缺点。但这种方法的时效性较差,不易控制。

3. 类推法

类推法是应用相似性原理,将预测目标同其他类似事物加以对比分析,推断其未来发展趋势的一种定性预测方法。类推法一般适用于开拓市场,预测潜在购买力和需求量,以及预测增长期的商品销售等,而且适合于较长期的预测。

(二)定量预测方法

定量预测方法也称统计预测方法,它是依据必要的统计资料借助数学方法,特别是数理统计方法,通过建立数学模型,对预测对象未来在数量上的发展与变化进行预测的各种方法的总称。应该指出的是,在使用定量预测方法进行预测时,要与定性预测方法结合起来,才能取得良好的效果。

1. 时间序列法

时间序列法是从分析某些经济变量随时间演变规律着手,将历史资料按时间顺序加以排列,构成一组统计的时间序列,然后向外延伸,预测市场未来发展趋势。

2. 因果预测法

因果预测法就是演绎推论法,它是利用经济现象之间的内在联系和相互关系来推算未来变化,根据历史资料的变化趋势配合直线或曲线,用来代表相关现象之间的一般数量关系的分析预测方法。因果预测法用数学模型来表达预测因素与其他因素之间的关系,是一种比较复杂的预测技术,理论性较强,预测结果比较可靠。

3. 类比预测法

类比预测法是以某个国家或地区为类比对象,研究预测目标与某个指标之间的数量关系,然后根据本国或本地区该指标的发展变化,测算预测目标值,从而达到预测目的。例如,某汽车公司与研究机构曾经以部分国家为类比对象,通过研究人均国民收入和人口数量两个指标与轿车保有量之间的关系,预测我国未来某年的轿车保有量。

四、汽车市场预测的主要内容

汽车企业进行市场预测的内容很多,概括起来主要有以下三个方面。

1. 市场需求预测

市场需求预测是根据有关资料对汽车产品未来的需求变化进行细致的分析研究,掌握需求的内在规律,对其发展趋势做出比较正确的估计和判断。市场需求预测根据人口的变化、国民物质文化生活水平提高的程度、社会购买力的增减,以及国民爱好习惯、消费结构的变化等因素,分析市场对产品的需求,既包括对产品数量的需求,也包括对产品质量、造型、规格、价格等方面的要求。市场需求预测主要有产销趋势的中长期预测、产销趋势的短期预测和单品种专题预测等。

2. 市场占有率预测

市场占有率是指在一定的市场范围内,企业某种产品的销售量或销售额与该市场上同类产品的总销量或总销售额之间的比率。

3. 生产情况的预测

在了解市场需求和市场占有率的同时,必须深入了解自己和竞争对手的生产情况,了解市场上所有汽车产品的生产能力和布局、资源、能源等条件的情况,以及汽车产品的数量、质量和性能等,并预测其发展趋势。

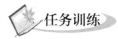

调查问卷的设计

一、调查问卷设计的基本知识

(一) 问卷设计的基本要求

(1) 紧扣主题。这是问卷设计的基本原则。设计问卷时要用简单明确的句子,运用易懂的词语,使被调查者容易了解调查的意图,从而予以配合,最后得到较为准确的调查资料。

(2) 具有逻辑性。问卷要有上下连贯的逻辑性,同一方面的多个问题应连续列出,符合人们的一般思维过程。

(3) 方便回答。尽量减轻被调研者的负担,那些需要调查者反复回忆、计算或查找资料方能回答的问题应避免。否则,被调查者可能会对调查置之不理。

(4) 趣味性。由于市场调查时被调查者没有必须回答问题的义务。这就要求问卷所用语言和所提问题尽量有兴趣和有礼貌,尽可能得到顾客的合作,以提高调查质量。

(5) 不诱导。问题设置在中性位置,不参与提示或主观臆断,完全将被访问者的独立性和客观性摆在问卷操作限制条件的位置上。

(6) 准确界定。问题清晰准确、便于回答,问题与被调查者的身份与知识水平应相适应,被调查者若是专家则可以使用专业术语,而对一般群众则应使用通俗语言。

(7) 必要的说明。交代必要的填写说明及其他事项,如调查活动的背景、目的等,以让被调查者理解和支持调研活动。否则,调查活动就难以得到被调查者的积极配合,调查效果也就较差。

(二) 问卷设计的构成

在调研主题确定以后,如采用问卷的形式获取所需的资料,就要将调查目标分解成更详细的题目,同时还要针对调查对象的特征进行设计,如调查对象是企业、消费者还是老顾客。一般的调查问卷由以下几个部分组成。

1. 卷首语

卷首语是给被访者的一封短信。它的作用在于说明调查者的身份、调查内容、调查目的、调查意义、抽样方法、保密措施和表示感谢等,详细内容可参见后面的调查问卷示例。

2. 问卷说明

问卷说明是指导被调查者填写问卷的说明,包括填答方法、注意事项等,样例如下。

> 填表说明:
> (1) 请在每个问题后适合自己情况的答案号码上画圈,或在"＿＿＿"处填上适当的内容。
> (2) 问卷每页右边的数码及短横线是上计算机用的,您不必填写。
> (3) 若无特殊说明,每一个问题只能选择一个答案。
> (4) 填写问卷时,请不要与他人商量。

3. 被调研者的基本情况

如被调研者姓名、电话号码、年龄、性别、文化程度、职业和月收入等,一般来讲,如果被调研者不愿意透露,可以免填。

4. 调查的问题

调查的问题是调查问卷的核心内容,在设计问题时,要考虑问题的内容、类别、格式、措辞等,并将调查的问题进行有序排列。

5. 调研过程记录

对于调研过程记录,可以放在问卷的最前面,也可以放在问卷的后面,主要是记录被调研者的姓名、在调研过程中有无特殊的情况发生、被调研者的合作情况等。这部分内容不要让被调研者看到。

(三) 问题设计要点

问题是问卷的核心部分,是对各个具体问题的答案,提供了研究、理解和预测有关现象、行为或态度所需的资料。在设计问题时,通常要考虑问题的内容、类别、格式、措辞和顺序等。

1. 问题的形式

问卷问题有封闭式和开放式两大类,如表 4-1 所示。封闭式问题有一组事先设计好的答案供调查对象选择。这类问题比较容易提问、回答、处理和分析。但是,对于这类问题的回答受到了设计者的思维定式的影响和限制。开放式问题给被调研者思考的空间较大,但答题难度较大。

表 4-1　调查问卷的问题形式

问题形式	回答方式	问题形式	回答方式
封闭式	选择式:多选一、多选多	开放式	简答题:根据问题自由回答
	是非题:是与否、对与错		填充题:不完整句子中填入内容
	序列题:较好、一般、较差		图试题:根据图画增添内容
	立场表达式:同意、不同意		联想式:对词汇、情节进行联想
	配分题:给定配分范围		配分题:不给定配分范围
	赋值题:给定数值范围		赋值题:不给定数值范围

2. 问题的表述

问题的表述方式在答卷调研中对调查结果有绝对的影响,以下是值得注意的几个方面。

(1) 问句表达要简洁,通俗易懂,意思明确,不要模棱两可,避免用一般或经常等意思的语句。例如,问:"您最近经常驾驶汽车吗?""经常"是指间隔多久? 意思不明。

(2) 问题要单一,避免多重含义。例如,问:"您认为我公司的维修技术和服务质量怎样?"维修技术和服务质量是两个问题,消费者不好作答。

(3) 要注意问题的客观性,不能有诱导性和倾向性的问题,以免使答案和事实产生误差。例如,问:"捷达车皮实耐用,维修方便,您是否喜欢?"应该问:"府上用的是××牌子的汽车吗?"

(4) 避免过于涉及个人隐私。例如,问:"您今年多大岁数?""您结婚了吗?"应转换为"您是哪一年出生的?""您先生从事何种工作?"

(5) 问题要具体,避免抽象和笼统。问题太抽象和笼统会使被调研者无从答起。例如,问:"您认为当前汽车行业的发展趋势怎样?"这一问题过于笼统,涵盖的调查范围可以是全国,也可以是指省,也可以是各种汽车车型的未来发展趋势,被调研者很难回答。

(6) 调研语句要有亲切感,并考虑到答卷人的自尊。例如,您不买车的原因是(　　)。

　　A. 买不起　　　B. 款式不好　　　C. 使用率不高　　　D. 不会驾驶

这种提问方式易引起反感,可以调整为:您暂时不买小轿车的原因是(　　)。

　　A. 价格不满意　B. 款式不合适　C. 使用率不高　　　D. 准备买

3. 问题的顺序

(1) 第一个问题必须有趣且容易答复,以引起被调研者的兴趣;

(2) 重要问题放在重要地方;

(3) 问卷中问题之间的间隔要适当,以便被调研者看卷时有舒适感;

(4) 容易回答的问题在前面,慢慢引入比较难答的问题;

(5) 问题要一气呵成,且应注意问题前后连贯性,不要让被调研者情感或思绪中断;

(6) 私人问题和易引起对方困扰的问题,应最后提出;

(7) 为了了解被调研者的答题可靠与否,在访问结束时不妨将问题中重要者再重新抽问;

(8) 问卷要简短,为避免被调研者太劳累,一般以15分钟内全部答完为宜。

二、调查问卷示例

1. 调查的目的

(1) 了解一汽大众公司各品牌的市场情况。

(2) 分析影响各车型销售的原因。

(3) 了解一汽大众公司的售后服务状况。

2. 调查问卷

您好!

欢迎您填写这份调查问卷。一汽大众公司针对一汽大众品牌进行这次调查,请您将真实情况和想法提供给我们,本问卷不计姓名,答案无所谓对错,您的回答将按照国家统计法予以保密。

占用您的时间,向您表示衷心的感谢!同时送上一个小礼品。请您在相应的空格内打"√"或在括号内填写合适的内容,没有特殊说明的单选。

1. 您的性别是:
   □男 □女
2. 您的年龄是:
   □18~22岁 □23~30岁 □31~40岁 □41~50岁 □50岁以上
3. 你的最高学历是:
   □初中 □高中 □中专 □大专 □本科 □研究生以上
4. 您的个人月收入(包括各种来源):
   □3 000元以下 □3 001~5 000元 □5 001~10 000元 □10 000元以上
5. 您的职业状况是:
   □政府部门管理人员 □国有企业管理人员 □外企、私企管理人员
   □外企私企员工 □事业单位工作人员 □事业单位管理人员
   □专业人士(医生、律师、记者等) □文艺体育工作者 □学生 □其他
6. 您现在是否已有汽车:
   □有 □没有
7. 如果您买汽车的话,您会买哪种车型?
   □轿车 □越野车 □商务车 □其他

8. 请问您有几年驾龄?
   □正在考驾照　□1年　□2～5年　□5年以上
9. 您所能承受的汽车价位在：
   □3万～5万　□5万～10万　□10万～15万　□15万～25万　□25万以上
10. 您在购车时最关注的车辆信息是：
    □安全性　□经济性　□环保性　□性价比　□舒适性
11. 影响您购车的因素是(可多选)：
    □造型　□油耗　□品牌　□价格　□性能　□其他
12. 您通过何种途径了解我们一汽大众汽车的信息？(可多选)
    □报纸　□电视　□广播　□广告　□展销会　□网络　□朋友介绍
13. 您购买汽车最看重的因素是：
    □价格　□品牌　□性能　□外观　□内饰　□安全性　□内部空间
    □售后服务水平　□配置
14. 您最喜欢的汽车颜色是：
    □黑　□白　□红　□银　□蓝　□墨绿　□浅黄　□金色　□其他
15. 您最担心购车后会出现什么问题？
    □车辆质量　□售后服务　□安全性　□其他
16. 您知道我们4S店的地址吗？
    □知道　□不知道
17. 您买家用轿车是因为：
    □经济条件许可　□自己喜欢开车　□上下班驾驶　□气派、赶时髦
    □周围邻居或朋友都有　□为了旅游,出行方便　□其他(请写出_____)
18. 您所知道的家用轿车品牌有哪些？(可多选)
    □桑塔纳　□捷达　□富康　□卡罗拉　□高尔夫　□别克　□飞度
    □宝来　□伊兰特　□速腾　□轩逸　□思域　□迈腾
    您最喜欢哪两种？
    第一(_____)　　第二(_____)
19. 您之所以选这款车是因为(可多选)：
    □价格实惠　□维修方便　□有一定知名度　□朋友介绍　□别无选择　□其他
20. 您一般会在什么情况下换车：
    □车辆报废　□经济条件许可　□看个人兴趣　□有合适的新车型

21. 您目前开的车子性能如何？
    □很好　□较好　□一般　□差
22. 您知道一汽大众的哪些品牌(可多选)：
    □捷达　□高尔夫　□开迪　□宝来　□速腾　□迈腾　□CC
23. 您在确定选购汽车的销售商时，首要因素是：
    □离家近　□价格便宜　□服务质量好　□有实力
    □有熟人的销售商　□其他
24. 您喜欢的付款方式是：
    □现金　□转账支票　□分期付款　□消费信贷
25. 您认为应该从何种渠道做广告效果更好(可多选)：
    □电视　□网络　□电台　□报纸　□专业杂志　□其他
26. 您进行汽车维护时，首要考虑的是：
    □服务质量　□技术水平　□保养设备　□交通便利　□其他
27. 您认为售后服务还需要在哪些方面改进(可多选)：
    □技术　□服务质量　□环境设施　□维修工时费　□配件价格　□其他
28. 您认为哪种销售人员值得信赖：
    □稳重　□灵活　□专业　□沟通能力强　□形象好　□其他
29. 您是从何种渠道知道我公司的？(可多选)
    □电视广告　□报刊　□熟人介绍　□网络　□其他途径
30. 您对我公司提供的服务满意吗？
    □很满意　□满意　□一般　□不满意　□不知道

感谢您的合作，祝您全家生活愉快，谢谢！

三、问卷设计训练

尝试设计一份大学生购车心理与购买行为调查问卷，设计流程如图 4-2 所示。

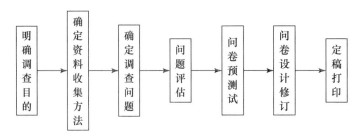

图 4-2　问卷调查设计流程

1. 明确调查目的

了解大学生对汽车的品牌认知、购车原因、购车能力、购车影响因素及购车期望等。

2. 确定资料收集方法

(1) 确定问卷形式：选择开放式还是封闭式。

(2) 确定调查对象：选择全方位调查还是特定群体调查。

(3) 确定调查方式：选择人员调查、电话调查、邮寄调查还是网络调查。

3. 确定调查问题

主要就下面几个方面设计调查问题：①现有汽车情况，②准备购车情况，③购车能力，④购车类型，⑤购车影响因素，⑥服务要求。

4. 问题评估

对所提出的问卷问题由教师和学生调查小组进行评估，对问题进行初步修改和增减。

5. 问卷预测试

在小范围内进行预测试，对有车和无车的学生用户分别提供问卷，获取意见，然后对测试结果进行分析和总结。

6. 问卷设计修订

根据被调研者意见和预测试分析结果，对问卷进行修订。

7. 定稿打印

正式问卷进行小批量打印，并投放调查对象进行问卷调查。

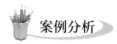
案例分析

靠低分取胜的汽车

一、案例背景资料

1. 难下决定

美国通用汽车公司曾经开发出一款性能优越的汽车，但公司高层对车的外观风格形成了两种不同的意见。部分人觉得应该给这款车配上柔美温和的外形，另一部分人却觉得狂野奔放的外形更有市场。在拿不定主意的情况下，美国通用汽车总公司开发副总裁罗伯特·A.卢茨决定让消费者选择并决定新车的外形。

2. 市场调查

一名叫菲比的小伙子组织了一群年轻人，拿着调查问卷让来来往往的路人为两款车的外观打分。大家看到,问卷上的 A 款车柔美温和,B 款车则狂野奔放。很快,路人根据自己的喜好分别给两款车的外观打了分数。几天后,助手菲比将整理好的数据提交给卢茨。

调查数据一目了然。满分是 10 分,A 款平均得分为 7.5 分,B 款平均得分是 5 分。卢茨扫了一眼总数据,然后拿过菲比手中那一沓厚厚的调查问卷,一张张地翻看起来。

3. 产品决策

看完调查问卷,菲比问卢茨:"您是否决定推出 7.5 分这款外形的车?"没想到,卢茨坚定地回答:"不!我们要推出只得 5 分的这款。"看着菲比一脸不解的表情,卢茨向他摊开了手中那一张张评分表,说:"你看看,得 5 分的这款,很多人给它打了 9 分和 10 分,也有很多人给它打了 1 分甚至是 0 分,这表示,有人疯狂地喜欢它,有人则极端厌恶它;而得 7.5 分的这款,问卷里的打分几乎都是 6 分、7 分、8 分,这表示,没有人讨厌它,但也没有人对它非常有激情。现在的汽车行业竞争十分激烈,市场已经变得十分拥挤,所以,只有狂热的少数人最有可能购买我们的新款汽车。那些给 B 款打上 9 分、10 分的人,正是我们要挖掘的潜在客户!"

卢茨的独到分析让菲比心服口服。很快,通用汽车公司按照卢茨"为少数人而开发新产品"的思路,推出了狂野奔放型的新车。卢茨的眼光果然精准独到,这款新车刚一上市就受到了一部分人的狂热追捧,很快销售一空。

二、讨论分析

(1) 分组讨论企业在开发新产品时,首先做市场问卷调查,然后要对调查的资料进行整理、归纳和总结,此时,应该注意些什么?

教师可提示学生:一方面要分析汇总的总数据;另一方面还要注意抓住调查资料的细节信息,从而为决策提供更科学和完善的依据。

(2) 分组讨论卢茨为何要贯彻"为少数人而开发新产品"的思路。

(3) 请总结通用汽车公司这次新产品开发成功的因素有哪些。

三、案例总结

(1) 每个小组将讨论结果写在案例总结报告中,并派代表上台讲解本组的讨论结果。

(2) 各个小组对其他小组的讨论结果进行点评。

(3) 指导教师对每个小组的表现给以评价。

1. 什么是汽车市场调研?汽车市场调研有什么意义?

2. 汽车市场调研有哪些类型？汽车市场调研的内容是什么？

3. 简述汽车市场调研的程序。

4. 汽车市场调研的方法有哪些？试分析每种调研方法的特点。

5. 什么是市场预测？汽车市场预测有什么作用？

6. 汽车市场预测的方法有哪些？简单分析每种方法的特点。

7. 汽车市场预测的主要内容有哪些？

8. 某汽车公司要开发一款电动汽车，欲在当地进行市场需求的调研，请为该公司设计一份调查问卷。

任务五
汽车目标市场营销

任务目标

1. 了解汽车市场细分的含义与作用。
2. 掌握汽车市场细分的标准与细分的方法。
3. 掌握汽车目标市场的选择方法与进入策略。
4. 学会分析典型汽车企业的市场细分过程。
5. 能分析典型汽车品牌的市场定位策略。

任务引导

现代市场营销认为,企业不应试图在整个市场上争取优势地位,而应该在市场细分的基础上,选择对本企业最有吸引力并可以有效占领的那部分市场作为目标,实行目标市场营销,并取得竞争优势地位。你知道一汽大众的市场细分过程吗?你了解宝马汽车公司的市场定位吗?

任务资讯

任务资讯一 市场细分概述

现代市场营销非常重视 STP 策略,即市场细分(Market Segmenting)、选择目标市场(Market Targeting)和市场定位(Market Positioning)。企业生产什么样的产品,满足哪一部分顾客需求,其前提是对市场进行细分并选择相应的目标市场。

一、市场细分的概念

1. 市场细分的含义

市场细分也称市场细分化,是指根据整体市场上消费者需求的差异性,以影响消费者需求和欲望的某些因素为依据,将一个整体市场划分为两个或两个以上的消费者群体,每一个需求特点相类似的消费者群体就构成一个细分市场。

在各个不同的细分市场,顾客需求有较明显的差异,而在同一细分市场上,消费者具有相同或相近的需求特点。例如,汽车市场可以按用户的用途要求分为货车市场、客车市场;按用户的购买力分为高档车、中档车和低档车市场等。以上每个细分市场的需求各不相同,同一细分市场内需求基本相似。市场细分时针对每个购买者群体采取独特的产品或市场营销组合策略,使企业找到并描述自己的目标市场,确定针对目标市场的最佳营销策略以求获得最佳收益。对市场细分概念的理解应注意以下几点。

(1) 不同消费者群的不同需要、欲望与购买行为是由某些具体因素引起的,因此在实施市场细分时,应以影响消费者需要、欲望与购买行为的有关因素为基本线索和依据进行。

(2) 每一个细分市场都是一个由若干独立消费者构成的群体,分属于同一细分市场的消费者具有相近的需求倾向,分属于不同细分市场的消费者则在需求倾向上存在着明显的差异性。

(3) 不同的细分市场在需求倾向上的差异性不仅可以表现在对产品的要求上,而且可以表现在对市场营销组合其他构成因素的要求上,甚至综合表现在对企业整个市场营销组合要求的异同上。因此,企业在选择某一细分市场为目标市场之后,需要注意从整体营销活动和整个营销组合的角度与其保持适应性。

(4) 市场细分不是简单的分解,而是一个分类组合的过程。市场细分从某种意义上可以说是企业从更具体的角度寻找和选择市场机会,以使企业能够将具有特定需要的顾客群与企业的营销组合对策有机地衔接起来。

2. 市场细分的作用

市场细分对汽车企业市场营销的影响和作用很大,主要表现在以下几个方面。

(1) 有利于企业发掘新的市场机会。经过市场调查和市场细分后,对各细分市场的需求特性、需求的满足程度和竞争情况将了如指掌,并能从中发现那些需求尚未得到满足或需求尚未充分满足的细分市场,这些市场为企业提供了一个新的、极好的市场开拓机会。例如,日本铃木公司在打开美国市场时,通过细分市场,发现美国市场上缺少为18~30岁的年轻人设计的省油、实用的敞篷汽车,因此推出了小型轿车"铃木武士"。

(2) 有助于企业确定目标市场,制定有效的市场营销组合策略。通过市场细分,有助于企业深入了解顾客需求,结合企业自身的优势和市场竞争情况,进行比较分析,从细分市场中选择确定企业的目标市场。

(3) 市场细分有利于扬长避短,发挥优势,提高企业的竞争能力。通过市场细分有利于发现目标消费者群体的需求特点,从而生产消费者需求的、富有特色的产品,使企业在竞争中具有优势。对于整个市场,任何一个汽车企业的资源和能力都是有限的。企业必须将整体市场进行细分,确定自己的目标市场,才能集中优势力量不断开拓新市场。

(4) 市场细分为有效制定最佳营销策略提供了基础。市场细分是选择目标市场和进行市场定位的基础,企业目标市场与服务对象一定,就能有的放矢,有针对性地制定有效的市场营销组合策略。离开目标市场特征和需求的营销活动是无的放矢,不切实际的。

二、市场细分的标准

市场细分通常是从消费者需求的不同角度将产品市场按照一定的标准进行细分。就一般的产品而言,消费者的利益取向总是可以遵循一定的规律进行划分和寻找。就一般消费品而言,影响消费者需求的因素可以归结为以下几个方面:地理因素、人口因素、心理因素和行为因素。这四项因素也就构成了市场细分的一般标准,或市场细分变量。

1. 按地理和气候因素来细分

寒冷地区的汽车用户,对汽车的保暖、暖风设备更加关注,对汽车的防冻和冷启动效果、汽车的防滑安全措施有较高的要求;炎热潮湿地区的汽车用户,对汽车的空调制冷、底盘防锈、漆面保护等有较高要求;平原地区的汽车用户,希望汽车底盘偏低,悬架软硬适中,高速行驶稳定性好;而丘陵山区的汽车用户更关注车辆的通过能力、爬坡能力和操纵性能等。

2. 按人口因素来细分

因性别、年龄、收入、职业、教育、家庭、种族、宗教信仰等的差异而形成的对汽车产品的不同需求,从而细分汽车市场。

3. 按心理因素来细分

不同的生活方式、性格和偏好等心理因素方面的差异促成了消费者不同的消费倾向。如简约的生活方式或奢华的生活方式,外向的性格或内向的性格,偏向于追求名牌或对品牌较为随意等形成了对汽车档次、品牌、价格、功能、款式和色彩方面的差异性需求。

4. 按行为因素来划分

行为因素是指消费者购买汽车的理由、追求的利益、使用状况和使用率、汽车待购阶段、对产品的态度等。汽车消费者行为因素体现在为什么要购买,是用来代步、商用、出游,还是几者兼备;是追求实用,还是追求时尚;是即刻购买,还是持币待购等消费类型。

三、市场细分的方法

市场细分的基本方法有以下几种。

1. 单因素法

单因素法是指企业仅依据影响需求倾向的某一个因素或变量对某一产品的整体市场进

行细分。如图 5-1 所示,按用途将汽车市场细分为:轿车、客车、越野车、货车和专用车等 5 个子市场。

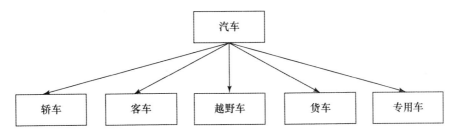

图 5-1　依用途因素对汽车市场的细分

2. 双因素法

双因素法是指企业依据影响需求倾向的两个因素或变量对一产品的整体市场进行综合细分。如图 5-2 所示,根据功能和价格两个因素对汽车市场进行细分,可将汽车市场分为 16 个子市场。

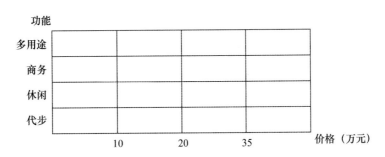

图 5-2　依功能和价格因素细分汽车市场

3. 多因素法

多因素法是指企业依据影响需求倾向的两个以上的因素或变量对一产品的整体市场进行综合细分。该方法适用于市场对一产品需求的差异性是由多个因素或变量综合影响所致的情况。

在上面的单因素细分法中,市场被分为 5 个子市场;双因素细分法中,市场被分为 16 个子市场;如果在上面的双因素细分基础上增加一个细分变量(如外形)且这个细分变量的细分区间为 2 个(如圆润和硬朗),则整个市场被细分为 16×2＝32 个子市场。以此类推,再增加细分变量,所分出的子市场将异常庞大,企业要对这么多的子市场逐个评价,工作量非常大,也是徒劳无益的,因为大多数子市场对企业是无意义的。

4. 系列因素法

系列因素法是指企业依据影响需求倾向的多种因素或变量对一产品的整体市场由大到小、由粗到细地进行系统性的层级细分。该方法适用于影响需求倾向的因素或变量较多,企业需要逐层逐级辨析并寻找适宜的市场部分的情况。

系列因素法经常采用层级细分,每次细分中只选出一个或两个子市场再进行细分。

(1) 一次细分。例如,先选择功能和价格两个细分变量来细分,如图 5-2 所示。

(2) 二次细分。通过一次细分,企业结合自身的优势和特点经过对细分市场的初步分析,认为在 10 万元以下的用以代步的子市场有可能进入,故而暂且放弃其他子市场,仅对这个子市场进行再次细分。根据这一子市场的消费特点,存在款型和外观两个方面的需求差异,如图 5-3 所示。经过二次细分,就划分出了 10 万元以下作为代步用轿车在款型和外观上针对不同人群、不同消费需求的细分市场,对各细分市场进行评价后选择二级子目标市场。

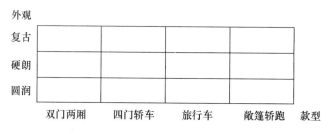

图 5-3 依据款型和外观因素进行二次细分

企业在进行市场细分时,能否视具体情况和实际需要使用适当的因素、变量及方法直接影响着市场细分工作的质量和效率,因此市场营销人员在对市场实施细分之前,必须对有关问题进行认真的考虑。

任务资讯二　汽车目标市场策略

一、目标市场覆盖策略

汽车公司在完成市场细分后,就必须评价各种细分市场,决定为多少个细分市场服务,并根据客观和主观条件选择好目标市场,其目的就在于实现部分或完全市场覆盖。一般情况下,汽车公司可以通过以下两种方式实现市场覆盖。

1. 无差异性目标市场策略

实行无差异性目标市场策略的企业,把整个市场作为一个大目标,不考虑细分市场间的区别,针对消费者的共同需要,制订统一的生产和销售计划,以实现开拓市场,扩大销售。

采取无差异性市场策略的优点是大量生产、储运、销售而使得产品平均成本低,并且不需要进行市场细分,可节约大量的调研、开发、广告费用。这一策略适用于一些本身不存在明显细分市场的产品,但是对于大多数像汽车这样具有明显差别的商品是不适用的,即使采用也只能在短期生效。第二次世界大战后美国的整车制造厂,如通用、福特汽车公司基本上都生产大型轿车,长时间实行无差异市场策略,结果几家公司之间竞争激烈,销售受到限制。另外,石油危机的爆发使得对小型轿车的需求突然增加,这就为日本汽车占领美国市场打开了大门。

无差异性目标市场策略的采用有两种情况,一是在完全垄断市场上,产品由一个企业独家垄断,消费者对产品没有选择的余地。但在今天的消费品市场中,几乎已经不存在完全垄断市场。二是消费者对产品或服务的需求同质,没有差异或差异不明显,如电力和燃气市场。

2. 差异性目标市场策略

实行差异性目标市场策略的企业,通常是把整体市场划分为若干细分市场作为其目标市场。针对不同目标市场的特点,分别制订出不同的分销计划,按计划生产营销目标市场所需要的商品,满足不同消费者的需要。

汽车市场是具有明显差异性的异质性市场,因此,差异性目标市场策略是当今汽车企业共同的选择,而且差异性的划分越来越细致,市场越分越小。一汽大众汽车的产品演进就体现了市场越分越细、越来越小的特点(见表5-1)。第一代的捷达是适合当时刚刚起步的中国轿车市场的车型,从推出至今获得了巨大的成功。奥迪A6的推出弥补了一汽大众乃至中国汽车市场缺少高档车的缺陷。宝来轿车属于中档轿车,近年推出的速腾轿车则是在宝来基础上向上的延伸,这样通过十多年的发展,一汽大众汽车公司实现了从低端轿车到高端轿车的市场覆盖,取得了巨大的成功,这就是通过差异性目标市场策略实现完全市场覆盖的体现。

表5-1 一汽大众轿车市场细分

第一代	第二代	第三代	第四代
捷达	奥迪	宝来	速腾

采用差异性目标市场策略的优点是:小批量、多品种、生产机动灵活,针对性强。但是,由于品种多,销售渠道和方式以及广告宣传的多样化,产品改进成本、生产制造成本、管理成本、存货成本就会大大增加。决定采用差异性目标市场策略之前,要认真研究所选择的目标市场是否可以进入并具有一定的容量。因此,采用这个策略时,要避免对市场的过度细分,那样会增加成本,减少盈利率。

二、目标市场的选择方法

汽车企业对目标市场进行科学评估后,就必须选择进入哪些市场并提供相应的服务。它直接关系着企业某一大类产品的内部结构、市场营销组合的具体安排等问题。企业选择目标市场的方法主要有以下5种(如图5-4所示)。

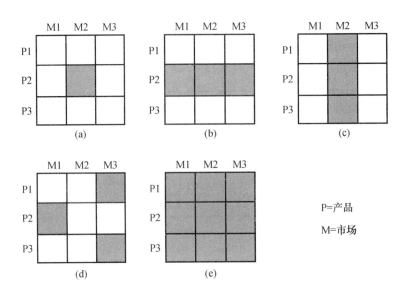

图 5-4 五种目标市场选择方法

(a)—产品市场集中化；(b)—产品专业化；(c)—市场专业化；(d)—选择性专业化；(e)—全面进入

1. 产品市场集中化

这种策略是指企业决定只生产一种类型的标准化产品，并且只将其供应给产品整体市场的某一个顾客群，满足其一种特定的需要。较小的企业通常采用这种策略。

2. 产品专业化

这种策略是指企业决定生产一种类型的系列产品，并将其供应给产品整体市场的各个顾客群，满足其对一种类型产品的各种不相同的需要。在实践中，这种策略往往是实施第一种策略的企业实行产品开发、市场开发策略后形成的结果。

3. 市场专业化

这种策略是指企业决定生产多种不同类型的产品，只将其供应给产品整体市场的某一个顾客群，满足其多种需要。这种策略通常是经营能力较强的企业试图在某一细分市场上取得较好的适应性和较大的优势地位而采取的策略。

4. 选择性专业化

这种策略是指企业决定有选择地同时进入产品整体市场的几个不同的市场部分，并有针对性地向各个不同的顾客群提供不同类型的产品，以满足其特定的需要。这一般是生产经营能力较强的企业在几个市场部分均有较大吸引力时所采取的策略。

5. 全面进入

这种策略是指企业决定全方位地进入产品整体市场的各个市场部分，并有针对性地向各个不同的顾客群提供不同类型的系列产品,以满足产品整体市场各个市场部分的各种各样的需要。这主要是大企业为在一种产品的整体市场上取得领导地位而采取的策略,它往往是市场专业化策略或选择性专业化策略演化的结果。

在运用上述目标市场选择方法时,企业一般是先进入最有吸引力且最有条件进入的市场部分,只是在机会和条件成熟时才酌情有计划地进入其他市场部分,逐步扩大目标市场范围,多数大型汽车企业的发展目标是全面覆盖市场。

任务资讯三　汽车产品市场定位

一、市场定位的概念

市场定位通常也被称为产品定位,是根据竞争者现有产品在市场上所处的地位,针对消费者对产品某一特征或属性的重视程度,强有力地塑造出本企业产品与众不同的印象鲜明的个性或形象,并把这种形象和特征有力、生动地传递给目标顾客,使该产品在市场上确定强有力竞争位置的过程。由此可见,汽车市场定位就是指汽车企业以何种产品形象和企业形象出现,达到给目标客户留下深刻的印象效果。

产品形象和企业形象是指用户对产品和企业形成的印象,比如大家经常所说的"物美价廉""经济实惠""技术先进"等都属于产品形象的范畴。国内外大公司都十分重视市场定位,精心地为其企业及每一种汽车产品赋予鲜明的个性,并将其传给目标消费者。例如,吉利、夏利、羚羊、哈飞等品牌的汽车,其主要针对的是中低收入者,其定价一般在10万元以下;宝来、高尔夫、卡罗拉等主要针对的是中等收入的城市人群,其定价一般在10万元至20万元之间;别克、帕萨特、奥迪以及一些进口汽车,如宝马、奔驰等针对的是高收入人群,定价一般都在20万元以上。除价格因素外,功能因素、质量因素、销售渠道因素和促销因素等也可以进行类似的分析。

在汽车行业众多的品牌中,定位观点是各不相同的。大众汽车公司的"为平民造车",使其产品真正实现大众化;宝马汽车强调的"驾驶的乐趣";奔驰的定位则是"高贵、显赫、至尊",奔驰的广告中较出名的是"世界元首使用最多的车"。可见,企业产品市场定位要解决的问题是:第一,顾客真正需要什么,第二,企业把自己的产品定在目标市场上的何处,第三,目标市场上竞争者的产品处于什么位置。

二、汽车市场定位的差异化

汽车营销在体现产品与服务特性方面,可以从产品、服务和形象等方面进行差异化定位,如表5-2所示。

表 5-2 汽车产品定位的差异化

产品	服务	形象
特色与风格	订货方便	标志
性价比	免费安装附件	文字与视听媒体
一致性	客户咨询	气氛
耐用性	客户培训	展览
可靠性	售后维修	事件
维修的方便性	多种服务	活动

1. 产品差别化

产品差别化策略的根本是通过提高顾客的认可效用来提高产品价值。如果顾客能够感知到一种产品的独特性,总会有一部分顾客愿意为此支付较高的溢价。产品的差异化可以表现在特色、风格、性能质量、一致性、耐用性、可靠性等方面。

(1) 特色与风格。汽车的基本功能就是代步和运输,汽车产品的特色就是在基本功能上的增补性能,如动态驾驶稳定系统、娱乐视听系统等。汽车的风格就是汽车外观和内饰上给人的独特感觉,如汽车外观是柔和风格还是硬朗风格。汽车产品的特色和风格体现了制造商的创造力,是一种有效的竞争手段,具有新特色或独特风格的产品往往会创造意想不到的生命力。

(2) 性能质量。性能质量是指产品的主要特点在运用中的水平。一般产品的性能可分为低、平均、高和超高四种。性能高的产品总体来说可以产生较高的利润,但是当性能超过一定边界后,由于价格因素的影响,会使有意愿购买的人越来越少。

(3) 一致性。一致性是指产品的设计和使用与预定标准的吻合程度。例如,德国大众第 7 代帕萨特轿车设计每百公里油耗为 4.2L,那么流水线上每一辆帕萨特轿车都符合这一标准,该车就具有高度一致性;反之一致性就差。质量一致性是制造商信誉的体现,高度一致性可以增强消费者对该产品的信任度,从而一定程度上增加产品的销售量。

(4) 耐用性。耐用性是衡量一个产品在自然条件下的预期操作寿命。一般购买者愿意为耐用性较长的产品支付更高的售价。但是,某产品的时尚性相对较强的话,耐用性就可能不被重视。由于汽车产品的特点,耐用性是反映其优劣的一个重要指标,生产商完全可以将耐用性作为差异化因素加以宣传。

(5) 可靠性。可靠性是指在一定时间内产品将保持正常使用性能的可能性。购买者愿意为产品的可靠性付出溢价。由于汽车产品属于耐用品,因此可靠性和耐用性一样,受到消费者的重视。

2. 服务差别化

在激烈的汽车市场竞争中汽车生产厂家都认识到,卖车不是卖产品,而是卖服务,服务应贯穿于汽车产品的售前、售中及售后的每个环节,产品营销是落实"以客户为中心"的企业经营方针的"起点",是为"上帝"提供服务的开始。正是由于观念的转变,所以服务营销模式受到了广泛重视。通过服务差别化提高顾客的总价值,从而击败竞争对手。在对汽车等技术密集型的产品市场定位中,实行服务差别化策略是非常有效的。

在汽车营销中,服务差别化主要体现在:订货方便、客户培训、客户咨询、售后维修和其他多种服务上。

(1)订货方便。是指顾客以最便捷的方式向公司订货。网络和电子商务的普及为顾客提供了一种随时随地可以订货的购物方式,这种便捷的购物方式已经被广泛使用,作为汽车生产商和销售商,发展电子商务是必然的趋势。

(2)客户培训。是指对客户单位的雇员进行培训。特许经营是当今汽车销售行业中比较常见的销售渠道,多数汽车公司会对它的特许经销商进行培训,以便他们更好地经营专卖店。另外,在汽车销售中,客户培训也是教会客户了解和使用他们的新汽车的有效途径。

(3)客户咨询。是指卖方向买方无偿或有偿地提供有关资料、信息系统和提出建议等服务。如雷克萨斯助理式服务要求销售人员为客户提供提醒服务,包括提醒消费者按时享受生产商和服务商的承诺服务,如4年/10万公里免费保养;提醒消费者注意某些使用规定,如年检、交强险等。

(4)售后维修。是指消费者购车后所能获得的修车服务的质量。由于汽车是耐用商品,消费者购车后一般是希望尽可能长时间使用,消费者非常关心他们从厂家售后服务站获得修理服务的质量。为满足消费者售后服务的需求,一汽丰田、上海大众等知名企业都在全国各地建立了四位一体的4S销售服务店,为顾客提供标准化和高质量的售后维修服务。

(5)多种服务。汽车公司还能找到许多其他方法以提供各种服务来增加价值,也可以将上述差异因素融合起来。如果将企业提供的服务和产品融为一体的话,那么企业可以根据提供服务的差异性为产品定位。在汽车营销中,高档汽车面对的消费者的价格弹性相对较低,对这些顾客来说,服务可能比价格更有吸引力。高档汽车的购买者会认为舒适、快捷、无微不至的服务,和汽车的外观、内饰一样,是拥有身份地位的体现。

例如,日本丰田推出雷克萨斯品牌车时,同时推出了助理式服务理念,这种理念就是将多种服务融合为一体的服务差异化的运用。推出助理式服务的目的是:提升雷克萨斯轿车消费者的满意度和忠诚度,与消费者建立持久的关系纽带,维持生产商和经销商的核心竞争优势。该服务贯穿售前、售中、售后的整个销售保修过程,每个服务模块的设计都力求体现以下原则。

① 体现雷克萨斯轿车安全、优质的品牌内涵;
② 体现生产商用户至上、服务至上的企业理念和形象;
③ 体现增加消费者服务让渡价值的原则。

助理式服务是一种全方位、全过程的服务,是对消费者在整个购车过程、使用过程、旧车置换新车及第二次购车的整个生命周期的服务。

3. 形象差别化

在产品的核心部分与竞争者无明显差异的情况下,通过塑造不同的企业或品牌形象也可以获取差别效果。为树立汽车企业形象,可以利用标志、媒体和活动(特殊事件)等来完成。

(1)标志。标志可以提供很强的企业或品牌识别及形象差异。标志将品牌名称视觉化和形象化,企业设计的标志和标识语应能被人轻而易举地辨认出来。例如,劳斯莱斯采用两个R重叠在一起和飞翔女神的两个标志。两个重叠的R体现了劳尔斯和罗伊斯团结合作的精神;两臂后伸身带披纱的飞翔女神安装在车头,象征着"神圣、高雅、尊贵"。现在人们一看到女神标志就会想到那是劳斯莱斯。

(2)媒体。彰显企业或品牌个性的标志和文字向外传播离不开各种媒体,其中广告媒体的作用是巨大的。汽车广告可以营造一种特殊的气氛,彰显企业和品牌的与众不同。例如,丰田汽车公司曾做过"车到山前必有路,有路必有丰田车"的汽车广告,突出显示了丰田依赖卓越的品质向全球发展的理念。

(3)活动。汽车企业借助各种活动宣传企业和品牌形象,在活动中让消费者作为参与者,进行亲身体验,效果非常好。例如,1996年,一汽大众推出了捷达轿车60万公里无大修活动,即消费者使用捷达轿车,累计行驶总里程超过60万公里发动机没有大修过,可以向一汽大众公司免费申请更换一台新捷达轿车。通过这次品牌公关活动,使人们逐渐认识到捷达品牌的耐用性和经济性,一举扭转了捷达销售不利的局面。

三、汽车市场进入策略

(1)比附进入策略:这种定位方法就是攀附名牌,比照名牌来给自己的产品定位,以借名牌之光而使自己的品牌生辉,如沈阳金杯客车制造公司"金杯海狮,丰田品质"的定位就属此类。

(2)属性进入策略:这是指根据特定的产品属性来定位,如本田在广告中宣传它的价廉,宝马在促销中宣传它良好的驾驶性能等。

(3)利益进入策略:这是指根据产品所能满足的需求或所提供的利益、解决问题的程度来定位,如"解放卡车、挣钱机器"即属此定位。

(4)针对竞争对手的进入策略:这是指对某些知名而又属司空见惯类型的产品做出明显的区分,给自己的产品定一个相反的进入位置。

(5)市场空当进入策略:企业寻找市场尚无人重视或未被竞争对手控制的位置,使自己推出的产品能适应这一潜在目标市场的需要的定位策略,如江淮汽车推出瑞风MPV时在定位上就采取了这一策略,把瑞风车定位在"工作+生活"这个市场空档,获得了较好的效果。

(6)性价比进入策略:这是指结合对照质量和价格来定位,如物有所值或物美价廉等定位。例如,一汽轿车的红旗明仕的市场定位"新品质、低价位、高享受"即属此类。

任务训练 "哈飞"微型车市场细分

一、市场细分的过程

要完成一个市场细分要经过三个步骤,即调查、分析和细分。

1. 调查阶段

通过调查,了解市场的现有情况,消费者的需求和消费者的不同特征、企业和产品的知名度及竞争对手的情况,调查阶段主要是收集资料阶段。

2. 分析阶段

调查完成后,就必须对所得到的资料进行分类、筛选,使零散的资料成为对企业有用的信息。分析过程中首先重点要对消费者的购买欲望、购买实力、地理位置、购买态度的差异性进行分析,同时还要研究竞争对手的优势和劣势;其次还要根据已经得到的资料,分析并提出相关性很大的变量,这些变量就是细分市场的依据;最后,根据选定的变量划分出不同的群体,这些群体就构成了不同的细分市场。

3. 细分阶段

细分阶段要根据消费者不同的态度、行为、人口变量、消费心理和消费习惯等变量划分群体,再根据主要的不同特征给每个细分市场命名。常见的细分变量主要有以下几种。

(1) 地理变量。按地理变量细分市场就是把市场分为不同的地理区域,如国家、地区、省市、南方、北方、东部、西部、城市、农村等。由于各地区受自然气候、经济发展水平等因素影响,有不同的需求特点,应采取不同的营销方案。

(2) 人口变量。人口变量细分是按年龄、性别、家庭人数、收入、职业、教育程度、民族、宗教等人口统计变量划分不同的消费群体。

(3) 心理变量。在人口因素相同的消费者中间,对同一商品的爱好和态度也可能截然不同,这主要是由于心理因素的影响。按购买心理细分就是按照消费者的生活方式、社会阶层、个性和偏好等心理因素上的差别对市场加以细分。

(4) 购买行为变量。按购买行为因素细分就是根据用户对产品的知识、态度、使用与反应等行为将市场细分为不同的购买者群体。这些行为变量主要有:购买时机、利益寻求、使用者情况、使用率、品牌忠诚度等。

二、哈飞细分之路

1. 有利的宏观环境

新的汽车政策《乘用车燃料消耗量限值》的出台和油价不断上涨使小排量、低油耗的微型汽车受到了前所未有的关注,这种利好的宏观环境极大地促进了微型车企业的快速发展。2014年,微型车销售突破210万辆,夺得17%以上的市场份额。

在传统的微型车生产厂家中,长安、五菱、哈飞、昌河四大企业占据优势地位,近两年一些大的汽车集团也开始涉足微型车领域,其中上汽联手通用收购柳州五菱,一汽汽车集团则在吉林推出自己的微型车佳宝,而位居中国汽车工业前三名行列的东风2005年推出一款名为"小康"的微型车,至此,国内三大主力集团皆杀入微型汽车市场。

2. 哈飞的细分过程

哈飞微型汽车作为微型车行业的领导者,不断丰富自己的产品系列,经过多年努力,哈飞汽车已从单一生产松花江牌微型车扩展到生产中意、民意、路宝、赛马和赛豹全系列的微型车产品系列,在行业的竞争中处于领先地位。

(1) 第一代松花江牌微型车。第一代产品有微型面包车和微型客货两用汽车,其产品的低价格、简洁实用性和燃油消耗低的特点非常适合于 20 世纪 90 年代刚刚富裕起来的普通家庭和个体私营业主的需要。

(2) 第二代中意和民意微型面包车。这两款车创意设计出自法拉利跑车的孕育者——意大利宾尼法瑞纳公司,符合空气动力学要求的流线外形,注重内容与形式的高度统一,重树"微面"超越时代新概念。这两款微型车在"松花江"的基础上,从外观、内饰、功能、配置等方面可谓是脱胎换骨、焕然一新,满足了人们对高生活品质的需求。

(3) 第三代路宝、赛马。这两款微型车的车身设计具备乘坐舒适、装载量大、转弯半径小、易于驾驶,使用空间大的特点。后座椅靠背可以放平、折叠,方便休息或是放置货物。充分体现了休闲多功能车的特点:一是具备城市休闲功能;二是多功能,乘客载物两相宜;三是提高微型车的驱动能力,采用加宽轮胎,尤其适合北方冬季多雪的天气。

(4) 第四代赛豹。它是一款引领轿跑车时尚理念的新车。作为哈飞汽车推出的第二款三厢轿车,采用日本三菱发动机技术,配备 5 挡手动变速器或 4 速自动变速器,拥有四大领先优势:超大驾乘空间设计、超大轮胎配置、加长轴距匹配、强大动力输出。满足了部分微型轿车爱好者的需求。

(5) 第五代哈飞路尊。2008 年下线的哈飞路尊是哈飞汽车与意大利宾尼法瑞纳公司联合开发的一款新一代商务车。哈飞路尊造型流畅,简洁大方,内部设计典雅实用,内饰采用环保材料,满足部分消费者对微型商务用车的需求。

(6) 第六代哈飞电动汽车。随着电动汽车逐渐成为中国发展新能源的主流载体,哈飞赛豹电动车一路驶来:继 2009 年 4 月在上海车展揭开神秘面纱之后,2010 年年底这款吊足了人们胃口的纯电动车首批 20 台样车已实现总装下线,2012 年年底实现批量生产。

三、训练总结

1. 仔细阅读案例资料,找出哈飞微型车产品演变过程,分析每一代产品满足细分市场的消费者群体是什么。

2. 在小组讨论的基础上,完成表 5-3 的填写任务。

表 5-3　哈飞微型车市场细分

产品序列	品牌名称	差异化的细分变量因素	对应的细分市场群体
第一代			
第二代			
第三代			
第四代			
第五代			
第六代			

3. 各小组根据老师给出的资料,或是利用网络资源查询长安汽车产品的市场销售情况,分析并讨论长安汽车的市场细分过程。

4. 指导教师对各小组的训练过程及任务完成情况给予评分。

案例分析

奇瑞QQ的市场定位

一、案例背景资料

1. 微型车行业概述

微型客车曾在 20 世纪 90 年代初持续高速增长,但是自 20 世纪 90 年代中期以来,各大城市纷纷取消"面的",限制微型客车,微型客车至今仍然被大城市列在"另册"受到歧视。同时,由于各大城市在安全环保方面的要求不断提高,成本的抬升使微型客车的价格优势越来越小,因此,微型客车厂家已经把主要精力转向轿车生产,微型客车产量的增幅迅速下降。

在这种情况下,奇瑞汽车公司经过认真的市场调查,精心选择微型轿车打入市场;它的新产品不同于一般的微型客车,是微型客车的尺寸、轿车的配置。

2. 奇瑞QQ的诞生

QQ 微型轿车在 2003 年 5 月推出,6 月就获得良好的市场反应。在北京亚运村汽车交易市场 2003 年 9 月 8 日—14 日的单一品牌每周销售量排行榜上,奇瑞 QQ 以 227 辆的绝对优势荣登榜首。奇瑞 QQ 能在这么短的时间内拔得头筹,归结为一句话:这车太酷了,讨人喜欢。在北京街头已经能时不时遭遇奇瑞 QQ 的靓丽身影了,虽然只是 5 万元的小车,但是奇瑞 QQ 那艳丽的颜色、玲珑的身段、俏皮的大眼睛、邻家小女孩般可人的笑脸,在滚滚车流中是那么显眼,仿佛街道就是她一个人表演的 T 型台。

3. 市场细分

令人惊喜的外观、内饰、配置和价格是奇瑞公司占领微型轿车这个细分市场成功的关键。奇瑞 QQ 的目标客户是收入并不高但有知识、有品位的年轻人,同时也兼顾有一定事业基础,心态年轻、追求时尚的中年人。一般大学毕业两三年的白领都是奇瑞 QQ 潜在的客户。许多时尚男女都因为奇瑞 QQ 的靓丽、高配置和优性价比而购买它,从此与奇瑞 QQ 成了快乐的伙伴。奇瑞公司有关负责人介绍说,为了吸引年轻人,奇瑞 QQ 除了轿车应有的配置以外,还装载了独有的"I-say"数码视听系统,成了"会说话的 QQ",堪称目前小型车时尚配置之最。据介绍,"I-say"数码视听系统是奇瑞公司为用户专门开发的一款车载数码装备,集文本朗读、MP3 播放、U 盘存储多种时尚数码功能于一身,让奇瑞 QQ 与电脑和互联网紧密相连,完全迎合了离开网络就像鱼儿离开水的年轻一代的需求。

4. 品牌策略

奇瑞 QQ 的目标客户群体对新生事物感兴趣,富于想象力,崇尚个性,思维活跃,追求时尚。虽然由于资金的原因他们崇尚实际,对品牌的忠诚度较低,但是对汽车的性价比、外观和配置十分关注,是容易互相影响的消费群体,从整体的需求来看,他们对微型轿车的使用范围要求较多。

(1) 产品名称。QQ 在网络语言中有"我找到你"之意,奇瑞 QQ 突破了传统品牌名称非洋即古的窠臼,充满时代感的张力与亲和力,同时简洁明快,朗朗上口,富有冲击力。

(2) 品牌个性。奇瑞 QQ 被赋予了"时尚、价值、自我"的品牌个性,将消费群体的心理情感注入品牌内涵。

(3) 品牌语言。奇瑞 QQ 使用了富有判断性的广告标语,"年轻人的第一辆车""秀我本色"等流行时尚语言配合创意的广告形象,将追求自我、张扬个性的目标消费群体的心理感受描绘得淋漓尽致,与目标消费群体产生情感共鸣。

二、讨论分析

(1) 分组讨论当前我国微型汽车市场的发展状况,微型汽车生产企业应如何应对。

(2) 分组讨论奇瑞 QQ 市场细分成功的因素有哪些。

(3) 分组讨论汽车市场细分时应注意的几个问题。

教师可以从以下几个方面进行引导:价格细分的优与劣,汽车市场细分的程度,交叉车型对市场细分的影响等。

三、案例总结

(1) 每个小组将讨论结果写在案例总结报告中,并派代表上台讲解本组的讨论结果。

(2) 各个小组对其他小组的讨论结果进行点评。

(3) 指导教师对每个小组的表现给以评价。

思考题

1. 什么是市场细分？对市场细分概念的理解应注意些什么？
2. 市场细分有哪些作用？
3. 市场细分的标准是什么？市场细分的方法有几种？
4. 汽车目标市场覆盖的策略有哪些？每种策略的优缺点是什么？
5. 汽车目标市场的选择方法有哪些？试分析每种方法的适用情况。
6. 汽车市场定位的概念是什么？汽车市场定位的差异化体现在哪些方面？
7. 汽车市场进入的策略有哪些？
8. 试分析哈飞微型汽车的市场细分之路。
9. 试分析奇瑞QQ的定位策略与品牌策略。

任务六 汽车产品策略

任务目标

1. 了解汽车产品与汽车产品组合的概念。
2. 理解汽车产品组合策略,掌握其应用条件。
3. 掌握汽车产品生命周期不同阶段的营销策略。
4. 理解汽车品牌的概念,能分析常见的汽车品牌策略。
5. 能分析当前我国汽车市场条件下,汽车新产品开发的策略。
6. 通过实际训练,完成典型汽车企业汽车产品组合的分析。

任务引导

4P市场营销理论中的产品、价格、渠道和促销是市场营销过程中可以控制的因素,也是企业进行市场营销活动的主要手段。汽车企业的市场营销活动是以满足汽车市场需求为目的,而汽车市场需求的满足只能通过提供某种品牌的汽车产品或相应的汽车服务来实现,因此,汽车产品是汽车企业市场营销组合策略的基础,直接关系到汽车市场营销的成败。你了解上海大众汽车公司的产品组合吗?你知道各大汽车公司的品牌策略吗?

任务资讯一 汽车产品与组合

一、汽车产品的整体概念

人们对汽车产品的理解,通常仅指汽车的实物产品,其实这只是狭义的理解。汽车营销学关于汽车产品的概念要广得多,它是指向汽车市场提供的能满足汽车消费者某种欲望和需要的任何事物,包括汽车实物、汽车服务、汽车保险、汽车品牌等各种形式。

这种广义的汽车产品概念有两方面的特点:(1)并不是具有汽车实体的才是汽车产品,凡是能满足汽车消费者某种欲望与需要的服务也是汽车产品;(2)从企业的角度看,其产品不仅是具有物质实体的汽车实物本身,而且也包括随同汽车出售时所提供的服务等。所以,人们需要的汽车产品是:需要的汽车实物+需要的汽车服务。

汽车营销学关于汽车产品的概念又称为汽车产品整体概念。这种概念将汽车产品理解为由五个层次组成,如图6-1所示。

第一层是汽车核心产品层,又称为汽车实质产品层,是指消费者购买某种产品时所追求的基本效用或利益。汽车消费者购买某品牌汽车并不是为了占有或获得汽车产品本身,而是为了能运输货物、奢华、炫耀、体验生活和代替步行等,这就是汽车产品的核心内容。汽车营销活动所销售的是汽车产品的基本效用或利益,而非汽车产品的表面特色。

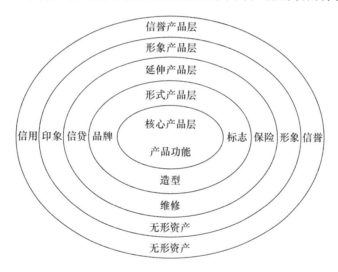

图6-1 产品的整体概念

第二层是汽车形式产品层,又称为汽车基础产品层,是指汽车核心产品借以实现的基本形式,即向市场提供的产品实体或劳务的外观。任何汽车产品总具有实体,汽车产品的外观指汽车产品出现于市场时具有可触摸的实体和可识别的面貌,并不仅指是否具有外形。汽车市场营销将汽车实体产品归结为四个标志:质量水平、外观特色、汽车造型及汽车品牌。由于汽车产品的基本效用必须通过某些具体的形式才能实现,因此汽车市场营销人员应从汽车消费者购买汽车产品时所追求的实际利益出发去寻求其实现形式,进行汽车产品的设计。

第三层是汽车延伸产品层,是指消费者购买形式产品所获得的全部附加服务和利益,包括提供信贷、免费送货、保证、安装、售后服务等。延伸产品的概念来源于对市场的深入认识。消费者购买产品的目的是满足某种需求,因而他们希望得到与满足该项需要有关的一切服务和利益。所以人们常说"销售始于售后"。

第四层是汽车形象产品层,是指产品在消费者心目中的整体印象,这种印象由产品的实体、形式和延伸而来,但还超越他们,代表了产品在消费者心目中的价值和地位。不断地塑造企业产品的形象,使之不断提高和完善,将其变成一种无形资产,从某种意义看,它比有形资产更有价值。

第五层是汽车信誉产品层,是指产品在消费者心目中的信用和声誉。它包括产品的质量和消费者的评价两部分。其中质量是产品信誉的基础,评价是产品信誉的翅膀。离开消费者的积极评价,实质产品、形式产品、延伸产品和形象产品都失去存在的价值和意义。

二、汽车产品组合

1. 汽车产品组合的概念

汽车产品组合,也称为产品品种搭配,是指一个汽车企业生产和销售的所有汽车产品线和汽车产品品种的有机组合方式,也就是全部汽车产品的结构。

汽车产品组合通常由若干汽车产品线(汽车产品系列)组成。所谓"汽车产品线",是指密切相关的汽车产品的系列,这些汽车产品能满足类似的需要,销售给同类汽车消费群,而且经由同样的渠道销售出去,销售价格在一定幅度内变动。汽车产品线(产品系列)又由若干汽车产品品种组成。汽车产品品种指汽车企业生产和销售汽车产品目录上开列的具体汽车产品名和汽车型号。

2. 汽车产品组合的维度

这里以上海大众汽车有限公司的汽车产品组合为例,讨论汽车产品组合的广度、深度、长度、相关性的概念,如表6-1所示。

表6-1 上海大众汽车产品组合广度与产品线深度

	产品组合广度					
	桑塔纳	桑塔纳2000 桑塔纳3000	Polo	斯柯达	途安	帕萨特
产品线深度	普通型	舒适型	1.4L手动风尚型	晶锐两厢	手动风尚型	1.4L舒适型
	警务用车	豪华型	1.4L自动舒适型	昕动旅行车	手动舒适型	1.4L豪华型
	出租用车	俊杰桑塔纳 2000GSI-AT	1.4L自动豪华型	昕锐三厢	自动舒适型	1.8L舒适型
	LPG双燃料车		1.6L手动舒适型	明锐三厢	手动豪华型	1.8L豪华型
	旅行轿车		1.6L自动舒适型	速派三厢	自动豪华型	2.0L舒适型
	99新秀		1.6L自动豪华型	野帝SUV		2.0L豪华型
	世纪新秀					3.0L舒适型
						3.0L豪华型

汽车产品组合的广度,是指汽车企业生产经营的汽车产品系列(线)的数量,包含的产

品线越多,广度就越宽。

汽车产品组合的深度,是指每一汽车产品系列(线)所包含的汽车产品项目的多少,包含的产品项目越多,深度就越大。桑塔纳系列有普通型、警务用车、出租用车等。

汽车产品组合的长度,是指汽车产品组合中的汽车产品品种总数,如上汽集团一共有几十种品种的汽车产品,汽车产品组合的长度为几十种。

汽车产品组合的相关性。是指各条产品线在最终用途、生产条件、细分市场、分销渠道、维修服务或者其他方面相互关联的程度,又称组合相容度。不同的产品组合相容度不同。

汽车产品组合具有广度性组合和深度性组合两种类型。汽车超市和汽车专营店所体现的就是这两种不同的组合类型,如表 6-2 所示。

表 6-2 汽车产品组合类型

应用实例	汽车产品组合			
	组合广度	组合深度	组合长度	组合相容性
汽车超市	宽	浅	长	差
汽车 4S 店	窄	深	短	好

3. 汽车产品组合策略

对汽车制造厂商来说,需要推出多款车型来满足不同顾客群体的需要,当然希望每一款车型都能赚钱,但现实往往事与愿违,这就需要汽车企业进行产品组合。

产品组合策略就是企业根据市场环境、企业能力和企业目标,对产品组合的广度、深度和相关性进行决策,在多种可能中选择有利于本企业发展的最佳产品组合。

汽车产品组合决策对企业的市场营销有着重要意义,增加产品组合宽度,可减少单一品种的经营风险;增加产品组合的深度,可使产品线丰满,但这样也增加了企业的投资负担和风险。所以一个汽车企业为了获得最大的销售和利润,确定一个最佳的汽车产品组合是十分重要的。

产品组合的决策过程应成为优化产品组合的过程,通过这一过程必须使产品组合的方式更有利于企业的利润目标的实现。常见的汽车产品组合策略有以下几种。

(1) 扩大汽车产品组合策略。

① 扩大汽车产品组合广度。

一个汽车企业在生产设备、技术力量所允许的范围内,应既有专业性又有综合性地发展多种品种。扩大汽车产品组合广度,可以充分利用企业的各项资源,使汽车企业在更大的市场领域中发挥作用,并且能分散汽车企业的投资风险。上海大众在扩大汽车产品线广度上的做法是:普桑—桑塔纳 2000—桑塔纳 3000—帕萨特(领驭)—Polo(劲取、劲情);广州本田在本田雅阁成功的基础上,推出了商务车奥德赛,接着推出低价位的飞度、思迪;上海通用在别克热销之后,又成功地推出经济型赛欧轿车及销量连续排名第一的别克凯越。

② 加深汽车产品组合深度。

从总体来看,每个汽车公司的汽车产品线只是该行业整个范围的一部分,宝马公司的汽车在整个汽车市场上的定价属于中高档范围,例如在宝马 3 系列车型中陆续开发了双门轿跑车、四门轿车、旅行车、敞篷车等。加深汽车产品的组合深度,可以占领该行业同类汽车产品更多的细分市场,迎合更广泛的消费者的不同需要和偏好。

加深汽车产品组合深度有以下三种方式。

- 向下扩展。向下扩展是指许多公司的汽车产品最初定位为高档汽车产品,随后将汽车产品线向下扩展。
- 向上扩展。在市场上定位于低档汽车产品的公司可能会打算进入高档汽车产品市场。
- 双向扩展。在市场上定位于中档汽车产品的公司可能会朝向上、向下两个方向扩展汽车产品线。

③ 加强汽车产品组合相容度。

一个汽车企业的汽车产品尽可能地相关配套,如汽车和汽车内饰、汽车涂料等。加强汽车产品组合的相容度,可提高汽车企业在某一地区这一行业的声誉。

(2) 缩减汽车产品组合策略。

该策略也同样有缩减汽车产品组合广度、深度、相容度三种情况。例如,美国通用汽车公司放弃著名的品牌奥兹莫比尔汽车,还有上海大众引进生产的 GOL 汽车,但由于在中国的销量一直不好,不得不停产。对汽车产品采取缩减策略有以下好处。

① 可集中精力与技术,对少数汽车产品改进品质,降低成本。
② 对留存的汽车产品可以进一步改进设计,提高质量,从而增强竞争力。
③ 使脱销情况减少至最低限度。
④ 使汽车企业的促销目标集中,效果更佳。

采取该策略会使汽车企业丧失部分市场,增加汽车企业经营风险。因此,一个汽车企业对于某种汽车产品,在决定是否淘汰之前,应慎之又慎。

(3) 高档汽车产品策略与低档汽车产品策略。

高档汽车产品策略是指在一种汽车产品线内增加汽车产品项目,以提高汽车企业现有汽车产品的声望。上海大众为桑塔纳 2000 型加装 ABS、2VQS 发动机、电子防盗等多项国内首次采用的先进装置就是一个实例。面对激烈的竞争,2007 年帕萨特(领驭)上市一年多后,为了增加其销量,上海大众在车上安装了汽车定位导航设备(GPS),这样既可增加原汽车产品的销量,又可逐步推动高价汽车产品的销售。有些汽车企业使用高档汽车产品策略时,开始阶段着力于扩大原有廉价汽车产品的销售,过了一段时间就取消廉价汽车产品,注重推销新产品。

低档汽车产品策略是在高价汽车产品线中增加廉价汽车产品项目,目的是利用高档名牌汽车产品的声誉,吸引购买力较低的顾客,使其慕名来购买廉价汽车产品。

这两种策略都有一定的风险,因为无论是在廉价汽车产品系列中增加高档汽车产品,还是在高档汽车产品系列中推出低档汽车产品,都可能引起汽车消费者的混淆。例如,采取高档汽车产品策略的汽车企业,要改变企业在消费者心目中的形象是很不容易的;而采用低档汽车产品策略的汽车企业如果处理不当,往往会损害企业原有名牌产品的声誉。

(4) 汽车产品异样化和汽车产品细分化策略。

汽车产品异样化和汽车产品细分化均属扩大汽车产品组合策略。

汽车产品异样化,是指在同质市场上汽车企业强调自己的产品与竞争产品有不同的特点,以避免价格竞争。尽管两种汽车产品在动力、安全等性能上没有差别,但是可以采用不同的设计、不同的造型等,尽可能地显示出与其他产品的区别,争取在不完全竞争市场上占据有利地位。采用该策略的实质在于同质汽车产品的"异样化",而不是将同质汽车产品"异质化"。因此,只能使自己的产品与竞争产品稍有异样,而不能过于独特,以免失去吸引力,丧失原有的市场。例如,宝马在Z4敞篷跑车的基础上开发了篷顶可收缩的新款Z4跑车,赢得了一部分消费者的认可。

汽车产品异样化实质上是要求汽车消费者的需求服从生产者的意志,而汽车产品细分化的原则是从汽车消费者的需求出发,而且承认汽车消费者的需求是不同的,因此,它符合市场营销观念的要求。

任务资讯二 汽车产品的生命周期及应用策略

一、汽车产品生命周期理论

产品在市场上的销售情况及其获利能力会随着时间的推移而变化,这种变化的规律就像人的生命一样,从诞生、成长到成熟,直至走向衰亡。汽车产品生命周期是指从一种汽车产品研发成功并进入市场,在市场上由弱到强,又由盛转衰,再到被市场淘汰为止所经历的全过程。

汽车产品的生命周期不同于汽车产品的使用寿命,其长短受汽车消费者需求、经济变化等多种市场因素的影响,是汽车产品的市场寿命。一般来说,典型的汽车产品的生命周期可分为四个阶段,即导入期、成长期、成熟期和衰退期,如图6-2所示。

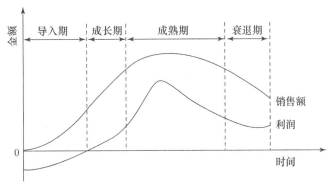

图6-2 产品生命周期

产品生命周期的各阶段在市场营销中所处的地位不同,并且具有不同的特点。

1. 市场导入期

市场导入期是指汽车产品投入市场试销的初期阶段。在此阶段,因为汽车消费者对汽车新产品不够了解,所以生产和销售量低,风险和成本费用高,而利润低,有时甚至亏损,企业通常无利可图。

2. 市场成长期

市场成长期是指汽车产品经过试销,消费者对汽车新产品有所了解,汽车产品销路打开,销售量迅速增长的阶段。在此阶段,汽车产品已定型,大批量投入生产,分销渠道已经疏通,成本大幅度降低,利润增长,同时,竞争者也开始加入,使产品供给量增加,价格随之下降。

3. 市场成熟期

市场成熟期是指汽车产品的市场销售量已达饱和状态的阶段。在这个阶段,销售量虽有增长,但增长速度减慢,开始呈下降趋势,大部分销售额属于替换性购买,竞争激烈,在增长速度逐步下降的时候,推销费用呈上升趋势,利润相对下降,这一阶段持续的时间比前两个阶段长得多。当销售量持平,制造商和中间商两者的利润开始下滑,主要原因是激烈的价格竞争。

为了实现产品差异化,有些企业扩张产品线增加新产品,其他企业则提供新的改良品牌产品。在成熟期的最后阶段,制造成本高、无差异优势、利润微薄的厂商没有足够的顾客或利润将会选择退出市场。

4. 市场衰退期

市场衰退期是指汽车产品已经陈旧老化被市场淘汰,新产品逐渐取代老产品的阶段。在这个阶段,销售量下降很快,新产品已经出来,老产品被淘汰,逐渐退出市场。进入市场衰退期后,企业因利润太少或无利可图而停止该产品的生产和经营,该产品的寿命周期也就结束了。对大多数产品来说,衰退期是不可避免的。

各种档次、各种类型的汽车产品不同,其汽车产品寿命周期及其经历各阶段的时间长短也不同,有些汽车产品生命周期可能只有 3~5 年,有些汽车产品生命周期可以长达几十年。亨利·福特设计的 T 型车秉承福特千方百计降低成本的原则,从投入市场到停产一共经历了 20 年的时间;而福特公司 1957 年 9 月推出埃德塞尔车,1959 年 11 月就被迫停产,其寿命周期只有短短两年时间。

每种汽车经历生命周期各阶段的时间也不尽相同,有些汽车产品经过短暂的市场导入期,很快就达到成长、成熟阶段;而有些汽车产品的导入期经历了许多年,才逐步为广大汽车消费者所接受。比如,现在有的生产厂家推出的"房车",其内部的食宿、娱乐设施一应俱全,因各种营销因素的影响,其导入期非常漫长,广大消费者需要较长时间来接受。

各种汽车产品虽有生命周期,其形状近似正态分布曲线,这只是反映变化趋势的基本模式。实际上,许多汽车产品开始需求量上升,但后来趋于平衡;有的汽车产品,市场对其性能、造型很敏感,对其需求量呈现出周期性上下波动。此外,并不是所有的汽车产品都一定要经过四个阶段,有的汽车产品一进入市场,处于导入期即被淘汰,成为夭折的"短命"产品;也有某些属于成长期的汽车产品,由于营销失策而"未老先衰";还有的汽车产品一进入市场就达到成长阶段,等等。

二、汽车产品生命周期各阶段的营销策略

在汽车产品生命周期的不同阶段,营销策略及利润量也不相同,企业可以通过确定其产品所处的阶段或将要进入的阶段制订适合的市场营销计划。

1. 导入期营销策略

(1) 导入期市场有以下特点。

① 汽车产品刚进入市场试销,尚未被消费者接受,因而销售额增加缓慢。

② 生产批量小,试制费用大,制造成本高。

③ 为了向市场介绍产品,广告及其他推销费用的支出也很高。

④ 由于产量少、成本高、广告费用昂贵,同时生产上的技术问题尚未完全解决,这时期产品的售价常常偏高。

⑤ 由以上几个特点可知,此时企业的利润往往是负值,产品在这个时期的亏损只能由其他产品的盈利来弥补。

(2) 导入期的市场营销策略。

在产品导入期,由于消费者对汽车产品比较陌生,企业要通过各种促销手段把产品推入市场,力争提高产品的市场知名度。由于导入期的生产成本和销售成本相对较高,而且大多数消费者刚接触汽车新产品时,对新汽车产品的价格敏感性相对较低,此时如果没有其他的品牌和以往的经验作对比,他们倾向于将价格作为质量的标志。因此,这一阶段市场营销的重点主要集中在促销和价格等方面,具体的营销策略有以下几种。

① 规避风险策略。新产品上市时,企业必须认真考虑如何降低新产品夭折的风险,主要措施有:控制投资规模,待销量有明显提高时才逐步扩大投资;采用宣传和促销手段,待新产品逐渐被消费者接受后再进行产品的多样化和差异化拓展;广泛收集顾客使用新产品后的反馈信息,快速修正新产品的缺陷,提高新产品的质量。这些措施能尽量避免汽车新产品开发和营销的失败风险。

② 广告宣传策略。汽车新产品上市时,广告宣传的重点应放在产品的利益、用途和功能上,以尽快建立起汽车消费者的需求。此时,可采用多种促销方式和手段,如新车型发布会、发送赠品、试乘试驾活动、以寄售和优惠的办法诱导中间商等。

③ 让利快速促销策略。汽车标价与顾客实际支付的价格不一定要一致,企业可以通过价格优惠来吸引顾客购买,这一策略可快速占领市场,达到最大市场占有率。

④ 直销与分销策略。由于汽车新产品的功能和技术含量高,普通消费者要了解它们比较困难,往往通过直销人员来推销。直销人员要经过培训,让他们学习如何了解顾客的需要及如何满足其需求,学习怎样向顾客介绍汽车的新功能。有些新汽车产品由于生产商经验、资金、人员不足等多方面原因,不便于厂家直销,一般可通过分销渠道间接销售。但是,培养顾客、降低分销风险的问题,并不随着将汽车交给分销商而消失。一方面,企业必须鼓励或说服分销商来积极努力地促销其汽车产品;另一方面,汽车经销商和生产厂商是双赢的关系,双方必须从对方的角度来考虑问题,共同想办法将汽车推销给消费者。

2. 成长期的市场营销策略

(1) 成长期的市场特点。

① 消费者对新产品已经有所了解,销售量增长很快。

② 由于大批同类竞争者的加入,市场竞争加剧。

③ 产品已定型,技术工艺比较成熟。

④ 建立了比较完善的营销渠道。

⑤ 产品的市场价格慢慢下降。

⑥ 为了适应竞争和市场扩张的需要,企业的促销费用基本稳定或略有提高,但占销售额的比率下降。

⑦ 由于促销、广告费用分摊到更多销量上,单位生产成本迅速下降,企业利润迅速上升。

(2) 成长期的营销策略。

营销策略的核心是尽可能地延长汽车产品的成长期,此时营销的重点应放在提高质量、创立名牌、提高消费者满意度上,促使客户在出现竞争性产品时更喜爱本公司的创新产品。具体策略有以下几种。

① 保质策略。成长期的营销策略主要是保证产品质量,坚决杜绝新车型一入市场就急功近利、降低质量、失信于消费者的现象,在此基础上还要不断提高产品质量。

② 改进策略。在提高产品质量的同时,还要发展新款新型,在功能、造型、色彩、配置等方面进行改进,进一步提高本产品的竞争优势。

③ 名牌策略。竞争对手较多时,要重点宣传品牌商标,树立本企业和产品的良好形象。此时,广告宣传的重点,应从建立产品知名度转向促进用户购买,并进一步创名牌上。

④ 降价策略。选择适当的时机降低售价,以吸引更多的对价格敏感的潜在用户购买汽车,抑制竞争。

3. 成熟期的营销策略

(1) 成熟期的市场特点。

成熟期又可以分为三个时期。

① 成长成熟期。此时期各销售渠道基本呈饱和状态,增长率缓慢上升。

② 稳定成熟期。此时期由于市场饱和,消费平衡,产品销售稳定,因此销售增长率一般只与购买者人数成比例。

③ 衰退成熟期。此时期销售水平显著下降,原有用户的兴趣已开始转向其他产品。全行业产品出现过剩,竞争加剧,一些缺乏竞争力的企业将渐渐被取代,新加入竞争者少。

(2) 成熟期的营销策略。

成熟期是企业的获利黄金时期,此时的营销策略应放在延长产品生命周期、提高竞争力上,通过竞争优势扩大销售量,提高市场份额,从该产品上获取尽可能多的利润。可以选择的基本策略有以下几种。

① 市场改进策略。具体方法有:寻找新的目标市场,刺激消费者增加汽车使用的频率,重新树立产品形象,寻求新的客户。

② 产品差异化策略,即指改进产品的品质或服务后再投放市场。它包括两个方面:一是提高产品质量,如提高汽车的动力性、经济性、操纵性、舒适性、制动性和可靠性等,达到创名牌、保名牌的目的,此种策略适合于企业的产品质量有改善余地,而且多数买主期望提高质量的情况;二是增加产品的功能,如提高轿车的观瞻性、舒适性、安全性和动力性等,使小型车高级化等措施,这些都有利于增加产品品种,扩大消费者选择余地,使消费者得到更多的效用。

③ 营销组合改良,是指通过改变定价、拓展销售渠道及增强促销等方式来延长产品成熟期。如上汽销售总公司为促进桑塔纳的销售,在 1999 年改变传统的分销渠道,设立地区分销中心,引进了特许经营的营销方式,以改进营销组合。

4. 衰退期的营销策略

(1) 衰退期的市场特点。

① 产品的需求量和销量急剧下降,价格已下降到最低水平。

② 多数企业无利可图,被迫退出市场。

③ 留在市场上的企业逐渐减少产品附带服务,削减促销预算,以维持最低水平的经营。

(2) 衰退期的营销策略。

当某款车型销售明显下滑或急剧下降时,说明这种产品已经进入衰退期。销售量下降的主要原因是出现了更新的产品,消费者对这款车已经不再感兴趣,或者过度竞争。这一阶段营销策略的重点是掌握时机,退出市场。具体策略有以下几种。

① 收割策略。在保证获得边际利润的条件下,有限地生产一定数量的汽车产品,适应市场上一些老消费者的需要,或生产汽车零部件以满足用户维修的需要。

② 紧缩策略。将资源紧缩到自己力量最强的汽车销售上,比如被人们誉为车坛"常青树"的桑塔纳轿车进入衰退期后,上海大众将主要资源放在生产桑塔纳 3000、帕萨特、Polo 等热销车型上。

③ 巩固策略。加强自己的竞争优势,通过降价打败弱小的竞争者,占领他们的市场,比

如一汽大众的捷达不断地采用改款、变换配置等方法来巩固自己的市场占有率。

④ 撤退策略。即当机立断,撤退老产品,组织开发汽车新产品。采用撤退策略时应当慎重决策,是彻底停产放弃还是把该品牌出售给其他企业;是快速舍弃还是渐进式淘汰。而且应注意处理好善后事宜,应继续安排好后期配件供应、维修技术支持,以保证此产品用户的使用需要,否则,企业形象将会受到损害。

通过上面的分析可以将产品生命周期各阶段的基本特点及营销策略加以总结,如表 6-3 所示。

表 6-3 产品生命周期各阶段基本特点和营销策略

项目	阶段			
	导入期	成长期	成熟期	衰退期
销售额	低	快速上升	最高	下降
单位成本	高	平均水平	低	低
销售利润	无	上升	高	下降
消费者	创新者	早期采用者	中期理智者	落后者
竞争者	很少	逐渐增多	数量稳定并开始下降	数量下降
营销策略	建立知名度	增加市场占有率	获取最大利润	实现产品更新换代

任务资讯三 汽车品牌策略

一、汽车品牌

1. 品牌的概念

品牌是制造商或者经销商为自己的产品确定的一种名称、术语、标记、符号、图案、设计,或是它们的组合,用于区别其他竞争者。

汽车产品品牌包括品牌名称和品牌标志。品牌名称为品牌中可以用语言称呼的部分,如红旗、奥迪、宝马、奔驰、劳斯莱斯等。品牌标志是品牌中易于识别,但不方便用语言直接表达的部分,通常表现为独特的符号、颜色、图案等。

2. 汽车品牌的含义

品牌代表着制造商和销售商向消费者长期提供的产品特点、利益和服务。品牌还有更丰富的内涵,品牌包含有以下 6 个方面的含义。

①属性。品牌首先使人想到汽车产品的品质、格调、性能等属性,如梅塞德斯代表制造精良、价格昂贵,沃尔沃意味着安全、高品质。

②利益。消费者购买产品时,不仅购买属性,他们更看重的是利益。梅塞德斯的消费利益是:由于耐用,可以使用多年,且保值率高;由于高贵,消费者受到尊重。

③价值。品牌还能体现出制造商或产品的某些价值感,如梅塞德斯由于昂贵和保值,使它成为消费者的一种经济资产。

④文化。品牌能反映出产品的文化内涵,例如,劳斯莱斯象征着英国贵族文化:高贵、绅士、典雅;梅塞德斯体现了德国文化:有组织、有效率、高品质。

⑤个性。品牌能让消费者充分体会到产品的个性,例如,梅塞德斯使人想到尊严、有威望的老板,或一座质朴的宫殿。

⑥用户。品牌还体现了使用汽车产品的消费者的特质,奔驰属于出入上流社会的成功人士;福特犹如中产阶级的白领。

品牌具有的这六个要素告诉我们:品牌是有生命的。企业的营销人员不能把品牌简单地看成是一种符号、一种促销的标记,品牌可以把产品及其设计者的全部精神意图传递给消费者,它能在心灵深处打动消费者,拨动他们的购买欲望。

3. 汽车品牌的作用

(1) 识别产品。

汽车品牌最基本的作用就是识别产品的出处,有助于消费者选购所需要的车辆,同时在汽车使用、维修、保养、更换配件时也要根据品牌区别对待。对汽车经营者来说,品牌便于本企业产品的信息反馈,加强产品管理和调整产品策略。在产品进入市场前,先宣传品牌和注册商标,可先声夺人,为产品进入目标市场奠定基础。

(2) 宣传推广产品。

产品进入市场有赖于各种媒体宣传推广,依附于产品实体的品牌是其中一种宣传推广的重要媒体,而且是不花钱的广告媒体。人们一见到某种产品的品牌,会迅速联想到产品的生产者、质量与特色,独特的商标自然成为一种有效的宣传广告手段。

(3) 刺激购买欲望。

汽车企业总是努力寻找能够准确反映企业思想和汽车商品属性的词汇或图案形象,以使这些词汇或形象所代表的属性与消费者所期望的产品属性一致,最终刺激购买。

(4) 承诺产品质量。

品牌标记送交管理机关注册成为商标,需要呈报产品质量说明,作为监督执法的依据。这样,品牌也成为产品质量的象征,可以促使企业坚持按标准生产产品,保证产品质量,兑现注册商标时的承诺。所以,品牌有助于维护消费者的利益,便于消费者对产品进行评价和监督。

(5) 有助于树立企业形象。

品牌能综合反映企业的实力、特色和质量,品牌总是与企业的形象联系在一起,良好的品牌有助于使消费者对企业产生好感,当品牌与公司名称一起出现在包装上,进行品牌宣传的同时也宣传了企业本身。

二、汽车品牌策略

（1）同一品牌策略。

企业所有的产品使用同一品牌。例如，早期宝马公司所有的产品都采用 BMW 这一品牌名称。同一品牌策略的优点是：新产品推广比较容易，可节省大量的广告宣传费用；有利于整合运用企业的优势和资源来强化企业形象，培养客户的忠诚度。同一品牌策略的缺点是：风险较大，一种产品的失败容易使整个品牌受损；容易忽视市场差异性，不利于占领不同的细分市场。

（2）不同品牌策略。

企业的各种产品分别使用不同的品牌。例如，现在的宝马公司有 MINI、BMW、劳斯莱斯三个品牌。其优点是：有利于企业产品向细分市场渗透，满足不同层次消费者的需求；可分散市场风险，避免将企业的声誉系于一个品牌；可以扩大企业的产品阵容，提高企业的声誉。其缺点是：增加产品的促销费用，品牌繁多不利于管理。

（3）企业与品牌名称并用策略。

每个品牌名称之前冠以企业的名称，以企业的名称表明产品的出处，以品牌名称表明产品的特点。其特点是：可利用企业名誉推出新产品，节省广告宣传费用，又可使品牌保持自己相对的独立性。汽车大公司经常采用这一策略，如一汽集团、丰田、通用、福特公司等。

（4）同一产品不同品牌策略。

企业对其所经营的同一种产品，在不同的市场采用不同的品牌。这种策略可以针对不同国家、不同地区、不同民族，采用不同的色彩、图案和文字商标，从而适应不同市场的消费习惯，避免品牌不当引起的市场抵触。例如，大众汽车公司在一汽大众投产的迈腾，在国外生产和销售的品牌名称则为帕萨特 B6。

任务资讯四　汽车新产品开发策略

一、汽车新产品

汽车新产品是指企业在新技术的支持下，通过重新设计或对原有产品改进设计，制造出性能、用途、外形等发生变化的产品。它包括以下六种类型。

1. 全新产品

全新产品是指采用新原理、新技术、新材料、新设计、新工艺而研制成的具有新结构和新功能的汽车产品，该新产品在全世界首先开发，能开创全新的市场。比如几年前日本丰田新开发出的 Prius 混合动力电动汽车，美国通用汽车公司新开发的燃料电池电动汽车，比亚迪汽车公司开发的电动汽车等都属于全新汽车产品。这种新产品一般需要经历相当长的开发时间，开发的成本也较高，它们的出现往往会改变人们的生产方式和生活方式。因此，绝大多数汽车企业都不轻易开发全新产品。

2. 改进型新产品

改进型新产品是指使用各种创新技术对现有汽车产品的性能、结构和外形进行改进,提高其质量,以求规格型号的多样性,款式颜色有新的特点和突破。这种新产品与老产品十分相似,有利于消费者迅速接受,开发也不需要大量的资金,失败的可能性相对要小。比如,宝马公司相继推出的新 5 系轿车就是在原来 5 系的基础上经过技术改进后推出的改进新产品。

3. 模仿型新产品

企业对国内外市场已有的汽车进行模仿生产,称为本企业的新产品。例如,双环汽车模仿宝马 X5。以前,国内不少企业在走模仿之路,相对于自主开发,模仿的风险要小,因为被模仿的产品一般得到了市场的认可。此外,模仿的开发周期短,模仿别人产品的设计最快可以在 3 个月内完成。但模仿不能违反《中华人民共和国专利法》对知识产权的保护,还需要对原有产品进行适应性的修正。

4. 系列型新产品

系列型新产品是指在原有的产品基础上开发的新产品,从而与企业原有产品形成系列,扩大产品线,增加产品的目标市场。例如,在同一车身基础上配置不同排量的发动机,配置不同类型的变速器,将三厢车为改变为两厢车等。这种新产品与原有产品的差别不大,所需开发的投资小,技术革新程度也不高。例如,宝来轿车上市时只有 4 款车型,分别是 1.8L 手动挡、1.8L 自动挡、1.8T 手动挡、1.8T 自动挡。上市半年后,又推出了 1.6L 手动挡、1.6L 自动挡两款新车型,与原来 4 款一起形成系列产品,极大地增加了宝来在市场上的竞争优势。

5. 降低成本型新产品

汽车企业通过扩大生产规模、利用新技术、改进生产工艺或提高生产效率,降低原产品的成本,提高车辆的性能,同时降低车辆的销售价格,实质上这种新产品还是老产品,只是价格发生了较大变化。

6. 重新定位型新产品

企业的老产品进入新的市场而被称为该市场的新产品,比如,德国大众的高尔夫轿车本身是一个老产品,但首次投放中国市场,在中国市场就是新产品。

二、汽车新产品的开发方式

汽车企业进行新产品开发时,必须解决的一个重要问题是采取什么方式开发新产品。一般而言,新产品的开发有以下四种方式。

1. 独立开发

独立开发是指企业依靠自己的力量研究开发新产品。采取这种方式可以紧密结合企业的特点,并使企业在某一方面具有领先地位,但独立开发需要较多的开发费用。

2. 引进

引进是指利用已经成熟的制造技术,借鉴别人已经成功的经验来开发新产品。采用这种方式不仅可以缩短开发新产品的时间,节约开发费用,而且可以促进技术水平和生产效率的提高,但要注意引进技术与企业自身条件的适应性,如早期合资的上海大众、上海通用、一汽大众、广州本田、北京奔驰等。

3. 开发与引进相结合

开发与引进相结合就是在新产品开发的方式上采取两条腿走路,既重视独立开发,又重视技术引进,两者有机结合,互为补充,会产生更好的效果。例如,华晨宝马、奇瑞汽车等,这种方式在我国比较常见。

4. 联合开发

联合开发除了企业与科研机构、大专院校的联合外,更多的是企业之间的"强强联合"。这种方式有利于充分利用社会力量,弥补企业开发能力的不足。例如华晨集团与宝马合作开发了之诺(ZINORO)电动车,这种联合有助于企业节省开发经费,集中财力,提高本国汽车工业的竞争水平,有助于吸收和学习对方产品开发的先进思想,弥补开发力量的不足和缩短产品的开发周期。

除上述几种开发途径外,企业还可通过技术市场获得部分或全部新产品。企业究竟采取何种方式开发新产品,并无统一定式,各个企业应结合自己的企业规模、技术能力、发展战略等因素,选择合理的新产品开发方式。必须指出的是,尽管新产品开发的形式具有多样化的特点,但对那些希望形成较强的市场营销能力的汽车企业来说,拥有足够的产品自主开发能力更为重要,它对于当前的中国汽车工业具有非常现实的意义。

任务训练一 汽车产品组合分析

一、汽车产品组合的分析方法

产品组合不是静态的而是动态的组合,汽车企业的内外部条件在不断变化,汽车产品组合也应随之进行调整,采取不同的组合策略,使汽车产品组合经常达到合理化、最佳化的状态。必须借助一定的方法研究企业的产品组合,波士顿矩阵法就是一种常用的分析方法。

该分析方法以产品的年销售增长率为纵坐标,以产品的相对市场占有率作为横坐标画出一个矩阵,并分别以10%和1.0为界纵横切割,产品分为明星产品、奶牛产品、野猫产品和瘦狗产品四种类型,如图6-3所示。这里,相对市场占有率指某产品与同行业中最大竞争者的市场占有率之比,矩阵中的符号代表企业所有的产品,符号的位置表示各产品在市场增长率和相对占有率方面的现状。

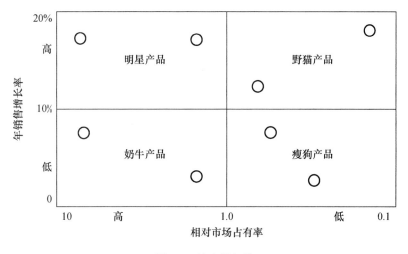

图6-3 波士顿矩阵

借助波士顿矩阵法来分析研究,可以看到汽车产品在市场价值方面一般表现为以下几种类型。

(1)明星产品。

明星产品的销售增长率在10%~20%之间,相对市场占有率在1.0~10之间。它们是销售增长率及相对市场占有率都高的产品,说明该类汽车产品市场潜力大,在市场竞争中占有优势。这类产品需要投入大量资源,以保证跟上市场的扩大,并击退竞争者。

(2)奶牛产品。

奶牛产品又称金牛产品,其销售增长率在0~10%之间,相对市场占有率在1.0~10之间,市场占有率高,销售增长率低。这类产品活力大,所需要的资金投入较少,资金收入较高,可加快资金周转,产生较高的收益。

(3)野猫产品。

野猫产品又称问题产品,产品销售增长率在10%~20%之间,相对市场占有率在0.1~1.0之间,销售增长率较高而相对市场占有率较低。这类产品需投入大量资金来维持和提高市场占有率,风险较大,企业应把资金投入到可变为明星产品的问题产品上,否则应掌握时机退出市场。

(4)瘦狗产品。

瘦狗产品又称不景气产品,产品销售增长率在0~10%之间,相对市场占有率在

0.1～1.0之间,销售增长率和市场占有率均较低。这类产品的市场潜力很小,通常都是微利或亏损的产品。

汽车企业用波士顿矩阵法对现有产品进行分析之后,对调整现有汽车产品组合,通常会采用以下四种战略行动。

(1) 积极发展。

积极发展的目的是提高市场占有率,因为提高市场占有率需要大量的投资和时间才能见效,所以此方法特别适用于野猫类汽车产品。这类产品的相对市场占有率有较大增长,就会成为明星类汽车产品。

(2) 继续维持。

保持汽车产品在市场上的占有率和地位。在产品生命周期中处于成熟期的汽车产品,大多采用这一方法,该方法特别适用于能为企业提供大量资金的奶牛汽车产品。

(3) 尽量收割。

目的在于追求产品的短期收入,涸泽而渔。对衰退中的奶牛产品,前景暗淡,应尽量利用收割法,在它身上尽可能多地获取短期资金收入。

(4) 坚决放弃。

目的是出卖汽车,不再生产,把资源用于其他汽车产品。这种方法适用于没有发展前景的瘦狗和野猫类汽车产品。

二、上海大众汽车产品组合分析

1. 资料收集

(1) 学生自主学习汽车产品组合的分析方法。

(2) 教师给出上海大众的主要汽车产品名称:普桑、桑塔纳3000、Polo、途安、朗逸、帕萨特和斯柯达等。

(3) 学生分组上网查阅上一年度上海大众主要产品的年销售增长率和市场占有率。

(4) 学生分组上网查阅上一年度上海大众主要产品最大竞争对手的市场占有率。

2. 实操训练

(1) 学生分组讨论并计算上海大众主要产品的相对市场占有率。

(2) 每个小组画出一个波士顿矩阵图。

(3) 根据查出的年销售增长率和计算出的相对市场占有率,将上海大众主要产品填入到波士顿矩阵图中。

(4) 小组讨论上海大众主要产品在市场价值方面属于哪类产品,对每种产品当前应采取何种战略行动。

(5) 将讨论结果记录在实训报告上。

三、分析与总结

(1) 每组选派代表向大家介绍上海大众主要产品在市场价值方面分别属于哪类产品,对每种产品当前应采取何种战略行动。

(2) 小组回答其他小组的问题,并接受其他小组的评价。

(3) 教师对各小组的实训情况进行总结、点评,并给各小组打分。

任务训练二 汽车品牌设计与推广

一、基础知识

1. 品牌设计的基本原则

(1) 选题好。进行品牌设计时可供选择的题材很多,如花草虫鱼、经典词汇、名胜古迹、神话典故、人名物名、数字文字、符号图形等。选题是否恰当,除符合企业本身的意愿外,还应兼顾其他的设计原则。

(2) 不违法。品牌设计必须严格遵守有关法律的规定,尤其要注意品牌在使用地名、人名、数字、图案等方面的法律限制,以及有关国家和民族的禁忌。如我国禁止使用领袖人物姓名、国旗等文字图案作为商标,否则不予注册登记。

(3) 有特色。平庸的品牌设计不但无法吸引消费者的注意,而且还会给人留下产品一般化的感觉。只有独特别致、新颖美观、感染力强的品牌设计,才能吸引消费者的注意,给人留下深刻的印象,起到广告宣传的效果。

(4) 能传神。即企业能够借用品牌向消费者传递有关产品、企业特点的信息。

(5) 容易记。就是要求品牌标记容易记忆、辨认、过目难忘。例如,奔驰的环形围绕一个三叉星的标志,使用了简洁的色彩、明快的线条、形象的图案,能在瞬间给消费者留下深刻的印象。

2. 品牌设计的方法

(1) 以地名作为品牌名称。如北京吉普、上海牌轿车等。

(2) 以时代特征或政治色彩作为品牌名称。如解放牌汽车、红旗牌轿车等。

(3) 以人名作为品牌名称。如梅塞德斯、福特、克莱斯勒等。

(4) 以产品序列命名。如宝马的1、3、5、7系等。

(5) 以社会阶层及其物品命名。如王子、皇冠等。

(6) 以神话、寓言等文艺作品主人公命名。如罗密欧、蓝鸟等。

(7) 以动植物命名。如美洲豹、野马、猎鹰等。

(8) 以美好的愿望命名。如桑塔纳取名于美国加州一座山谷的旋风名,祝愿其汽车像旋风一样风靡全球。

二、实训背景资料

设计与推广的汽车品牌的背景信息如下。

(1) 汽车制造企业：哈飞汽车股份有限公司。
(2) 产品类型：A级四门轿车，动力为油电混合系统。
(3) 销售地区：中国、北美及欧洲。
(4) 品牌目标：占据全球低端电动车市场份额的前三名。

注意：教师也可结合汽车产品的地域特色设计背景信息。

三、实操训练

(1) 回顾汽车品牌的含义及品牌策略等基本知识。
(2) 划分各个品牌小组，每个小组选出一名组长担任项目负责人，各个成员分别承担品牌名称设计、品牌商标设计、品牌推广策略设计、品牌推广发布人的职责。
(3) 每个小组准备一台笔记本电脑。
(4) 小组讨论并设计产品的名称和标志。
(5) 小组讨论并制定品牌推广策略（如广告、宣传片、发布会、媒体报道等）。
(6) 将品牌的名称与标志、品牌推广策略填写到实训报告中。

四、分析总结

(1) 各个小组用挂图或者PPT展示本小组的实训成果。
(2) 每个小组的品牌推广发布人上台介绍本小组设计的品牌名称、标志，要求向其他小组解释品牌名称和标志的内涵。
(3) 每个小组回答其他小组的问题，并接受其他小组的评价。
(4) 教师对各小组的实训情况进行总结、点评，并给各小组打分。

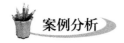

宝马公司的产品组合策略

一、案例背景资料

1. 宝马的产品组合

宝马公司是欧洲、北美乃至全球都著名的豪华车生产商。经过近百年的发展，宝马汽车公司已经从单一品牌的汽车公司发展成为多品牌的大型豪华车生产商。除宝马品牌外，公司旗下还有MINI、劳斯莱斯两大知名汽车品牌。通过一系列的宣传活动，宝马公司在不断提升自己的知名度,如参与 F1 赛车运动、与中国奥委会合作及开发用户可以自己设计汽车的公司网站等。

近几年,宝马不断拓宽其产品线的宽度,在原有的 1 系列、3 系列、5 系列、7 系列、Z 系列、M 系列的基础上,开发出了 2 系列、4 系列、6 系列及 X 系列和 I 系列产品。每一个产品系列都有其自身的产品线定位,例如,M 系列定位为赛车级别的高性能轿跑车,6 系列定位为极富运动美学的大型豪华轿跑车,I 系列的定位是为环保而生的高科技概念车。

2. 宝马的产品周期

宝马公司的产品开发策略是通过在每一个产品线上周期性地开发新的型号,以保证其有产品处在导入期和成长期,事实上,宝马公司不喜欢任何产品处于产品生命周期的成熟期或衰退期。典型的宝马汽车具有 7~8 年的生命周期,为保证产品处在导入期和成长期,宝马公司有规律地为每个系列投入新型号以保证整个系列的"新颖性"。例如,在 3 系列中,第一个开发的是四门轿车,第二年开发出旅行轿车,接着开发了双门轿跑车,然后是敞篷轿跑车,在 7 年的产品生命周期内新产品投入就有 4 年,正如宝马公司营销副总裁麦克道尔所说:虽然我们有 7 年的产品生命周期,但是我们不断尝试新车,在 3 年内维持与众不同的新颖形象。我们的策略还包括在原有汽车上增加性能和其他功能。这种策略的实施效果如何呢?宝马公司常常在产品投入后的 6~7 年达到其最好的销售量。

3. 宝马产品的名称体系

宝马公司在产品研发时,会起一个研发代码,如第五代 3 系四门轿车的研发代码为 E90,第六代 3 系四门轿车的研发代码为 F30,对于消费者而言很难理解和记忆。为此,宝马会以销售名称将新产品推向消费市场,销售名称由系列编号和发动机排量等组成,例如,"328Li"是 3 系列,发动机排量是 2.8 升,加长轴距的汽油喷射轿车。

二、讨论分析

(1) 请仔细阅读案例资料,分析宝马产品的生命周期有何特点。针对 3 系列产品的开发过程,分析其适用何种营销策略。

(2) 小组讨论宝马的产品线开发与大众公司有何相同点与不同点。

(3) 宝马公司采用下述三种方法的哪一种来管理产品生命周期?

　　A. 调整产品　　B. 调整市场　　C. 产品再定位

(4) 宝马公司的品牌策略属于下述的哪一种?为什么?

　　A. 生产商品牌　B. 自由品牌　　C. 混合品牌

(5) 小组讨论分析宝马产品的名称体系与丰田等汽车公司产品的名称体系有何不同。

三、案例总结

(1) 每个小组将讨论结果写在案例总结报告中,教师可以给出案例总结报告样本。

(2) 每个小组将讨论结果制作成海报或者 PPT 幻灯片。

(3) 每个小组派代表上台讲解本组的讨论结果。

(4) 指导教师对每个小组的表现给以评价。

思考题

1. 汽车产品的整体概念有几层？每层的具体内容是什么？
2. 什么是汽车产品组合？汽车产品组合的维度有哪些？
3. 汽车产品组合的策略有哪些？举例说明每种汽车产品组合策略的应用。
4. 简述汽车产品生命周期各阶段的特点。针对汽车产品生命周期的不同阶段应该采取何种营销策略？
5. 汽车品牌的含义是什么？它有哪些作用？
6. 汽车厂商采取的品牌策略有哪些？
7. 什么是汽车新产品？它包括哪几种类型？
8. 汽车新产品开发的方式有哪些？
9. 试用波士顿矩阵分析法分析一汽大众的产品组合。
10. 简述汽车品牌设计的基本原则与品牌设计的方法。

任务七 汽车价格策略

任务目标

1. 了解汽车价格的构成要素,能分析影响汽车产品价格的因素。
2. 掌握汽车产品的定价方法、定价程序与定价策略。
3. 能根据所给案例资料,完成汽车产品的定价。
4. 学会分析当前我国各大汽车公司采取的定价策略。

任务引导

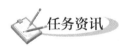

汽车价格的变化直接影响汽车市场对其的接受程度,影响消费者的购买行为,影响汽车生产企业盈利目标的实现,也影响汽车企业之间的竞争策略选择。汽车企业在制定汽车价格时,要做好市场调研工作,分析影响价格的各种因素,做到价格既具有竞争力,又符合消费者的愿望。你知道影响汽车价格的因素吗?你能分析我国销售的豪华进口车价格比发达国家高很多的原因吗?

任务资讯

任务资讯一 汽车价格的基本理论

"现代营销学之父"菲力普·科特勒在《市场营销导论》中就价格的含义从两方面进行了分析。狭义上说,价格是对产品或服务所收取的金钱;广义上说,价格是指消费者用来交换拥有、使用产品或服务利益的全部价值量。价格是营销组合中唯一能创造收益的因素,也是营销组合中最灵活的因素之一。

一、汽车价格构成

汽车价格构成,是指构成汽车价格的各个要素及其在汽车价格中的组成状况。汽车价值决定汽车价格,汽车价格是汽车价值的货币表现。由于受市场供求等因素的影响,在现实汽车市场中汽车价格处于波动形态,有时价格高于价值,有时价格低于价值。汽车价格构成主要有四个要素:汽车生产成本、汽车流通费用、国家税金和汽车企业利润。

1. 汽车生产成本

汽车生产成本是指汽车生产企业生产一定数量的汽车产品过程中各种人力、物力、资源利用情况的货币表示。汽车生产成本是汽车价值的主要组成部分,也是制定汽车价格的重要依据。汽车生产成本主要包括以下几个方面。

(1)汽车生产经营过程中实际损耗掉的各种原材料、燃料、动力、辅助材料的原价和运输、装卸、整理费用等。

(2)科学研究、汽车新技术开发和新产品试制所发生的各种费用。

(3)固定资产折旧、按产量提取的更新改造资金、租赁费和修理费。

(4)按国家规定列入成本的职工工资、福利费、奖励金。

(5)按规定比例计算提取的工会经费和按规定列入成本的职工教育经费。

(6)财产保险费、专用技术使用费、商标注册费、流动资金贷款利息。

(7)企业办公费用、差旅费、冬季取暖费、仓储费管理费用。

(8)销售商品发生的运输费、包装费、广告费和销售机构的管理费。

2. 汽车流通费用

汽车流通费用,是指汽车产品在从生产领域转移到消费领域的整个过程中所支付的一切物质费用和人工报酬的总和。它发生在汽车从生产企业向最终消费者移动过程的各个环节,并与汽车移动的时间、距离相关,所以它是正确制定同种汽车差价的基础。

汽车价格中的流通费用按其计入价格的方法不同可分为间接费用和直接费用。间接费用是指经营管理费、贷款利息等,这些费用往往要通过计算才能计入商品价格中。直接费用是指运费、保管费、包装费等,这些费用一般可以直接计入汽车产品的价格中。

3. 国家税金

国家税金是劳动者为社会劳动所创造的一部分价值的货币表现,是价格构成的要素之一。国家通过法令规定汽车的税率,并进行征收,税率是国家宏观调控汽车生产经营活动的重要经济手段,它直接影响汽车的价格。

税金按照是否计入价格来划分,可分为价内税和价外税。价内税直接构成汽车产品价格的一部分,与价格有直接的关系,主要包括消费税、资源税、营业税、关税。价外税是指不能以独立要素计入汽车产品价格的税种,如企业所得税、个人所得税等。价格中研究的税金主要指价内税。

4. 汽车企业利润

汽车企业利润是劳动者在汽车生产过程和流通过程中为社会劳动所创造的剩余价值的货币表现,是产品价格超过生产成本和流通费用的余额。

从市场营销角度看,汽车价格的构成形式为:

汽车出厂价格＝生产成本＋生产企业利税

汽车销售价格＝生产成本＋生产企业利税＋销售费用＋销售企业利税

对于市场上销售的进口车,其价格主要包括四部分：进口车价、进口关税、税费和经销商的利润。

二、影响汽车产品价格的因素

汽车价格主要由生产汽车环节中包含的价值量的大小决定的,如同样排量的宝马轿车和奇瑞轿车的价格有相当大的差距。但在现实的汽车市场中,汽车的价格除受价值量的影响外,还受许多其他因素的影响,如汽车企业的内部因素和外部因素等。

1. 影响汽车价格的内部因素

(1) 定价目标。

汽车企业制定汽车产品价格时,应按照企业的目标市场战略和市场定位战略的要求来进行,应该有明确的定价目标,汽车企业的定价目标主要有以下几种。

① 以生存为目标。如果汽车企业产量过剩,资金严重短缺,遇到激烈的竞争或者谋求改变消费者的需求时,要将维持生存作为主要目标。为了维持企业能继续生产,存货能尽快周转,企业必须定低价,此时利润就远没有生存重要。例如一汽丰田和广汽丰田在日中东海岛礁之争后,在中国市场的处境艰难,为了生存而执行大规模的价格折扣方案。

② 以利润为目标。价格是实现利润的重要手段,获得最大利润也就成为企业定价的主要目标。许多企业都想制定一个能够使当期利润达到最大的目标价格,它们对需求和成本进行估计,并同可供选择的价格联系起来,选定一种价格,能够产生最大的当期利润、现金流量或投资收益率。以该目标确定汽车产品的价格,被定价产品必须要求市场信誉高,在目标市场上占有优势地位。因此,这种定价目标比较适合处于成熟期的名牌汽车产品。

③ 以市场占有率为目标。市场占有率是指一定时期内,一家企业某种产品的销售量和销售额在同一目标市场上的同类产品销售总量或销售总额中所占的比例。市场占有率的大小是汽车生产企业实力和市场地位的重要标志,企业赢得最高的市场占有率之后,将充分享有最低的成本和最高的长期利润。

市场占有率的高低还关系到企业的知名度,影响企业的形象。为了提高市场占有率,汽车企业通常将汽车价格尽可能定低。例如,哈飞赛豹这款上市以来就是以耐力、耐用、耐看为特点的车型,虽然销售表现一直平稳,并没太大的起伏,但在黄金周期间为提高市场占有率,实行了全系车型的降价。从表面上看,汽车产品的价格下降了,但是较高的市场占有率会引起销售量增加,成本下降,盈利水平提高,从而获取更高的长期利润。

④ 以稳定市场价格为目标。稳定价格是指在较长时期内保持相对稳定的价格水平,以获得均衡的收益。这种目标的选择,主要是要达到稳定市场的目的,避免公众的抵触与政府的干预。产品价格越稳定,经营风险就越小,激烈的价格战常使竞争双方两败俱伤,同时也破坏了正常的市场经济秩序。

⑤ 以产品质量领先为目标。为补偿因提高产品质量多开支的费用和高的研究开发成本,通常要制定一个比较高的价格。如果汽车生产企业所拥有的原材料、人才、技术、设备等资源条件都有充足优势,加之市场条件较好,企业为了显示其产品的高质量,往往制定较高价格,并采取提供售前售后系列化服务等非价格竞争手段,努力创出名牌字号,树立产品优质形象,获得消费者的信任。

(2) 生产成本。

汽车产品成本包括汽车生产成本、汽车销售成本和汽车储运成本。如果其他条件不变,汽车产品的成本越高,则定价越高,成本越低,则定价越低。如果说市场需求决定了汽车产品价格的最高上限,那么成本就决定了汽车产品价格的最低下限。

(3) 汽车特征。

汽车特征是指汽车造型、质量、性能、服务、商标和装饰等,它能反映汽车对消费者的吸引力。汽车特征鲜明,该汽车可能成为时尚汽车、名牌汽车,会对消费者产生较强的吸引力,这种汽车往往供不应求,在定价上较为有利,价格会比同类汽车高。

2. 影响汽车价格的外部因素

(1) 产品供求因素。

汽车产品的价格与供求的关系十分密切。一方面,市场价格对汽车产品的供求起调节作用。通常在自由竞争的市场条件下,产品本身的价值量保持不变,如果供求平衡,汽车产品的价格就会基本稳定;当某种汽车产品的价格上涨时,就会刺激汽车生产企业扩大生产与供应,同时也能吸引新的资本投入该汽车产品的生产,从而增加产品的供应数量;反之,当价格下跌时,会引起汽车产品供应量的减少。另一方面,汽车产品的供求关系也直接影响到汽车产品的定价。在供过于求时,企业往往只能采用保本或微利定价法,甚至要采用变动成本定价法;在供不应求时,企业可以按最大利润或合理利润进行定价。

(2) 市场竞争因素。

市场经济的最显著的特点就是自由竞争。市场需求和生产成本只决定了产品的可能价格范围,但它并不一定适应市场竞争的需要,只有合理的价格才是直接参与市场竞争的最好方式。西方经济学家将竞争按其程度分为完全竞争、完全垄断、垄断竞争和寡头垄断四种状态,不同的竞争状态下,产品的价格也不同。

(3) 社会环境因素。

社会环境因素主要包括国家政策和社会经济因素两个方面。国家通过制定价格方针政策和具体规定,如制定商品基准价格、浮动幅度和方法,或制定产品差价率、利润率与最高限价范围,对产品价格进行管理,协调国家、部门、企业、个人利益分配关系,以引导生产,指导消费。在社会经济方面,当社会经济处于繁荣时期,汽车产品的社会需求量就会随之提高,相应的汽车产品价格也会呈现上涨的趋势;当社会经济处于衰退和调整时期,汽车产品的社会需求量随之减少,价格也就容易降低。因此,对汽车生产企业来说,社会环境因素已成为产品定价时必须考虑的重要因素之一。

(4) 消费者的心理因素。

消费者的心理因素对价格的影响主要表现在人们对汽车产品的预期价格上,即在人们心目中认为这种汽车应该值多少钱。因此,企业在制定或调节汽车产品的价格时,必须认真分析消费者的心理。任何一件商品都是为消费者服务的,消费者在购买汽车时往往受到不同心理倾向的支配。如自我优越心理、追求时尚心理、炫耀心理等,不同的消费心理对汽车产品的价格有不同的要求。企业只有在研究掌握了不同的消费心理之后,才能制定出最佳的汽车产品价格。

任务资讯二　汽车产品定价方法

影响汽车价格的因素较多,现代企业制定汽车价格时主要以产品成本为中心,同时还要考虑市场需求和竞争情况。汽车产品成本规定了汽车的最低价格,汽车市场的需求决定了汽车需求的弹性价格,竞争对手的价格提供了制定汽车价格时的参考点。实际制定价格时,可侧重一个或几个影响因素,企业常用的定价方法主要有以下三种。

一、成本导向定价法

成本导向定价法是指以产品成本为基础,加上一定的预期利润和应纳税金来制定汽车价格的方法。这是一种按卖方意图的定价方法,其特点是简便、易用,它主要包括以下几种定价方法。

1. 成本加成定价法

成本加成定价法是指将单位成本加上企业的预期利润,以此作为单位产品的价格的定价方法。这是最基本的定价方法,其定价方法的计算公式如下。

单位产品价格=单台汽车成本×(1+成本加成率)

$$成本加成率=\frac{预期利润}{总成本}\times 100\%$$

例:某汽车企业一年生产某款汽车 8 000 台,总成本是 80 000 万元,预计这款车型获得的总利润为 16 000 万元，求该车型单位产品的价格。

先算出该型车单台产品的价格和成本加成率，然后再计算单位产品价格。

单台汽车成本＝80 000 万元/8 000 台＝10 万元

成本加成率＝(16 000 万元/80 000 万元)×100％＝20％

则该型汽车的单位产品销售价格为：

10 万元×(1＋20％)＝12 万元

由例 1 可见，成本加成实质上就是产品的一定比率的利润。不同产品的加成迥然不同。经济学家普雷斯顿发现，加成的不同反映了产品在单位成本、销售量、周转时间和汽车品牌上的差异。

成本加成定价法被广泛采用，优点明显，一是这种方法简便易行；二是能使汽车企业的全部成本得到补偿，并有一定的盈利，使汽车企业的再生产能够继续进行；三是如果这个行业的所有企业都采用这种定价方法，价格就会趋于一致，因而就可以避免价格竞争；四是成本加成定价法对于买卖双方都较为合理，当买方的需求迫切时，卖方也不会趁这种有利条件牟取暴利。但这种方法也有一定的缺陷。一是忽视了市场需求和竞争因素，带有一定的主观倾向性，适应市场环境的能力差，缺乏灵活性和竞争性；二是汽车企业成本纯属企业的个别成本，不一定是正常生产合理经营下的社会成本，可能包含不正常、不合理的费用。

2. 目标定价法

目标定价法是指根据企业的预期总销售量和总销售额作为定价标准的定价方法。因为企业要确定一个能够给它带来利润的价格，又称为目标利润定价法。通用汽车公司采用目标定价法，将价格定到使它的利润为投资的 15％～20％。公用事业也采用这种定价方法，它们所获得的投资报酬是受到了合理的限制的。这种定价方法的计算公式为：

$$单位产品价格 = \frac{总销售额}{总销售量} = \frac{总成本 \times (1+目标利润率)}{销售量}$$

例如：某汽车生产企业某款车的年生产力为 5 万辆，总成本为 30 亿元，若目标利润率定为 20％，则该型汽车的定价是多少？

$$该型汽车的定价 = \frac{300\ 000\ 万元(1+20\%)}{5\ 万辆} = 7.2(万元/辆)$$

用这种方法定价虽然简便易行，但由于企业是以估计的销售量制定出相应的价格，而价格恰恰又是影响销售量的重要因素，所以这种方法有较大的缺陷。

3. 损益平衡定价法

在销量既定的条件下，企业产品的价格必须达到一定的水平才能做到盈亏平衡、收支相抵。既定的销量就称为盈亏平衡点，这种制定价格的方法称为损益平衡定价法。准确预测销量和已知固定成本、变动成本是损益平衡定价的基础，其计算公式为：

$$单位产品价格 = \frac{总固定成本}{预期销售量} = 单位变动成本$$

以盈亏平衡点确定价格只能使企业做到收支平衡,不能得到收益。因此,在实际运用中,企业可根据市场竞争情况,在保本价格的基础上,加上单位产品目标利润率后作为最终的市场销售价格。通常在供大于求或开展价格竞争的情况下,企业采用这种定价方法以取得市场竞争的优势。

4. 边际成本定价法

边际成本定价法又称为边际贡献法,是指以单位变动成本为定价依据,而不考虑固定成本,只是以边际贡献补偿固定成本,获得利润的定价方法。其单位产品价格公式为:

$$单位产品价格＝单位变动成本＋边际贡献$$

这里所说的边际贡献,是指企业每增加一个产品的销售,所获得的销售收入减去变动成本的数值。此种定价方法计算出的产品价格很可能低于单位产品成本,但在市场某种商品出现暂时的供过于求状况时,采用保本价格还不能打开销路,为了克服暂时困难,企业就可以选择这种方法渡过难关,至少可以补偿那些哪怕停产也必须消耗的固定资产的损失。

二、需求导向定价法

需求导向定价法是一种以消费者需求的变化及消费者对产品的感觉差异来定价的方法。它是以目标市场上消费者所能接受的价格来定价的,充分包含着消费者对产品价值的理解。这种方法比较适合于营销导向型企业。其方法主要有以下两种。

1. 感受价值定价法

感受价值定价法是指企业根据消费者对汽车产品价值的理解度为定价依据,运用各种营销手段影响消费者对汽车产品价值的认可,形成对企业有利的价值观念,又称为感受价值定价。

感受价值定价法的关键是企业要正确估计和测定商品在消费者心目中的价值水平,并根据消费者对商品的感受价值水平进行定价。例如,对于同样的一块纪念币,在某旅游景点可能要卖 100 元,在商场里可能要卖 30 元,在地摊上可能只卖 5 元。这就说明,不同的场合对消费者的感受价值的影响也是不同的。感受价值定价法的基本步骤如下。

(1) 通过调查确定消费者的感受价值,决定商品的初始价格。

(2) 预测商品的销售量,在估计的初始价格条件下,可能实现的销售量。

(3) 预测目标成本。

(4) 将预测的目标与实际成本进行对比,以确定价格。

感受价值定价法的关键在于准确地确定市场对所提供产品价值的感受。如果卖主对自己的产品估计过高,他们制定的价格也就会过高;若过低估计感受价值,这样就比他们应该获得的利润低了。所以,进行市场调研是采用市场感受定价法的基础。

2. 需求差异定价法

需求差异定价法,是指同一质量、功能、规格的汽车,可以根据消费者需求的不同而采用不同售价的定价方法。只要企业能把握好各种消费差异，就能制定出适当的价格，促进产品销售。需求差异定价法可以分为以下几种情况。

（1）同一品牌、规格的汽车，但产品外观、色彩和配置的差异导致价格不同。例如，同一品牌汽车中的标准型和豪华型，其价格不同。

（2）不同的客户群，采用不同的价格。例如，对新老客户采用不同的价格。

（3）销售时间的差异导致价格不同。例如：对于同样的汽车，在促销期和非促销期的价格不同。

（4）地区差异导致价格不同。例如，2014第九代雅阁2.0L舒适型轿车在广州售价为16.98万元左右，而在哈尔滨的价格为17.68万元。

三、竞争导向定价法

需求导向定价法考虑了市场需求和消费者心理对产品价格的影响，但在这种方法中，企业期望获得最大利润，主观成分较大，因而很难对商品准确定价，这时企业还应当采取以竞争为导向进行定价的方法，即竞争导向定价法。

竞争导向定价是指企业通过研究竞争对手的生产条件、服务质量、价格水平等因素，依据自身的竞争实力，参考成本和供求状况来确定商品价格的方法。竞争导向定价法主要包括随行就市定价法、产品差别定价法和密封投标定价法。

1. 随行就市定价法

随行就市定价法是企业以现行市场同档次车型的平均价格为依据来定价。采用随行就市定价法，企业的定价基础主要是竞争者的价格，企业就不必全面了解消费者对不同差价的反应，也不会引起价格波动。

随行就市定价法是一种比较普遍的定价方法。当成本难于估量或者对竞争的反应不确定时，企业就认为随行就市定价法是一个很好的解决方案。由于这种价格能产生公平的收益，同时对行业的协调无破坏作用，随行就市定价法被认为是行业中集体智慧的结晶。在竞争激烈而产品需求弹性较小的市场上，这种方法是一种稳妥的方法。

2. 产品差别定价法

产品差别定价法是指企业通过不同营销努力，使同种同质的产品在消费者心目中树立起不同的产品形象，进而根据自身特点，选取低于或高于竞争者的价格为本企业产品价格的定价方法。例如，丰田的SUV——普拉多在中国市场的销售价格就低于德系的SUV——途锐，主要是因为德系车在中国消费者中树立了动力性好、安全性高、品质可靠的产品形象。

3. 密封投标定价法

密封投标定价法是在商品和劳务交易中采用投标、招标方式由一个买主对多个卖主的出价择优成交的定价方法。这种定价方法的基点在于竞争者将会制定什么样的价格，而不是依赖于企业对成本或对需求的估计。竞争导向定价法比较适合现代竞争激烈的汽车市场。

某企业想在一项合同中标,这就要求它所定的价格要低于其他企业,但是企业不能将价格定得低过一定的水平。它不能将价格定得低于成本,同时又不能使自己处于不利地位。另一方面,价格高于成本越多,它就离合同越远。对于频繁投标的大企业来说,利用期望利润作为一种制定价格的标准具有很大意义,适当做出一些让步,公司将会获得长远的最大利润。

上述几种定价方法是企业定价的基本方法。但价格一经确定,并不意味着一成不变,企业还应当根据具体的情况不断地调整目标和方法,在基本价格水平上灵活地进行浮动,只有这样才能做到科学定价,为企业盈利打下良好的基础,这就是定价策略。

任务资讯三　汽车产品定价策略

汽车生产企业要在日益激烈的市场竞争中不断提高自己的竞争能力,提高企业的经济效益,就必须根据产品成本、市场需求、竞争情况灵活运用各种定价策略,才能提高汽车企业的整体效益,确保在汽车市场竞争中取得优势地位。

一、新产品定价策略

新产品上市价格策略运用是否恰当,将决定着汽车产品在今后能否有广阔的市场前景,能否给企业带来稳定的利润,同时也决定着企业的市场竞争能力。新产品定价策略有三种:撇脂定价策略、渗透定价策略和满意定价策略。

1. 撇脂定价策略

撇脂定价策略是指将新产品的营销价格定得较高,以期在产品市场寿命周期的最初阶段能尽快回收资金和获取利润。这种做法很像鲜奶中撇取奶油(即撇脂),这种策略也因此而得名。它的优点是:能快速回收投资,提高产品身价与威望,对顾客产生吸引力,同时当竞争出现时可主动调低价格,掌握市场的主动权。其缺点是:因价高利厚,容易过早吸引竞争对手,导致原有市场的丧失,而且价格高也不利于开拓市场,甚至遭到抵制,它只能作为一种阶段性的定价策略。

撇脂定价策略在下列几种情况下使用能够起作用。

(1)产品的品质优越、威望极高,高价就代表了产品的优质形象。

(2)产品供不应求,当前有足够多的买者对产品有迫切的需求。

(3)少量生产的单位成本不能过高,否则会抵消按承受能力收取高价所带来的利润。

(4)最初的高价不会使得更多的竞争者加入。

2. 渗透定价策略

渗透定价策略就是将汽车产品以较低的价格投放市场的策略。目的是在新产品刚投入市场时,以低价位扩大销售量,加强市场渗透,迅速打开市场,提高市场占有率。这种定价策略的优点是：市场需求弹性大，低价可以迅速打开销路，从多销中取得利润，还可以有效阻止竞争者加入，有利于控制市场。其缺点是：投资回收较长，价格变化余地小。

渗透定价策略迎合了消费者"物美价廉"的购物心态，但是"便宜没好货"是消费者购物的又一普遍心态，这种心态对汽车生产企业实施低价定价策略构成直接威胁，所以，企业实行低价定价策略时应符合以下要求。

（1）产品应为广大消费者所熟悉。

（2）市场对价格具有很强的敏感性，并且低价能刺激市场需求的增加。

（3）随着生产经验的积累，产品生产成本和销售成本也随之下降。

（4）低价会使现在的和潜在的竞争者失去兴趣，从而为本行业建造两个高的进入障碍。

（5）产品供过于求。

3. 满意定价策略

满意定价策略又称为随行就市定价策略，是介于以上两种策略之间的一种新产品定价策略，它是以获取社会平均利润为目标，将产品的价格定于高价与低价之间，使企业与消费者都能接受，这种定价策略因此而得名。

这种定价策略的优点是：风险小、简单易行、成功的可能性大，同时兼顾了消费者、生产商和销售商等多方利益。其缺点是：由于过多关注各方面利益，不能主动占有市场，仅适用于产销较为稳定的产品。

以上三种汽车定价策略各有利弊，选择哪种策略更为合适应根据市场需求、竞争情况、生产能力和汽车成本等因素综合考虑。一般情况下，这三种定价策略对汽车产品的销量影响如图7-1所示。

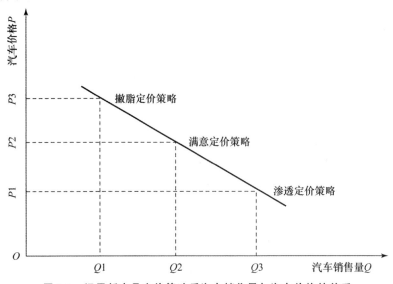

图7-1 运用新产品定价策略后汽车销售量与汽车价格的关系

二、产品组合定价策略

汽车企业往往生产经营多种产品,这些不同的汽车产品之间的需求和成本是相互联系的,但同时它们之间又存在着一定程度的竞争。因此,汽车定价不能只针对一种产品进行,要针对相关联的一系列产品,组合制定出相关产品系列组的价格,从而使整个产品组合的利润最大化。实际运用时,主要有以下几种情况。

1. 替代产品定价

每一企业的产品线中不可能只有单个产品项目,一般会有相互联系的多个产品项目。由于各个产品项目间无本质区别,因此它们之间都是互为替代品。如果在这些替代产品中两种类型的产品价格差别很小,消费者将会购买较高级、先进的产品,而且成本差异比价格差异小,公司的利润将有所增加。如果价格差异很大,顾客将愿意购买不那么先进的替代产品。对于替代产品,可以采取适当提高畅销品价格,降低滞销品价格,以扩大后者销售,增加企业盈利。

2. 可选产品定价

许多企业在推出主干产品的同时也提供可选产品或者特色产品。比如,购买汽车的人就可以对DVD、倒车雷达、GPS导航、车载电话等车辆配置做出选择。例如,汽车企业通常将基本配置的汽车价格定的相对较低,而选装配置的价格定的相对较高,这样既可以吸引消费者,又可以通过卖出带有选装配置的可选产品增加企业利润。

3. 互补产品定价

互补产品就是需要配套使用的产品。在互补产品中,价值大且使用寿命长的产品为主要产品,而价值小、寿命短且需经常购买的产品为次要产品,即互补品。例如,汽车企业在生产汽车的同时,还要生产车辆配套使用的机油、制动液、冷却液等次要产品,以保证车辆的正常使用。这样汽车企业就可以将主产品汽车定较低的价格,以主要产品带动次要产品的销售。同时在机油等次要产品上收取高额利润,以增加企业的收入。

三、地区定价策略

地区定价策略,是指根据产品的流通费用在买卖双方中对如何分担的不同情况进行定价。汽车企业在向不同地区销售同种产品,是否要实行差别定价,要根据产品特点、消费需求、竞争情况等因素进行分析确定,概括起来有以下几种方式。

1. 产地定价策略

产地定价策略是指以产地价格或出厂价格出售某种产品,并负责货物装上运输工具之前的一切风险和费用,其他一切运输和保险费用等全部由买方承担。这种方法的缺点:对于偏远地区的顾客,该企业的产品成本太高。此定价比较简单,特别适用于运输费用较大的商品,但有可能失掉远地的顾客。

2. 统一定价策略

统一定价策略与产地定价策略恰好相反,是指对不同地区的顾客不分远近,实行统一价格。即在定价时货物的运输、保险等费用都由卖方负担,无论运输路程的远近,按统一价格,由卖方负责将货物送到买主所在地。统一定价策略的优点是:相对比较容易管理,同时企业可以维持一个全国通用的广告价格。

3. 分区定价策略

分区定价策略介于产地定价策略和统一定价策略两者之间。即企业将所有销售地划分为几个区域,对不同区域实行不同价格。在同一地区内的所有顾客要付的总价格相同,在较远的地区就高一些。

4. 基点定价策略

基点定价策略是指企业选定某些城市作为基点,在这些基点城市实行统一价格,客户或者经销商在各个基点城市就近提货,客户负担汽车出库后至其家中的运输费用。

5. 补贴运费定价策略

补贴运费定价策略是指企业为了减轻较多顾客的运费负担,而给他们部分运费或全部费用的补贴,以加强市场渗透、扩大销售。汽车企业采用补贴运费定价策略的目的是增加销售量,使产品的平均成本下降,从而利用销售收入来弥补额外支付的运输费用。补贴运费定价策略常被用于市场渗透的战略中,并且能够在日益激烈的市场中立于不败之地。

四、心理定价策略

心理定价策略是指汽车企业制定价格时,考虑到消费者购买时的心理因素,有意识地将汽车价格定得高或低一些,以诱导消费者增加购买,扩大市场销售的一种定价策略。企业为迎合消费者的各种价格心理而采用心理定价策略,普遍用于零售企业,有以下几种形式。

1. 整数定价策略

整数定价策略是指企业针对消费者的求名、显富、求方便的消费心理,将汽车价格定位整数,不取零头的策略。对于高档汽车或者新产品汽车,消费者往往通过价格的高低来判断其质量的好坏,因此可以采用整数定价策略。例如宝马 X5 2013 款 xDrive40i 刚进入中国市场时采用了整数定价策略,定价为 110 万元,迎合了顾客"车好价高"的消费心理。

2. 尾数定价策略

尾数定价策略是汽车企业针对消费者的求廉心理,给汽车产品定价时,恰当保留价格尾数的一种定价策略。商品价格上带有尾数一方面给消费者价格低的感觉;另外还可以使顾客相信,这种定价非常精确。例如,某品牌汽车定价为 9.88 万元,而不是 10 万元,虽仅差

1 200元，但厂家宣传价格低于10万元，让消费者从心理上感到价格便宜。

3. 声望定价策略

声望定价策略是指利用产品品牌多年在消费者心目中享有的盛誉，来制定较高的商品价格，这是整数策略的进一步发展。在汽车消费者心目中价格优势是质量的象征，同时拥有一辆高价格的名牌汽车可以显示客户的身份、社会地位及自我价值的实现。例如，奔驰公司在其竞争对手降价时，反而提价并打出一条极具蛊惑力的广告语："奔驰，地位的象征"。这个策略就巧妙地利用了消费者的求名牌心理，既能给消费者以心理满足，又可带来丰厚收益，还可以进一步提高奔驰品牌在消费者心目中的地位。

4. 招徕定价策略

招徕定价策略是指将某种商品的价格定得较高或者较低，以吸引消费者的好奇，来带动其他汽车产品销售的汽车定价策略。汽车销售店经常采用这种定价策略，例如，在节假日或者消费高峰期间推出某款车型降价销售，吸引消费者时常关注该品牌的汽车，促进降价产品的销售，同时也带动同品牌其他正常价格车辆的销售。

五、折扣定价策略

折扣定价策略是一种减价策略，是在原定价格基础上，给予购买者一定比例的价格减让，以促进销售的一种策略。

1. 现金折扣

现金折扣，是指企业对那些当时付款或在规定期内提前付款的顾客予以一定的折扣。这种折扣要对符合这种条件的所有顾客一视同仁。采用此策略，可以促使顾客提早付款，提高资金的流动性，加速汽车企业资金周转，并且减少收取信贷款费用，抵减坏账损失。

2. 数量折扣

数量折扣，是指企业对大量购买某种产品或集中购买本企业多种产品的顾客予以不同的价格折扣。例如，汽车运输公司淘汰旧车辆，要购置新车，为达成交易，汽车企业就可以采用数量折扣的定价策略。数量折扣的金额一般不能超过由于大量销售企业节约的成本费用，这些节约是由销售费用、保管储存费和运费的减少构成。数量折扣分为累计数量折扣和非累计数量折扣（又称为一次性折扣）。

3. 交易折扣

交易折扣（又称功能折扣）是一种功能性折扣，是指企业按销售商所完成营销功能的大小给予一定的折扣。企业可以向不同的销售商提供不同的交易折扣，因为他们所提供的服务也各不相同。当然，对完成同一营销功能的中间商，企业必须提供相同的交易折扣。交易折扣一般给批发商的折扣大于给零售商的折扣。

4. 季节折扣

季节折扣是指企业对采购过季商品的顾客予以一定价格折扣。鼓励消费者反季节消费，使企业的生产和销售在一年四季保持稳定。这种折扣应用汽车生产和销售企业也经常采用，例如，我国东北地区冬季雪多路滑，很多刚领到驾照的新手虽有购买欲望，但担心冬季车辆不好操控，会等到春季再购置车辆。此时，汽车销售商就可以采用季节折扣来鼓励消费者将车辆买回家。

5. 折让策略

折让策略是指企业允许顾客在购买汽车新产品时可以交还旧型号的车辆，同时对新车辆作价格折让优惠。折让策略在汽车行业和其他类型的耐用消费品行业中应用最普遍。

六、降价与提价定价策略

在制定了价格结构和战略以后，企业还要考虑何时降价何时提价的问题，这就是降价与提价定价策略。

1. 降价定价策略

虽然降价定价策略引起一场价格大战，但是企业希望通过降价策略来获得希望的市场份额，这样通过销量的扩大来达到降低成本的目的。通常在以下几种情况下企业会考虑降低价格。

（1）当生产能力过剩、销量下滑严重时。这时企业需要扩大再生产，但是，即使增加销售效果、改进产品或者其他可供选择的方案的实施，都无法达到目的。在20世纪70年代后期，许多企业放弃了"追随领先者定价法"而改为"灵活定价法"，以提高他们的销售量。

（2）当企业由于面对强有力的价格竞争而使得市场占有率正在下降时。例如，从目前的汽车市场来看，消费者的购买重心逐步的向中高级家用车市场转移，而这个市场合资公司的车型依然占据主导地位，自主品牌整体的竞争力依然不足，因此，作为自主品牌的吉利汽车认清自己、认清市场后做出大幅降价的措施。

2. 提价定价策略

汽车生产企业很清楚，汽车价格上涨会引起顾客、经销商和企业推销人员的不满，可是，成功的提价能使利润得到可观的增加，此外，企业采用提价策略还有以下几种原因。

（1）世界范围的持续的通货膨胀。成本的增长与生产率不相称，降低了利润率，引起企业的价格定期上涨。当企业预测到即将发生通货膨胀或政府对价格有所控制的时候，企业提价的幅度往往比成本的增加要大得多。

（2）需求过多。当企业对所有的顾客需求显得捉襟见肘时，它就会提价，或者对顾客限量供应，或者两者结合使用。价格可以通过中止价格折扣或者增加高档商品的比重来相对无形地提高。例如，2012年年底长安福特翼虎刚下线时，由于供不应求，在有些地区销售价已经高出厂家指导价格1万元,依然有消费者提着现金指望获得提前取车的机会。

七、差别定价策略

差别定价策略即差价定价策略,是指企业针对各种环境的差别采取降价或提价的定价策略。企业为了适应产品在顾客、时间等方面的各种各样的差异性,常常要对他们所制定的基础价格进行修正。它包括以下几种形式。

1. 顾客差别定价策略

顾客差别定价策略是指企业将同一产品以不同的价格出售给不同的顾客。此种定价是以不同的顾客对产品的需求弹性和认识不同为基础的。

2. 地点差别定价策略

这会有两种情况,一是汽车生产商在不同的地点生产同型号的产品,销售时采用不用的定价;二是在同一地点生产的产品在不同地区销售时,采用不同的定价策略。汽车企业采用地点差别定价策略时要综合考虑不同地区的生产与销售成本、经济状况、消费习惯、风俗习惯等因素。

3. 时间差别定价策略

时间差别定价策略是指企业将同一产品在不同的时间实行不同的价格。例如,"五一""十一"黄金周期间,很多汽车生产商和销售商会采取这一定价策略,以扩大产品的销售量。

4. 产品式样差别定价策略

产品式样差别定价策略是指企业根据产品的式样、颜色、包装的不同而规定不同的价格,并且它们与各自的成本并不成比例。例如,某些豪华品牌轿车,车漆是黑色的要比其他颜色的车辆定价要高,因为多数汽车生产商和消费者都认为黑色代表着庄严、尊贵。实行差别定价时要有一些特性条件。

(1) 市场必须能够细分,并且这些细分市场必须能够对不同的需求程度有所显示。

(2) 在价格较低的细分市场中,购买商品的人不可能或者无法将商品倒卖到价格较高的细分市场中。

(3) 在价格较高的细分市场中,竞争者以不低于公司的价格出售商品。

(4) 多细分市场及控制管理的成本费用不能超过差别定价所得的额外销售收入。

(5) 这种差别定价法的实行不要令顾客厌恶和敌视。

(6) 差别定价法的特殊形式不应该是违法的。

定价策略各种各样,各具特色。实行汽车产品定价时,应对市场竞争环境、企业、产品本身和顾客等因素进行深入调查分析,在此基础上确定适宜的定价策略。

任务训练 汽车产品定价训练

一、汽车产品定价的程序

1. 搜集和整理相关资料

在定价前必须广泛搜集与汽车产品定价相关的资料,如市场对汽车产品的需求状况资料,汽车产品的生产和经营方面的资料,汽车比价和差价因素资料,竞争者的相关资料,当前国家经济政策和相关法规资料,商品因素资料,以及消费者心理因素资料等。

2. 确定定价目标

汽车生产企业在制定汽车产品价格时,首先就要确定企业的定价目标,即企业要达到的最低目的和标准。定价目标是汽车生产企业进行价格决策的依据。企业的定价目标主要有:以利润为定价目标(包括预期利润目标、最大利润目标和合理利润目标)、以生存为目标、以市场占有率为目标、以稳定市场价格为目标、以竞争为定价目标、以产品质量领先为目标等。

3. 确定需求

(1) 价格因素对产品需求的影响。影响汽车需求的因素很多,汽车价格的高低本身就对需求和营销目标产生重大影响。所以确定需求时,先预测产品的不同销售价格对销售量的影响。利用需求曲线理论可以比较精确地绘制普通产品的需求曲线,如图 7-2(a) 所示,需求曲线表现为一条向右下方倾斜的曲线,这说明价格与需求量呈反比关系,即随着价格的升高,需求量在减少。而图 7-2(b) 所示为"名牌商品"需求曲线,它表明价格与需求呈正比关系,即随着价格的升高,需求在增加。所以,在预测需求时应根据产品的品质、目标市场等加以灵活运用。

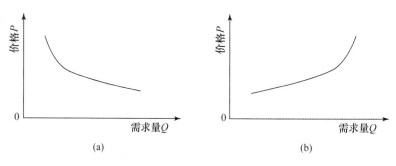

图 7-2 普通产品需求曲线与"名牌商品"需求曲线

(2) 非价格因素对需求的影响。价格是影响需求的主要因素,还有很多非价格因素对汽车产品的销售量也会产生一定的影响,在预测产品需求量时必须予以考虑。影响需求量的非价格因素主要有:居民收入、替代品价格的变化、消费者的消费习惯与文化价值取向等。

4. 估计成本

成本是企业定价的基础,在很大程度上,需求决定着企业为汽车产品制定的价格的上限,成本则是价格的下限。分析产品成本的同时,还要预测成本变化的趋势。

5. 分析竞争对手

既要分析现实的竞争对手,还要分析潜在的竞争对手;既要将竞争对手的产品价格与本企业的产品价格作对比,还要将竞争对手的产品质量、性能、服务水平、信誉与本企业进行对比。

6. 选择定价方法与定价策略

明确了自己的定价目标,分析和研究了产品的供求状况、产品成本及竞争者的具体情况,在此基础上企业就合理地选择定价方法。考虑各种定价的影响因素,选用合理方法确定的产品价格只是产品的基本价格,在实际营销过程中,还要根据不同营销情况,采取灵活多变的定价策略,确保有效地实现企业的营销目标。

7. 确定产品价格

定价方法和定价策略选定以后,企业在确定最终价格时,还要考虑一些其他影响产品定价的因素,比如:销售商的态度、政府的干预、竞争对手的反应等。

8. 实施与调整

企业对产品的价格确定以后,应当制订具体的实施计划,组织力量实施,并跟踪监督,收集市场反馈信息,以便企业能对自己的价格体系进行有效控制和适时调整。

二、实训背景资料

1. 产品的基本信息

(1) 制造商:华晨宝马汽车股份有限公司。

(2) 产品名称:之诺1E电动汽车。

(3) 产品的类型:SUV、纯电动动力系统、外形与配置类似宝马X1。

(4) 续航里程:充满电时大于150km。

(5) 预销售地区:北京、上海等一线城市。

(6) 上市时间:2014年4月。

(7) 品牌目标:打造中国电动车的精品品牌。

(8) 估测产品成本:约21万元。

2. 新能源汽车政策

（1）之诺已经被工业和信息化部录入《节能与新能源汽车示范推广应用工程推荐车型目录》中。

（2）2014年国家关于新能源汽车的补贴标准如表7-1所示。

表7-1　2014年国家新能源补贴标准

车辆类型	纯电动续驶里程 R(km)			
	80≤R<150	150≤R<250	R≥250	R≥50
纯电动乘用车	3.325万元	4.75万元	5.70万元	—
插电式混合动力车	—	—	—	3.325万元
燃料电池乘用车	19万元			

（3）电动汽车配套设施建设情况。以北京为例，个人建充电桩需要固定车位或者车库；关于公共充电桩，2014年之前北京仅有几十家充电站，而且大多不对私人用户开放，现北京正加快充电网点的建设，计划2014年年底前建成1 000个充电网点，规划中的充电网点覆盖了居民区、商业中心、加油站、景区景点等地。

（4）2014年7月国家制定了最新汽车购置税政策，规定新能源汽车免征车辆购置税。

3. 在销电动车的信息

（1）北汽E150EV。厂家指导价格：22.08万～23.08万；充满电续航里程：200公里；国家和地方补贴金额：9.5万。

（2）比亚迪E6。厂家指导价格：30.98万～33.00万；充满电续航里程：300公里；国家和地方补贴金额：11.4万。

（3）江淮和悦iEV4。厂家指导价格：16.98万；充满电续航里程：160公里；国家和地方补贴金额：9.5万。

三、实操训练

（1）小组讨论，总结汽车产品定价的程序。

（2）小组讨论我国新能源汽车政策对汽车定价有何影响。

（3）小组讨论分析影响汽车定价的各种影响因素，为华晨宝马之诺1E电动汽车在"北上广"地区制定合理的销售价格。

四、总结评价

（1）各个小组以挂图或者PPT展示本小组的讨论成果。

（2）每个小组派代表上台介绍为之诺1E电动汽车制定销售价格的依据。

（3）小组回答其他小组学生的问题，并接受其他小组同学的评价。

（4）教师对各小组的实训情况进行总结、点评，并给各小组打分。

阿兰特轿车的失败定价

一、案例背景资料

1. 阿兰特开发的背景

20世纪70年代以后,美国底特律三大汽车公司遇到了来自国外汽车工业的严峻挑战,美国在世界汽车市场的霸主地位开始动摇。造成美国汽车工业衰退的一个非常重要的原因是,美国三大汽车公司满足于它们在第二次世界大战后形成的垄断地位,因循守旧,使得它们的产品市场逐步缩小。在企业组织内部,搞发明创造和研发新产品的部门受到冷遇。相反,欧洲和日本的汽车企业锐意进取,按照市场需求积极开发新产品,从产品质量到销售价格,都从市场角度加以权衡和决策。因此,欧洲和日本在国际市场的占有率逐渐呈上升之势。

2. 阿兰特的定价策略

面对欧洲和日本汽车制造商的压力,20世纪80年代以后,美国汽车制造商纷纷投入巨资开发、研制新产品,阿兰特轿车就是在这种背景下投入市场的。通用公司为研制阿兰特新型车花费了几年时间,耗费了巨额资金。为提高其造型的吸引力,车身在意大利的宾尼法尼亚工厂制造。产品未投入市场时,通用公司动用了最大限度的广告宣传手段,为配合其高性能轿跑车的定位,通用将阿兰特的销售价格定为54 700美元,这在当时是豪华车的定价水平。可以看出,通用汽车公司极其期待这款从凯迪拉克工厂生产出来的阿兰特取得巨大的成功。

3. 阿兰特的市场反馈

1987年年初,阿兰特正式投放市场,市场的冷淡反应令通用公司大失所望。按原订计划阿兰特1987年的销售量是4 000辆,结果它的实际销售量连200辆都不到,通用当年就做出了停产的决定。

市场对阿兰特的普遍反映是这款车的性价比极低。阿兰特轿车发动机的功率只有170马力。另外,阿兰特轿车的制造工艺也较差,车顶漏水,开车时车内进风的呼呼声严重损害了这种豪华车的宁静感。最终的结果是:论档次,阿兰特不及德国的奔驰和宝马;论经济实惠,又远不比日本的中高端车,阿兰特的结果可想而知。

其实在阿兰特上市之前,通用公司的管理层已经发现了阿兰特的质量缺陷问题,但他们不愿意做出推迟出厂的决定。而且,新车的价格很早就定下来并公布于众,他们认为降低售价会降低消费者的希望值和购买欲望,阿兰特就这样在仓促中诞生了。

二、讨论分析

（1）小组讨论自 20 世纪 80 年代起美国三大汽车公司陷入困境的因素有哪些。进入 21 世纪后，曾经最大的美国通用汽车公司又为什么会让位于日本的丰田和德国的大众汽车公司。

（2）阿兰特的定价为什么是失败的？

（3）汽车新产品的成功除定价策略外，还有很多影响因素，试从产品自身、市场环境、促销手段三个因素分析阿兰特的失败原因。

（4）阿兰特的失败对我国自主品牌的开发有何启示？

三、案例总结

（1）每个小组将讨论结果写在案例总结报告中。

（2）每个小组将讨论结果制作成海报或者 PPT 幻灯片。

（3）每个小组派代表上台讲解本组的讨论结果。

（4）指导教师对每个小组的表现给以评价。

思考题

1. 汽车价格的构成要素有哪些？简述每个要素的具体内容。
2. 影响汽车产品价格的因素有哪些？它们对汽车价格有何影响？
3. 成本导向定价法有哪几种具体定价方法？请举例加以说明。
4. 简述需求导向定价法的应用。
5. 汽车新产品定价策略分为几种？各有什么特点？
6. 汽车产品组合定价策略分为几种？每种的适用条件是什么？
7. 汽车产品折扣定价策略分为几种？每种的适用条件是什么？
8. 简述汽车产品的定价程序。
9. 试分析国内销售的劳斯莱斯等豪华车的销售价格比发达西方国家的高很多的原因。

任务八
汽车分销策略

任务目标

1. 了解汽车销售渠道的概念、作用与类型。
2. 掌握中间商的类型和功能。
3. 掌握汽车销售渠道的模式及其各自的特点。
4. 掌握汽车销售渠道设计的基本原则,并能完成汽车销售渠道的设计。
5. 能根据所给背景资料,完成汽车销售渠道的案例分析。

任务引导

汽车企业有了试销对路的产品和合理的价格,还必须通过适当的分销渠道,才能实现产品从生产者到用户的流通,并不断增强企业抵御市场风险的能力。汽车分销渠道是将汽车产品实现其价值的重要环节,它包括:科学地确定汽车销售路线,合理地规划汽车销售网络,认真地选择汽车经销商,高效地组织汽车储运,及时地将品质完好的汽车提供给顾客,以满足消费者的需求。你知道我国汽车分销渠道有哪些类型吗?你了解4S店品牌营销的优缺点吗?

任务资讯

任务资讯一　汽车分销渠道概述

一、汽车分销渠道的概念

汽车分销渠道也称为汽车销售渠道,是指汽车从生产者向消费者转移过程中所经过的通道,这些通道由各分销机构或个人组成。汽车生产企业由于人力、物力和财力所限,很难将汽车直接卖给最终用户或消费者,往往把汽车的销售工作交给一些中间商去做,这些中间商就构成了汽车产品销售的渠道。汽车销售渠道的起点是生产商,终点是消费者,中间环节为各类中间商。汽车销售渠道有以下几层含义。

(1) 汽车销售渠道是指汽车流通的全过程。它的起点是汽车生产企业,终点是汽车用户,它所组织的是从汽车生产企业到消费者之间完整的汽车流通全过程。

(2) 汽车销售渠道是指汽车产品从生产者到消费者所经历的流程,它不仅反映汽车价值形态变换的经济过程,而且也反映汽车所有权的移动。

(3) 推动汽车流通过程进行的是中间商。由中间商(即各层次经销商)组织汽车批发、销售、运输、储存等活动,一个环节接一个环节,将汽车源源不断地由生产者送往消费者。

(4) 汽车销售渠道是汽车市场信息流传递的过程。通过中间商,汽车生产企业可以了解到消费者的需求状况,收集竞争对手的营销资料,发布企业新产品的信息等。

二、汽车销售渠道的作用

汽车销售渠道的作用是多方面的,不但可以实现产品的价值,还可以实现企业的价值,此外在信息沟通、化解风险等方面也有着积极的作用。具体来说主要有以下几方面的作用。

(1) 完成销售。这是销售渠道最基本的功能,产品只有被卖出,才能完成产品向商品的转化。

(2) 投放与物流。由于各地区的市场和竞争情况是不断变化的,销售渠道必须要解决好何时将何种产品以何种数量投放到何种市场上去,以实现销售渠道整体的最佳效益。投放政策一经确定,销售渠道必须保质保量地将指定产品在指定时间送达指定地点。

(3) 接洽与谈判。在汽车分销过程中,汽车生产商与经销商、经销商与用户无时不在接洽、沟通与谈判,这是为完成商品转换必须要做的工作。

(4) 促销功能。即进行关于所销售的产品的说服性沟通。几乎所有的促销方式都离不开销售渠道的参与,人员推销和各种营业推销活动,基本都是通过销售渠道完成的。

(5) 服务功能。汽车产品因其结构、使用和维护特点,要求销售渠道必须为用户提供满意的咨询、保养、维修、配件供应等售后服务,才能使企业在市场竞争中立于不败之地。

(6) 信息反馈。由于市场无时无刻地在变化,销售渠道应密切监视市场动态,研究市场走势,收集相关信息并及时反馈给生产厂家,以便厂家的生产能更好地与市场需求接轨。

(7) 资金结算与融通。为加快资金周转,减少资金占用及相应的经济损失,生产厂家、中间商、用户之间应及时进行资金结算,尽快回笼货款。此外,生产厂家与中间商、中间商与用户之间还需要相互提供必要的资金融通和信用,共同解决资金方面的困难。

(8) 风险分担。汽车市场有畅有滞,中间商与厂家应是一个命运共同体,畅销时要共谋发展,滞销时也要共担风险。

(9) 管理功能。大部分汽车厂家的销售渠道是一个复杂的系统,需要进行良好的自我管理。

(10) 二手车交易。为促进汽车整车的销售,拓宽企业的经营渠道,很多汽车经销商开展了旧车回收、车辆置换业务。

三、汽车销售渠道的结构

1. 销售渠道的层次

汽车销售渠道的层次,是指在汽车从生产企业转移到消费者的过程中对汽车拥有所有权或负有销售权利的机构的层次数目。

销售渠道如果按汽车流通过程中是否经过中间商转卖来分类,可以分为直接渠道和间接渠道。汽车生产企业将产品直接销售给最终用户,属于直接渠道,即直销。若在流通过程中使用了中间商则属于间接渠道,间接渠道根据中间商的层次多少可以分为一级渠道、二级渠道、多级渠道。

2. 销售渠道的长度

汽车销售渠道的长度,是指汽车从生产企业流向最终消费者的整个过程中所经过的中间层次或环节数。中间层次或环节越多,则销售渠道的长度越长;反之,则越短。

3. 销售渠道的宽度

汽车销售渠道的宽度,是指组成销售渠道的每个层次或环节中使用相同类型中间经销商的数量。同一层次或环节的中间经销商越多,渠道就越宽;反之,渠道就越窄。按宽度划分,销售渠道可以划分为密集分销、选择性分销和独家分销。其中,独家分销是最窄的渠道。

4. 销售渠道的多重性

汽车销售渠道的多重性,是指汽车生产企业根据目标市场的具体情况使用多种销售渠道销售汽车。

四、汽车销售渠道的类型

汽车从生产企业出发,经过一定的中间销售环节,方可到达最终消费者手中。在庞大的汽车流通领域,汽车销售渠道的类型多种多样,按销售渠道的层级可分为四种基本类型(如图 8-1 所示)。

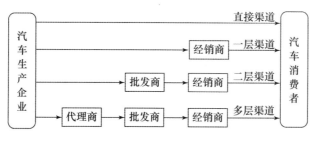

图 8-1 汽车销售渠道的基本类型

1. 直接渠道

直接渠道是指汽车生产企业不通过任何中间环节,直接将汽车销售给消费者,也称零层渠道。这是最简单、最直接、最短的销售渠道。其特点是:产销直接见面,环节少,利于降低流通费用,及时了解市场行情,迅速开发与投放满足消费者需求的汽车产品。但是,这种销售模式需要汽车生产企业自设销售机构,因而不利于专业化分工,难以广泛分销,不利于企业拓展市场,并且是汽车生产企业独自承担了较大的风险。

2. 一层渠道

一层渠道是指汽车生产企业先将汽车卖给经销商,再由经销商直接销售给消费者。这是经过一道中间环节的渠道模式。其特点是:中间环节少,渠道短,有利于汽车生产企业充分利用经销商的力量,扩大汽车销路,提高经济效益,增加了销售服务,从而也方便了广大消费者或用户,同时也分散了汽车生产企业的风险。我国许多专用汽车生产企业、重型车生产企业都采用这种分销方式。

3. 二层渠道

二层渠道是指汽车企业先将汽车批发销售给代理商或者批发商,再由代理商或者批发商转卖给经销商,最后由经销商将汽车直接销售给消费者。这是经过二层中间环节的渠道类型,也是销售渠道中的传统模式。其特点是:中间环节较多,渠道较长,一方面有利于汽车生产企业大批量生产,节省销售费用;另一方面也有利于经销商节约进货时间和费用。这种分销渠道在我国的大中型汽车生产企业的市场营销中较常见。

4. 多层渠道

多层渠道是指汽车生产企业与用户之间经过三层或三层以上中间环节的渠道类型,如汽车由生产企业通过总经销商批发给批发商,再由批发商转卖给经销商,最后由经销商将汽车直接销售给消费者。其特点是:总经销商(或总代理商)为汽车生产企业销售汽车,有利于了解市场环境,打开销路,降低费用,增加效益。但是,中间环节多,流通时间长,增加了消费者的经济负担。

任务资讯二 汽车销售渠道中的中间商

汽车销售渠道中的中间商是指汽车从生产企业向消费者转移过程中所要经过的中间商业企业或个人。这些商业企业或个人是通过购买和销售汽车,转移汽车的所有权而从中获利的。他们一头连着汽车生产企业,另一头连着消费者,具有平衡市场需求、集中和扩散汽车产品的功能,在汽车销售渠道中有着十分重要的作用。所以,有必要研究汽车销售渠道中的各类中间商的性质和作用。

一、汽车中间商的类型

汽车销售渠道中的中间商按其在汽车流通、交易业务过程中的地位和作用,可分为总经销商(或总代理商)、批发商(或地区分销商)和经销商(或特许经销商)。

1. 总经销商(或总代理商)

总经销商是指从事汽车总经销业务并取得汽车所有权的中间商。它属于"买断经营"性质。而总经销商同样接受汽车生产企业的委托,从事汽车总代理销售业务,但是不拥有汽车的所有权。

2. 批发商(或地区分销商)

批发商是使汽车实现批量转移,使经销商达到销售目的的中间商。批发商拥有商品的所有权,它一头连着汽车生产企业或总经销商(总代理商),另一头连着经销商,并不直接服务于最终消费者。通过批发商转销汽车的交易行为,汽车企业或总代理商可快速、批量售出汽车,减少库存,加快资金的周转。地区分销商是处于某地区汽车流通的中间阶段,它帮助汽车生产企业或总经销商(总代理商)在某地区促销汽车,提供地区汽车市场信息,承担地区汽车的转销业务。

3. 经销商(或特许经销商)

经销商在汽车流通领域中处于最后阶段,它是直接将汽车销售给最终消费者的中间商,其基本任务是直接为最终消费者服务,使汽车直接、顺利并最终到达消费者手中。特许经销商是通过契约建立的一种组织,一般只从事零售业务。特许经销商具有生产企业的某种产品的特许专卖权,在一定时期和某一特定市场区域内销售生产企业的产品,并且只能销售生产企业的产品,不能销售其他企业的相同产品或相近产品。按照特许经营合同,特许经销商可以享用生产企业的商誉和品牌,获得其支持和帮助,参与统一运行,分享规模效益。这是一种新型的汽车销售渠道模式,例如,一汽大众和上海大众通过建立遍布全国的特许经销商网络,进一步提高了渠道服务水平,大大促进了汽车的销售。

二、中间商的功能

汽车销售渠道中的中间商一头连着汽车生产企业,另一头连着汽车的最终消费者。它的基本功能有两个方面:第一是调节汽车生产企业与最终消费者之间在汽车供需数量上的差异。这种差异是指汽车生产企业所生产的汽车数量与最终消费者所需要的汽车数量之间的差别。第二是调整汽车生产企业和最终消费者之间在汽车品种、规格和等级方面的差异。汽车中间商的具体功能有以下几个方面。

1. 促进汽车交易

中间商沟通汽车生产企业与汽车消费者,完成汽车从生产企业向汽车消费者的转移。

由于汽车产品的供需双方在地域、时间、信息沟通等方面存在着差距,致使供需双方自行完成汽车交易有一定的困难,中间商的积极工作,可以消除上述差异,促成汽车交易。中间商的存在,减少了交易次数,提高了效率,节约了费用。

2. 完成市场营销功能

中间商能代替汽车生产企业执行所有的市场营销职能,如进行市场调查、刊登汽车广告、安排汽车储运、开展汽车销售以及做好售后服务工作。同时,中间商还能为汽车生产企业提供商业信贷,催收债款,帮助汽车生产企业在消费者中树立信誉,拓宽产品市场。汽车生产企业可以集中人力、财力、物力等用于生产,有利于其提高生产效率和产品质量。

3. 增加汽车产品的价值

由于中间商进行汽车运输和存储,提供售前服务、售中服务和售后服务,从而增加了汽车的价值。例如,很多汽车销售商为用户提供汽车改装、加装和美容业务,增加了汽车的价值,汽车的售价可以相应地增长。

4. 提高信息反馈效率

中间商最了解汽车市场情况,知道畅销的车型和滞销的车型,可以将这些信息反馈给汽车生产企业,使汽车生产企业能够根据汽车市场的实际情况组织生产,从而避免生产的盲目性。

5. 利于开拓新市场

汽车企业在自行开发新市场时,往往由于缺乏经验和不了解新市场的情况,使开发工作进展缓慢。而中间商的市场营销经验丰富,了解市场行情,如果汽车企业依靠中间商开发新市场,可以减少风险,提高成功的概率。

三、批发商

1. 批发商的类型

汽车批发商按其实现汽车批量转销的特征,可分为独立批发商、委托代理商和地区分销商。

(1) 独立批发商。

独立批发商独立从事批发购销汽车业务,它对其经营的汽车拥有所有权,以获取汽车批发利润为目的。汽车独立批发商按其业务职能和服务内容又可分为以下两种类型。

① 多品牌汽车批发商。它是指批发转销多个汽车生产企业的多种品牌的汽车,它批发转销的范围较广、品种较多、转销量较大,但因其批发转销的汽车品牌较杂,无法获得诸多汽车生产企业的全力支持,也没有能力为经销商提供某品牌汽车转销中的专业化服务。

② 单一品牌汽车批发商。它是指只批发转销某个汽车生产企业的单一品牌的汽车,它批发转销的范围较窄、品种单一、转销量有限,但因其批发转销的汽车品牌单一,能够获得此品牌汽车生产企业的直接支持和帮助,因而它具备此品牌汽车转销的专业能力,能为经销商

提供此品牌转销中的专业化服务。

（2）委托代理商。

委托代理商区别于独立批发商的主要特点是：对于其经营的汽车没有所有权，它只是接受汽车生产企业的委托组织推销汽车产品，促进汽车买卖的实现。它的经营收入主要是通过为汽车生产企业寻找客户和代表企业进行购销活动来赚取佣金或手续费。委托代理商按其代理职能和代理内容又可分为：总代理商和分代理商，生产企业的代理商和总经销商的代理商，多品牌汽车代理商和单一品牌汽车代理商。

（3）地区分销商。

地区分销商是指在某一地区汽车生产企业设立了自己专门经销其产品批发销售业务的独立商业机构。它使汽车从生产企业（或总经销商）到某地区内的经销商只经过一道批发转销环节，经销商将全部直接面对其所管辖区域内的消费者进行直销。例如，美国汽车企业国内汽车销售的地区管理分公司，韩国汽车生产厂的销售店，我国汽车制造企业自建的销售公司和各地的分销中心，以及国外汽车制造商在我国设立的销售办事处等都属于此类中间商。

2．批发商的定位

汽车销售渠道是由汽车生产企业、总经销商、批发商、经销商、运输商和消费者组成的，如图 8-2 所示。

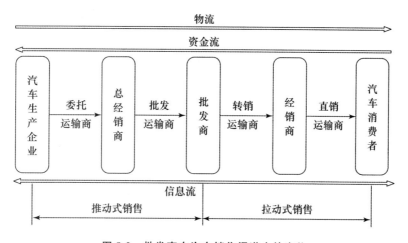

图 8-2　批发商在汽车销售渠道中的定位

在这条销售渠道中，批发商处于传统的推动式销售和以市场为导向的拉动式销售之间的过渡位置。在消费者、经销商和总经销商之间，批发商更大程度上是靠消费需求的拉动作用开展批发和销售业务，同时又受汽车企业（总经销）年度目标和销售任务要求推动批发商批发业务的开展。因此，批发商最主要的功能是在目前买方市场条件下，通过发展营销网络,改进转销方式,提高转销能力,以协调供需矛盾,平衡销售计划和市场需求。

同时,批发商应有效地协调管理总经销商与经销商、消费者之间连续的物流、信息流和资金流,建立总经销商和经销商、消费者三者之间紧密的合作伙伴关系,提高汽车的市场竞争能力。

3. 批发商的功能

汽车批发商在汽车销售渠道和销售网络系统中处于十分重要的地位,在整个汽车销售渠道中具有多种功能。

(1) 销售管理功能。

批发商应具有销售管理能力,主要进行供需矛盾的协调、销售计划的制订与执行、销售模式的转换及对经销商销售网络的重组。

(2) 售后支持功能。

批发商应对经销商提供维修技术、产品知识及零部件供应的支持,提高经销商的职业化水平,并充当总经销商与经销商之间的桥梁。它主要对经销商进行技术支持以及对零部件的集散进行管理。

(3) 市场营销功能。

批发商应通过行之有效的市场营销活动,建立和发展经销商销售网络系统,促使经销商销售体系正规化。同时,明确加强汽车的产品定位,在工作开展过程中,有效扶植并利用已建立的市场共同体开展各项工作,所以,批发商要进行市场调研,开展营销和促销。

(4) 储运分流功能。

批发商应更及时、更准确地将车送至经销商,减少甚至免除经销商在车辆运输上投入的精力和财力,主要进行质量把关、二次配送以及中转库的管理。

(5) 资金结算与管理功能。

批发商主要进行经销商购车结算、资金管理和业绩评估,这样可以免除经销商频繁奔波于销售当地与总经销商之间因购车而浪费的时间和精力,让经销商更集中于销售与服务。

(6) 经销商培训功能

批发商通过制订培训计划并开展对经销商的培训,从而改变经销商的传统经营理念,提高经销商的业务素质,使对经销商的控制通过培训加以落实。

(7) 经销商评估功能。

批发商应通过对经销商的业务水平、营销技巧及营销业绩的考核,再综合参考顾客满意度的评价结果,发现各经销商的长处与短处,并通过奖惩制度促进经销商业务目标的实现。

(8) 信息系统功能。

批发商为扭转对物流、经销商及顾客缺乏客观监控的局面,应建立网络信息系统,以实现以下目标:

① 大幅度缩短汽车储运时间,减少自身零库存现象,同时尽量降低经销商的库存量;

② 拥有完善的汽车产品客户信息,供营销决策及考核经销商时使用;
③ 及时准确地获得经销商经营状况的主要指标,供评估使用。

四、经销商

1. 经销商的类型

经销商是向最终消费者销售汽车和提供服务的一系列活动的机构和个人。在汽车销售渠道中,经销商的形式多样,通常按其经营特征可以分为两大类:特许经销商和普通经销商。

2. 特许经销商

汽车特许经销商是指由汽车总经销商(或汽车生产企业)作为特许授予人(简称特许人,Franchiser)按照汽车特许经营合同要求以及约束条件授予其经营销售某种特定品牌汽车的汽车经销商(作为特许被授予人,简称受许人,Franchisee)。

(1) 汽车特许经销商的条件。

只有具备一定条件的汽车经销商,才能向特许人申请,并经双方签订汽车特许经营合同(或协议),就可正式成为某品牌汽车的特许经销商。成为汽车特许经销商的条件如下。
① 独立的企业法人,能自负盈亏地进行汽车营销活动;
② 有一定的汽车营销经验和良好的汽车营销业绩;
③ 有足够的资金来开设统一标识的特许经营店面,具备汽车营销所需的周转资金;
④ 达到特许人所要求的特许经销商软硬件标准。

(2) 汽车特许经销商的优势。

普通汽车经销商一旦成为某品牌汽车的特许经销商,将会在今后的汽车市场营销活动中获得以下几个方面的优势。
① 可享受特许人的汽车品牌及该品牌所带来的商誉,使其在汽车营销活动过程中拥有良好的企业形象,给顾客以亲切感和信任感;
② 可借助特许人的商号、技术和服务等,提高市场竞争实力,降低经营风险;
③ 可加入特许经营的统一运营体系,使其分享由采购分销规模化、广告宣传规模化、技术发展规模化等方面所带来的规模效益;
④ 可从特许人处得到业务指导、人员培训、融通资金等方面的支持和服务。

(3) 汽车特许经销商的权利。

作为汽车特许经销商,可享有以下相应的权利。
① 特许经营权:有权使用特许人统一制作的标识和商标;有权在特许经营系统的统一招牌下经营,从而享受由著名品牌带来的利益;有权依照特许人的统一运作系统分享利益;有权按特许人的规定取得优惠政策,对特许人经销的新产品享有优先权。
② 地区专营权:有权要求特许人给予在一定特许区域内的专营权,以避免在同一地区

内各加盟店之间相互竞争。

③ 取得特许人帮助的权利：有权得到特许人的经营指导援助、技术指导援助及其他相关服务。例如,参加特许人的各种定期培训;使用特许人的各种信息资料和市场运作情报;在资金缺乏时,可以采取连带担保等方式,取得贷款等。

(4) 汽车特许经销商的义务。

作为汽车特许经销商,还应承担以下应尽的义务。

① 必须维护特许人的商标形象,积极维护特许人的品牌声誉。

② 在参加特许经营系统统一运营时,只能销售特许人的合同产品,不得批发;必须按特许人要求的价格出售;必须从特许人处取得货源;不得跨越特许区域销售;不得自行转让特许经营权。

③ 应当履行与特许经营业务相关的事项。例如,随时与特许人保持联系,接受特许人的指导和监督;积极配合特许人的统一促销工作;负责店面装潢的保持和定期维护。

④ 应当承担相关的费用。例如,加盟金、年金、加盟店包装费等。

目前,世界著名的汽车生产企业都建立了自己的特许经销商网络。通过品牌专营店和特许经营店的建设,不仅推动了汽车生产企业的汽车销量,还能及时地为顾客提供各种服务,提高了渠道管理的水平,塑造了良好的企业形象。

任务资讯三 汽车销售渠道的模式

一、品牌专卖

品牌专卖主要有两种形式：一是汽车生产企业自己开设的展厅专门销售本企业的产品,这也是一种典型的展厅专卖直销形式;二是品牌汽车专卖店,它是指汽车生产企业将某个地区的营销权授予某个经销商,该经销商按汽车生产企业的要求建立品牌专卖店,为消费者提供全方位购车服务的汽车交易场所。在世界汽车市场上,专卖店已经取代"摊位式"交易市场而成为汽车分销的主流渠道。

1. 展厅专卖直销

展厅专卖直销是汽车生产企业自己开设专卖店的直销形式,早期的展厅专卖直销只具备售车功能,随着这种销售模式的拓展,展厅专卖直销店逐渐将售车功能与服务功能进行了组合,在西方国家汽车专卖店还具有广告宣传、汽车信贷、旧车置换等功能。

在我国,最早设立"汽车专卖店"的是上海大众汽车公司,1999年上海北京联营公司在北京设立了桑塔纳轿车专卖店。此后,捷达、富康、夏利、长安和松花江等国产品牌的畅销车型也都在北京开设了自己的专卖店。由于专卖店能够向用户提供覆盖售前、售中、售后各环节的全过程、全方位、全天候的系统化服务,因而受到了消费者的热烈欢迎。

2. 品牌专营店

品牌专营模式是目前我国各大汽车生产企业的重点营销模式,上海大众、一汽奥迪、华晨宝马等大汽车厂商都构建了自己的品牌营销模式。各厂商的品牌专营理论基本是一致的,但在功能组合上略有不同,主要有3S品牌专营和4S品牌专营两种模式。

(1) 3S品牌专营。

3S品牌专营是"三位一体"的汽车特许经营模式,包括整车销售(Sale)、零配件供应(Sparepart)和信息反馈(Survey)。3S店销售的不仅是厂家直接供应的品牌车,还包括厂家专门供应的附属配件,保证了车和配件的原厂质量。此外,在营销过程中经销商可随时将产品信息、消费者需求、竞争者情况等营销关键信息反馈给汽车生产企业,给汽车生产企业改进产品、调整营销策略提供依据。

(2) 4S品牌专营。

4S品牌专营是一种以"四位一体"为核心的汽车特许经营模式,包括整车销售、零配件供应、售后服务(Service)、信息反馈。

4S店营销模式其实是汽车市场激烈竞争下的产物。随着市场逐渐成熟,用户的消费心理也逐渐成熟,用户需求多样化,对产品、服务的要求也越来越高,越来越严格,原有的代理销售体制已不能适应市场与用户的需求。4S店的出现,恰好能满足用户的各种需求,它可以提供设备齐全、整洁干净的维修区,现代化的服务管理,高度职业化的气氛,保养良好的服务设施,充足的零配件供应,迅速及时地跟踪服务体系。通过4S店的服务,可以使用户对品牌产生信赖感,从而扩大销售量。

汽车4S店的售后服务得到汽车生产企业的支持,其维修设备仪器先进,维修技术人员经过汽车生产企业的专门培训,对车辆的性能、构造、维修工艺等方面非常专业,因而得到消费者的信赖。汽车4S店各项服务获取利润的比例一般为:整车销售:配件供应:售后服务=2:1:4,所以售后服务越来越受到4S店的重视。

二、代理销售

由汽车生产企业授权的只能销售该企业汽车的总经销称为总代理,由汽车生产企业授权在某一地区全部销售该企业的汽车,这种销售模式称为区域代理。代理制是营销领域中的虚拟营销模式,通过代理制,借助中间商的分销系统来销售产品,已被证明是一种非常有效的分销网络模式。

1. 代理制的优点

从整车销售方面看,代理制的优点有:

(1) 可实现工商分工,调动生产企业和代理商两方面的积极性;

(2) 销售网点可以更多、更贴近消费者,使销售活动更灵活主动;

(3) 代理商一头是用户,另一头是企业销售部门或其分支机构,有利于减少汽车销售渠

道的环节,降低企业的销售经营成本;

(4) 工商分离,销售专业化,有利于提高销售效率,更符合市场经济机制的要求;

(5) 企业可以通过加强对代理商的管理和控制,促使其努力工作,有利于为企业分担经营风险。

2. 代理商的选择

为保证委托给代理商的业务尽可能的取得成功,汽车生产企业作为委托人必须选择适合自己的最佳代理商。选择代理商主要考虑以下几个方面。

(1) 代理商的身份及其经营范围是否合法;

(2) 代理商的优势,不同的代理商,虽然其服务领域是相同的,但每个代理商拥有的用户群、渠道能力、当地影响力、顾客反应、经济实力及其经营理念是不同的;

(3) 合作态度和工作作风,合作态度与诚意是影响代理商和委托人合作好坏的重要因素,工作作风是影响代理商业务发展和企业形象的主要因素;

(4) 令人满意的业务记录,如代理商的销售额、当地的市场占有率、市场发展趋势等。

三、汽车交易市场

汽车交易市场是指多家经销商在此共营的汽车交易市场。汽车交易市场作为有形市场,在我国汽车流通领域发挥着巨大的作用。

1. 汽车交易市场的类型

从经营模式上看,汽车交易市场主要有三种类型。

(1) 服务管理型。管理者不参与汽车的经营销售,由经销商进场经营销售,交易市场只负责做好硬件建设及完善管理。例如,北京亚运村汽车交易市场就是典型汽车交易市场,由于市场内汽车品种齐全,交易规范,吸引了全国各地的用户。

(2) 自主经营型。进入汽车交易市场内的其他经销商很少,市场的管理者同时也是主要的汽车销售商,该类型的汽车交易市场约占有形汽车交易市场的半数以上。

(3) 部分经营型。从销售量上看,自主经营和进场经销商各占一半左右。

2. 汽车交易市场的特点

汽车交易市场的特点主要有以下几点。

(1) 品种全、价格有优势。汽车交易市场的最大特色就是品牌齐全,方便消费者选购。此外,经销商花更低的费用得到更漂亮的专卖厅,可将降低的销售终端建设成本通过降低产品销售价格返还给消费者,使自己的产品更有市场竞争力。

(2) 一站式服务。所谓一站式服务,不仅可将多种品牌集合起来,还可以将银行、工商、税务、车管等部门请进来,帮助用户办理购车手续,给购车人提供很多便利。

(3) 节省投资。从投资者的角度看,建一个4S店需要投资几千万元以上,要是在汽车交易市场设一个专卖厅也许只要百万元,对于资金不充裕的小企业和个人来讲这一点非常有利。

(4)降低经营风险。投资少,本身就降低了经营风险。而且汽车交易市场里消费者的数量远非4S店所及,在市场竞争层面更具优势,显著降低了企业的经营风险。

(5)资源利用充分。每建一个4S店都需要检测区、维修区及试车区等,而相当于几十个4S店的汽车交易市场也许只要几个检测区、几个维修区和一个试车区就可以了,这种整合使得资源可以得到最大限度的利用,从而避免社会资源的浪费。

(6)发展趋势。从目前的市场来看,国内生产的汽车的价格已经基本与国际市场的价格持平,中国汽车企业的管理水平和技术水平正在不断提高,在不远的将来,汽车暴利的基础将被瓦解。失去高额利润,豪华的4S店将失去生存的基础。所以,未来中国汽车市场的主流将转向汽车交易市场。

3. 汽车城

汽车城是大型汽车交易市场,集众多的汽车经销商和汽车品牌于统一场地,形成了集中的多样化交易场所。现代的汽车城服务快捷、管理规范,是集咨询、选车、贷款、保险、上牌及售后服务于一体的汽车营销新模式。

(1)国际知名汽车城。

国际知名汽车城大多依托当地发达的汽车制造业,将汽车贸易、物流、服务多功能集于一体,并发挥文化交流和产业集聚的效应,进行功能外延,成为集汽车贸易、博览、物流、研发、信息、服务和文化交流中心为一体的汽车城。其中,世界著名的汽车城介绍如下。

① 美国底特律。是通用、福特和克莱斯勒三大汽车公司所在地,美国1/4的汽车产于底特律,全城90%的居民约400万人靠汽车为生。

② 日本丰田市。丰田市原名爱知县,因丰田公司建于此而闻名于世。全城从业人员均服务于丰田汽车公司,年满20岁的职员即可分得一辆丰田汽车。丰田市在名古屋建造了容量为5万辆的世界最大的丰田汽车专用码头。

③ 德国斯图加特。生产世界第一辆汽车的戴姆勒-奔驰汽车公司所在地,全城人口60万,每年要接待14万来自世界各地的汽车用户和汽车经销商。

④ 意大利都灵。坐落于意大利北部,是意大利最大私人企业菲亚特公司的所在地,全城120万人,1/4从事汽车行业,生产全国3/4的汽车。

⑤ 德国沃尔夫斯堡。是大众汽车公司所在地。全城人口近20万,超过一半人为大众汽车公司服务,大众汽车公司50%以上的车辆产自这里。

(2)长春汽车城。

汽车工业是长春市的第一支柱产业,2009年,长春市政府提出了建设中国长春汽车城的宏伟目标,具体目标如下。

① 以一汽集团为主体的整车和零部件生产基地;

② 大力发展汽车贸易开发区,建设一个集整车销售、零部件批发、二手车销售、电子商务、营销网络、配套服务等为一体的多功能全国最大汽车经济贸易开发区;

③ 创建研发基地,利用长春市科研院所建立技术开发中心,首先引进联合开发,然后是依靠高新技术独立自主开发;

④ 汽车教育培训基地,面向未来,着力培育汽车产业人才,从在职培训到专业培训,从产业工人到工程技术人员,形成多层次人才培训;

⑤ 汽车文化基地,以汽车会展、运动、旅游为主要内容,培育有特色的汽车文化产业。

经过5年多的建设,到2014年年底,长春汽车城的汽车年产量超过200万辆,总产值超过5 000亿元。

(3) 上海汽车城。

上海汽车城位于我国上海市的嘉定区,是上海大众公司所在地。这里是全国最大的轿车生产基地,又是上海通往华东乃至全国的汽车配件集散地。

上海汽车城始建于2001年,占地68万平方公里,当时计划建造汽车配套工业园区、汽车贸易区、汽车研发区、汽车教育区、汽车新镇区、汽车赛车区等六大功能区,是集汽车生产、贸易以及服务于一体的多功能综合性汽车城。经过十余年的建设,汽车城已初具规模,每年的汽车贸易额达到600多亿元。

四、网络销售

近些年,随着信息技术和互联网技术的迅猛发展,网络销售越来越受到汽车生产企业、经销商和消费者的重视。这种模式对于经销商来说投资规模比较小,经营风险较小,比较灵活;对消费者来说在网上看车选车,配送中心送货,节省了购车时间和精力。

1. 汽车网络分销的特点

(1) 跨时空。由于互联网具有超越时空约束和空间限制进行信息交换的特点,因此能有更多的时间和更大的空间进行营销,可24小时随时随地提供全球性营销服务。

(2) 交互性。汽车生产企业与消费者可通过电子布告栏、网上讨论广场就产品设计、产品定价、品牌服务等方面进行意见互换。通过这种双向互动的沟通方式,提高了消费者的参与性和积极性,反过来,也提高了汽车生产企业营销策略的针对性,十分有助于实现汽车生产企业的全程营销目标。

(3) 拟人化。互联网的促销是一对一的、理性的、消费者主导性的、非强迫性的、循序渐进式的低成本与人性化的促销,避免推销员强势推销的干扰,并通过信息和交互式交谈与消费者建立长期良好的关系。

(4) 整合性。互联网上的营销从顾客咨询产品的信息与相关资料开始,到产品订购、收款,直至售后服务,都可以在网络销售平台进行,网络销售平台销售功能的整合性较好。

(5) 个性化售车。网络分销实质上是一种以消费者需求为导向、个性化的分销方式,其最大特点就是消费者的主导性。消费者同以往相比有了更大的选择自由,他们可以根据自己的个性特点和需要在全球范围内寻找满足品,而不受地域的限制。通过进入感兴趣的企业网址或虚拟商店,消费者可以获取更多的有关产品信息及其组合,使购物更显个性。

(6) 高效性。电脑可储存大量的信息,待消费者查询,可传送的信息数量与精确度远远超过其他媒体,并能适应市场需求,及时更新产品或调整价格。据网站资料显示,2014 年 9 月,国内最大的汽车互联网公司易车网推出以限时特价为特色的汽车电商平台——易车特卖,上线不到 2 个月,已吸引近百款车型,数万台汽车上线促销。仅北汽威旺一个品牌,40 天的交易量就接近 5 000 台。

2. 网络销售的基本流程

(1) 信息的收集。汽车销售企业通过网络收集商业信息。

(2) 信息发布及客户支持服务。企业上网是这一环节的关键。

(3) 宣传与推广。树立起企业良好的商业形象是电子交易的基础。

(4) 签订合同。合同的签订是网络销售汽车产品的信用保证。

(5) 在线交易。在线交易最重要的是电子银行的参与,怎样进行流通和转换,是网络营销的关键。

(6) 商品运输与售后服务。完善的物流配送系统是保证网络销售得以最终实现的关键。通过网络,特别是通过基于网络的 CRM 系统及时了解顾客用车情况,并提供迅速、及时、周到的售后服务,这是汽车网络营销的又一重要内容。

3. 基于汽车网络销售商的平台

下面描述的是一种典型的汽车网络销售流程。

(1) 消费者进入互联网,查看汽车生产企业和经销商的网页。

(2) 在这样的网页上,消费者通过购物对话框填写购货信息。其内容包括个人信息、所购汽车的款式、颜色、数量、规格、价格等。

(3) 消费者选择支付方式,如信用卡、电子货币、电子支票、借记卡等,或者办理有关贷款服务。

(4) 汽车生产企业或经销商的客户服务器检查支付方服务器,确认汇款额是否认可。

(5) 汽车生产企业或经销商的客户服务器确认消费者付款后,通知销售部门送货上门。

(6) 消费者的开户银行将支付款项传递到消费者的信用卡公司,信用卡公司负责发给消费者收费单。

五、信贷销售

汽车属于高附加值耐用产品,即便在西方经济发达国家,也常常要采取信用消费的形式购买汽车。消费者凭借自己的信用先取得产品的使用权,然后通过信用消费来取得产品的所有权。信用消费主要有分期付款、消费贷款、按揭贷款、产品赊销四种类型。

1. 分期付款

分期付款是一种中长期信用消费。1956年,担任福特公司总裁的"经营之王"艾科卡,在推出野马牌跑车时,曾经打出一则著名的广告:"56美元买56型车",即每月只需支付56美元,便可以得到一辆56型野马牌跑车。56美元,不过是一名工人月工资的10%,负担轻如鸿毛,不但起到了产品促销的作用,而且开创了信用消费、分期付款的先河。在我国,一汽大众和上海大众是最早采取分期付款方式促销汽车的企业,早在1995年,它们就曾用此种方式对客运企业进行过促销。1999年以来,各大银行纷纷出台了汽车分期付款销售规定,加上我国原有的五十多个金融管理法规,对于规范汽车生产企业和经销商的经营行为,保证分期付款方式的健康发展,起到了积极的促进作用。

2. 消费贷款

消费贷款是分期付款的特殊形式。分期付款的实质是企业垫付,这对汽车生产企业来说,既是不公平的,又是高风险的。但是,通过消费信贷购买汽车,按照市场经济的规律进行操作,既为消费者提供了方便,又为生产者消除了风险,则是比较理想的促销方式。

1988年年底,中国人民银行推出了《汽车消费贷款管理办法》。该办法不但规定了汽车消费贷款的条件(如民事能力、偿还能力、稳定职业、信用程度、有效抵押、单位保证、首期付款、清付期限和贷款利率等),而且还规定了首付数额和贷款数额(如首付数额不得低于20%,贷款数额不得高于80%,以及清付期限不得超过5年,贷款利率按同期贷款利率执行等)。中国工商银行最先开办了汽车消费贷款业务,对汽车消费贷款采取了"积极试点、审慎操作、安全有效"的发展战略。

3. 按揭贷款

按揭贷款是消费贷款的特殊形式。无论是分期付款还是消费贷款,都存在着"担保瓶颈"。无人担保也无物抵押者,将难以实现"汽车之梦"。但是,按揭消费却是"买啥押啥",当消费者向厂家或商家申请分期付款或消费贷款的时候,这种信用消费的目的物,即将要拥有的汽车可以用来抵押。

1999年10月,刚刚进入中国的通用汽车融资公司GMAC,开始为别克轿车的购买者提供购车贷款,这种消费贷款的担保就是以"新车抵押"的方式进行的。据报道,1999年,上海、北京、石家庄等地也开始出现"新车抵押"的按揭形式。根据《中华人民共和国担保法》的规定,以运输工具作抵押,必须在车辆管理部门完成抵押登记备案。为此,中国建设银行石家庄分行营业部积极与石家庄市车管部门联系,得到了车管部门的配合和支持,并达成了"汽车消费贷款运输工具抵押登记合作事宜"的协议。

4. 产品赊销

汽车赊销是一种短期的信用消费。1997年,由中国航天工业供销公司华北公司与中平保险北京公司和招商银行共同推出了汽车赊销。由于保险公司的介入,汽车生产企业和经销商将可以在"零风险"条件下进行赊销。据中平保险北京公司负责人介绍,赊销购车的用户只需按照首付款与整车款之间的差额,另外购买 2% 的赊销信用保险,即可以通过赊销拥有汽车。如果赊销人连续 3 个月没有交纳赊销车款,或者赊销人和赊销车失踪 3 个月以上,保险公司将负责赔偿汽车生产企业或经销商的车款损失。而招商银行的加盟,也为消费者和销售者提供了诸如就近交款、按时结算、监督还款、清理拖欠的种种方便。此种赊销策略,虽然与国际上流行的汽车赊销尚存在差距,却为我国的信用消费开辟了新的途径。

六、租赁消费模式

1896 年 2 月,开设世界首家汽车代理店的法国人埃米尔·罗杰,又在同一地点挂上了"菲亚克尔出租股份有限公司"的招牌。在销售汽车和零部件的同时,兼营起了汽车出租或租赁业务。他在公司门口贴出的"每小时两法郎"的租车海报,吸引了不少巴黎市民。许多人包租或租赁他的"奔驰"出去旅游,埃米尔·罗杰开此先河,汽车租赁则应运而生。

20 世纪 90 年代以来出现了一种新的分级租赁促销手段。与传统的租赁不同,它将车辆的整个寿命周期分成不同阶段,顾客只需要购买其中的任意阶段的使用权或所有权即可。这样,顾客购车所花费的费用更低,也不用考虑车辆的残余价值,因此,具有价格竞争优势。

2015 年,国内租车市场向传统注重资产+电商化方式发展,并逐步推出异地还车,企业间相互代办业务,电子货币结算等业务,提高了汽车租赁服务水平。

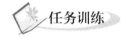
任务训练

任务训练　汽车销售渠道的设计

一、建立有效销售渠道的基本原则

1. 低成本原则

在营销渠道的设计上,要提高流通系统的有效性进而降低成本,就要考虑适当的供货时间。目前有两种相反又相成的制约因素,即"订货滞后"和"订货超前"。

2. 渠道最短原则

这里的"短"不是指距离,是指中间层次少,物流、资金流、信息流的距离短,时间快。企业在具体决策时,综合考虑内外部因素,做出最适合自己的选择。

3. 数量适中原则

渠道架构的搭建要科学务实,突出的一点就是经销商的数量要合理控制,并严格保证质量。至少要考虑市场容量、市场的近期走势、市场的板块构成、竞争者的市场格局、自身的运营成本等因素。

4. 销售与服务并举原则

在整个汽车获利的过程中,维修服务是主要部分。就汽车专业维修的特点而言,要真正做到品牌的专业维修,必须具备现代化的维修设备、高技术的维修人员等条件。

二、汽车销售渠道设计

1. 渠道设计背景资料

(1) 制造商：华晨宝马汽车有限公司。

(2) 产品名称：之诺1E电动汽车。

(3) 产品的类型：SUV、纯电动动力系统、外形与配置类似宝马X1。

(4) 续航里程：充满电时大于150千米。

(5) 预销售地区：北京、上海等一线城市。

(6) 上市时间：2014年4月。

(7) 品牌目标：打造中国电动车的精品品牌。

(8) 估测产品成本：约21万元。

2. 市场及销售渠道调研

市场开发从消费者开始,而渠道开发要从了解销售商开始。此项调查的目的是为了确定最有效、最易于获得利润的营销渠道。各小组至少选择一个品牌的混合动力或纯电动车在当地的网点布局以及建设情况,调研采取的方式可以灵活多样,如：

(1) 采取网络检索的方式进行；

(2) 电话咨询各品牌经销商；

(3) 到当地所在城市的汽车城、汽车4S店等处实地调查。

3. 确定有效渠道

在调查研究的基础上,对销售渠道进行认真分析。目的是尽可能缩短产品前期促销时间,尽可能提高潜在市场占有率和产品利润率,提供消费者满意度较高的购买方式,策略性驱逐竞争者。分析的主要内容有以下几方面。

(1) 调查消费者的偏好,了解消费者最喜爱的购买方式,以及未来购买方式的发展趋向；

(2) 各营销渠道的竞争性分析,包括最大和最小的销售渠道冲突的分析；

(3) 分析市场渗透率,该渠道所创造的业绩占该渠道全部市场的百分比；

(4) 分析营销渠道的利润率,以此考虑销售渠道增减；

(5) 分析并预测产品前期促销时间的长度。

4. 设计销售渠道

设计销售渠道要合理布局,设计参数主要是渠道长度和宽度的设计。

(1) 渠道长度的设计。

渠道长度是指销售渠道经过多少个中间环节,主要考虑以下几个因素。

① 产品因素。如产品的自然因素、价格因素、体积与重量因素。

② 市场因素。如用户数量和市场集中程度,以及市场竞争状况和消费者购买习惯等。

③ 企业自身因素。企业规模、财务能力、管理水平和对消费者的认知程度,从而确定销售终端是自己还是经销商。

④ 环境因素。设计销售渠道长度时还要考虑当地的经济环境、市场营销环境等因素。

(2) 渠道宽度的设计。

渠道宽度是指某一中间环节上同种类型销售商数量的多少。宽度取决于渠道投资水平、目标消费者的购买行为和市场中的商家数量。一般有以下三种形式。

① 独家分销,是最窄的渠道;

② 密集分销,比较宽,市场覆盖面大,竞争激烈;

③ 选择分销,介于前两种之间,中小企业多采用这种形式。

(3) 画出销售渠道框图。

在小组讨论的基础上,综合考虑渠道的长度和宽度,画出销售渠道的框图。

三、实训总结

(1) 各小组上交调查报告,分析之诺 1E 电动汽车的典型竞争对手(主要的电动车或混合动力车品牌)在当地的经销网点的建设情况。

(2) 各小组展示设计的之诺 1E 电动汽车在当地的销售渠道框图,并派代表上台讲解本组设计的理由。

(3) 各小组对其他小组设计的销售渠道的优势和劣势进行点评。

(4) 教师进行点评、总结,并对各小组的实训情况进行打分。

案例分析

4S 店营销模式的利与弊

一、案例背景信息

1. 汽车品牌专卖店的概念

汽车品牌专卖店是指由汽车制造商或销售商授权,只经营销售专一汽车品牌,为消费者提供全方位购车服务的汽车交易场所。品牌专营是 20 世纪 90 年代初由西方国家传入我国的舶来品,是目前较流行的汽车营销模式。

2. 4S 的含义

我国的 4S 店基本上是按照国际通用的汽车分销标准模式建设的,大多采用四位一体制式,即以汽车制造企业的营销部门为中心,以区域管理中心为依托,以特许或特约经销商为基点,集整车销售、零配件供应、维修服务及信息反馈为一体,受控于制造商的分销渠道模式。

这里说的 4S 是指一种销售模式,即四位一体的特许经营模式,包括整车销售、零配件供应、售后服务、信息反馈。而企业管理涉及的 5S 指的是企业管理模式,5S 管理的含义是整理、整顿、清扫、清洁、素养,最早起源于日本,这几个词的第一个字母均以 S 开头,所以简称 5S。

3. 我国汽车 4S 店的现状

我国 1994 年颁布的《汽车产业发展政策》中明确规定:2005 年起,汽车生产企业自产乘用车均要实现品牌销售和服务;2006 年起,所有汽车产品均要实现品牌销售和服务。

目前,国内主要轿车生产商都已经构建了品牌专营的渠道模式,主要汽车品牌一汽大众、上海大众、一汽奥迪、华晨宝马等汽车生产商的品牌专营店都在 300 家以上,全国的品牌专营 4S 店不低于 1 万家。我国 4S 汽车品牌专卖店的规模和档次已经超越发达国家,比如美国的 4S 店在硬件设施上也无法与中国的 4S 店相比。但是发达国家品牌汽车专营店的软件建设要成熟和先进得多,在经销商自身品牌建设、创新多样化的贷款方式、完善的销售流程、售后跟踪服务等方面,国内的品牌经销商还做得不够好,我们在形式上借鉴了国外的销售模式,实质上离 4S 的要求还有一定的差距。

二、讨论分析

学生分组讨论 4S 店的优点和缺点,教师引导时可从以下几个方面入手,当然学生也可以提出更多自己的观点。

1. 4S 店模式的优点

(1) 有利于树立汽车品牌形象,培养汽车品牌的忠诚度。

(2) 服务人性化、专业化、有保障,提高客户满意度。

(3) 增加汽车制造企业可利用的资源。

(4) 利于提高市场管理和客户信息管理水平。

2. 4S 店模式的缺点

(1) 投资规模较大,每个店的投资成本在几千万元以上。

(2) 所需建店的场地审批和规划比较烦琐。

(3) 投资风险较大。

(4) 易流于形式,服务的质量还不能令人满意,距离实际的"四位一体"要求还有差距。

(5) 容易形成垄断。

(6) 维修网点的分布可能会给某些消费者带来维修上的不便利。

三、案例总结

(1) 每个小组在分析讨论 4S 店销售模式的利弊后,讨论总结我国 4S 店的发展方向。

(2) 每个小组派代表上台讲解本组的讨论结果。

(3) 各个小组对其他小组的讨论结果进行点评。

(4) 指导教师对每个小组的表现给以评价。

思考题

1. 什么是汽车销售渠道？汽车销售渠道有什么作用？
2. 简述汽车销售渠道的结构与类型。
3. 汽车销售渠道的中间商有哪些？它们的功能是什么？
4. 汽车销售批发商有哪些类型？它们的功能是什么？
5. 简述汽车特许经销商的权利与义务。
6. 汽车特许经销商有什么优势？
7. 汽车品牌经营的优点和缺点有哪些？
8. 汽车销售代理制有什么优点？如何选择汽车代理商？
9. 国际上知名的汽车城有哪些？我国著名的汽车城有哪些？
10. 简述汽车网络销售的基本流程。
11. 汽车信贷销售有几种类型？每种类型的特点是什么？

任务九 汽车促销策略

任务目标

1. 了解汽车促销的概念与作用。
2. 理解汽车促销的几种方式,掌握每种促销方式的特点。
3. 掌握人员推销的程序,能根据实际情况合理运用各种人员推销的技巧。
4. 能根据汽车广告宣传的目的合理选择汽车广告媒体。
5. 学会根据企业的内部环境因素和外部环境因素合理设计产品的促销活动方案。

现代汽车市场营销既要求企业开发适销对路的产品,制定具有吸引力的价格,通过合适的渠道使目标客户易于得到他们需要的汽车产品,又要求企业能很好地控制其在市场上的形象,加强与社会公众的信息沟通工作,即进行促销活动。在激烈的市场竞争中,促销手段是否得力,对企业的生存和发展至关重要。你知道汽车促销的方式有哪些吗?你能设计一则汽车广告吗?

任务资讯

任务资讯一 汽车促销组合

一、汽车促销概述

1. 促销的概念

促销是促进产品销售的简称。汽车促销是汽车生产企业通过人员和非人员方式,沟通汽车产品和服务的信息,引发、刺激消费者的欲望和兴趣,使其产生购买行为的活动。促销的实质是传播和沟通信息,促销的本质作用则是通过买卖双方的信息沟通,企业取得消费者的信任,诱导消费者的需求,促进购买与消费。

企业将合适的产品、在适当的地点、以适当的出售价格信息传递到市场,一般是通过两种方式:一种是人员推销,即推销员和顾客面对面进行推销;另一种是非人员推销,即通过大众传播媒介在同一时间向大量顾客传递信息,主要通过广告、公共关系和营业推广等方式进行。此外,通告、店标、陈列、示范、展销等也都属于促销策略范畴。

2. 促销的作用

在不完全竞争条件下,企业的目的是通过促销影响产品的需求弹性,增加产品的销售量。促销的主要作用有以下几点。

(1) 传递商业信息。

通过促销宣传,可以使用户知道企业生产经营什么产品,有什么特点,到什么地方购买,购买的条件是什么等,从而引起顾客的注意,激发其购买欲望,为实现和扩大销售做好舆论准备。

(2) 提高产品的竞争力。

促销活动可以宣传本企业产品的特点,提高产品和企业的知名度,加深顾客对本企业的了解和喜爱,增强信任感,从而提高了企业和产品的竞争力。

(3) 巩固市场地位。

通过促销活动,可以树立良好的企业形象和产品形象,尤其通过对名优产品的宣传,更能促使顾客对企业产品及企业本身产生好感,从而培养和提高品牌忠诚度,巩固和扩大市场占有率。

(4) 刺激消费需求。

这种作用尤其对企业新产品推向市场效果更为明显。企业通过促销活动诱导需求,有利于新产品打入市场并建立声誉。促销也有利于培育潜在需求,为企业持久地挖掘潜在市场提供可能性。

3. 促销的方式

促销的方式有人员促销和非人员促销两大类。人员促销也称直接促销,主要适用于消费者数量少、消费者比较集中的情况。非人员促销也称间接促销,是企业通过一定媒体传递产品和劳务信息,以促进消费者产生购买欲望、发生购买行为的一系列促销活动,适用于消费者数量多、消费者比较分散的情况。

产品常用的促销方式有以下四种。

(1) 人员推销。

人员推销也称人员促销,是企业推销人员对顾客通过面对面或者信函、电话等方式推销企业产品的促销方式。人员推销具有直接、准确、推销过程灵活、易与顾客建立长期友好合作关系及双向沟通的特点。这种推销方式对推销员的素质要求较高,费用也较大。

(2) 广告。

广告是通过报纸、杂志、广播、电视、广告牌等广告传播媒体形式向目标顾客传递信息。

广告宣传可以使广大客户对企业的产品、商标、服务等加强认识,并产生好感。其特点是可以广泛地宣传企业及其产品,信息传播面广,形式多样,渗透力强,便于消费者记忆。

(3) 营业推广。

营业推广是为鼓励某种产品的销售或刺激早期消费而采取的一系列短期的劝购促销活动。营业推广的刺激性强,吸引力大,主要包括赠券、奖券、彩票、展览、折扣等,它可以鼓励现有顾客大量、重复购买,并争取潜在顾客,还可以鼓励中间商大量销售。

(4) 公共关系。

为使公众理解企业的经营活动符合公众利益,并有计划地加强与公众的联系,建立和谐的关系,树立企业信誉的一系列活动即属于公共关系。其特点是不以短期促销为目标,通过公共关系使公众对企业及其产品产生好感,并树立良好的企业形象。比如支持社会公益活动、报告文学、影视剧等公共关系的效果就比较好。

二、汽车促销组合

汽车促销组合就是把人员促销、广告、营业推广、公共关系等各种不同的汽车促销方式有目的、有计划地结合起来,并加以综合运用,以达到特定的促销目标。由于各种汽车促销方式分别具有不同的特点、使用范围和效果,所以要结合起来综合运用,以便更好突出汽车产品的特点,加强汽车生产企业在市场中的竞争力。汽车销售大王乔·吉拉德(Joe Girard)曾说过:如果我只能依靠一样的销售工具来做生意,日子一定不太好过。我之所以有今天,是因为我总是在使用各种有用的销售工具。因此,在制定促销组合时应综合考虑以下几种因素。

1. 汽车促销目标

汽车促销目标不同应该有不同的汽车促销组合。如果汽车促销目标是为了提高汽车品牌的知名度,则汽车促销组合重点应放在广告和营业推广上,并辅之以公共关系宣传;如果汽车促销目标是为了让消费者了解汽车产品的性能和使用方法,则促销组合应采用大量的人员促销和某些营业推广,并安排适量的广告;如果汽车促销目标是立刻取得某种汽车产品的促销效果,则促销组合的重点是大量采用营业推广,并适当采用人员促销和广告宣传。

2. 推动式销售与拉动式销售

推动式销售是一种传统的销售方式,是指汽车生产企业以人员促销为主要手段,首先争取中间商的合作,将汽车产品推销给总经销商或批发商,利用中间商的力量把新的产品或服务推向市场,推向消费者。推动式销售一般适用于单位价值较高、性能复杂、需要做示范的产品,流通环节较少、流通渠道较短的产品和市场比较集中的产品。这种促销方式强调的是企业的能动性,表明消费需求是可以通过企业的积极促销而被激发和创造的。

拉动式销售是汽车生产企业运用非人员推销方式把顾客拉过来,使其对本企业的产品产生需求,以扩大销售。拉动式促销模式一般适用于单位价值较低的日常用品,流通环节较多、流通渠道较长的产品,市场范围较广、市场需求较大的产品。拉动式销售着重强调消费者的能动作用,表明消费者是决定生产的基本原因,企业的促销活动要顺乎消费需求,才能起到事半功倍的效果。

3. 汽车产品类型

汽车产品的种类不同,购买者的行为往往存在很大的差异,不同种类的汽车应采用不同的促销组合。例如,轿车主要供家庭和个人使用,由于市场比较分散、量大、单位价值总量较小,一般采用广告宣传为主,结合营业推广,辅之以人员推销和公共关系;而重型汽车、大型客车供运输类的企业使用较多,由于使用者相对集中,技术相对复杂,价格较高,购置时往往需要详细的说明、解释,因而应以人员推销为主,辅之以广告和公共关系。

4. 汽车产品的档次

不同档次的汽车产品,应采用不同的促销组合策略。广告一般是各种档次汽车市场营销的主要促销手段;营业推广是中、低端汽车主要促销手段,辅之以人员推销。

5. 汽车产品寿命周期

企业应根据产品生命周期不同阶段的特点,选择不同的促销组合。

①产品导入期阶段。多数消费者对新产品不了解,企业应当加强广告宣传,选派促销人员深入特定消费群体详细介绍汽车产品信息,并采取展销等方法刺激消费者购买。

②产品进入成长期阶段。这一时期由于利益的驱动,众多的竞争者将加入市场,此时促销的目的是宣传企业产品的品牌,争取顾客的偏爱,提高市场占有率。促销手段可以广告为主,但广告的内容应突出宣传汽车品牌和汽车特色,同时人员促销和营业推广也要加强,以强化产品的市场优势。

③产品进入成熟期阶段。促销的目的是要战胜竞争对手、巩固现有市场地位,应以提示性广告和公共关系为主,并辅之以人员促销和销售促进。

④产品进入衰退期阶段。此阶段应将促销规模降到最低程度,促销费用应尽量减少,节约开支。这阶段企业应以营业推广为主要促销策略,辅之以提示性广告。

任务资讯二　人员促销

一、人员促销概述

人员促销是起源最早的促销方式。汽车人员促销是指汽车企业的推销人员直接与消费者接触,利用各种技巧和方法,达到产品销售目的的一系列活动。

1. 人员促销的特点

(1) 双向信息传递。

人员促销过程中,推销员可以向顾客介绍产品的质量、性能、售后服务和拥有后的好处,起到促销的作用。同时能倾听顾客的想法和需求,将这些信息及时反馈给企业,可为企业改进营销策略提供依据。

（2）具有很大的灵活性。

在推销过程中，买卖双方是面对面的接触和交流，要求促销人员掌握顾客的购买动机后，可随时做出调整，重点从某些方面介绍产品的特点和功能，抓住有利时机促成交易；还可以及时发现问题，有针对性地解释，消除顾客的疑虑，使之产生信任感。

（3）针对性较强。

每次推销前，可选择潜在客户进行推销，并有针对性地对潜在客户进行研究，拟定具体的推销方案、策略和技巧，以提高推销的成功率。这一点是广告所不及的，广告促销面对的受众非常广泛，其中包含很多非潜在顾客。

（4）人员推销具有完整性。

推销人员的工作从寻找顾客开始，到接触、洽谈，最后达成交易。此外，推销人员还可担负很多其他营销任务，如用户回访、售后服务等，其他促销手段很难具备这种完整性。

（5）促销成本较高。

每个推销员直接接触的客户有限，销售面较窄，在市场范围较大的情况下，人员推销的开支较多，增加了产品销售成本，在一定程度上减弱产品的竞争力。

（6）促销人员的素质要求高。

人员促销需要人与人面对面的沟通和交流，需要推销员具备较高的基本素质；同时汽车新产品的技术含量越来越高，各种新装备层出不穷，要求推销员具备较高的专业素质，能及时解答客户的疑问，这样成交的概率才能提高。

2. 人员促销的形式

（1）上门促销。

上门促销是指由汽车促销人员携带汽车产品说明书、广告宣传单和订单走访客户，甚至直接将车子开到客户的住址或办公地点，以更好的促销产品。好处是能根据客户的具体兴趣点，有针对性介绍有关情况，容易立即达成交易。

（2）展厅促销。

展厅促销又称门市促销，是指汽车企业在适当的地点设置固定的门市、专卖店等，由销售员接待进入门市的顾客，推销产品。展厅促销与上门促销正好相反，它是等顾客上门的促销方式，因为汽车是贵重、大件商品，这种方式是汽车促销中的必备方式，几乎所有的企业都选用这种促销方式。

（3）会议促销。

会议促销是指销售人员利用各种会议向与会人员宣传和介绍产品，开展促销活动。比如，在订货会、交易会、展览会上促销产品。这种促销方式接触面广，促销集中，可以同时向多个促销对象促销产品，成交额较大，促销效果较好。近年来各大城市纷纷推出汽车展览会，它不仅是汽车促销的极好形式，对于提升品牌的形象、提高城市知名度也起到很好的作用。

3. 人员促销的任务

(1) 寻找潜在顾客。

潜在顾客是指对汽车产品或汽车服务确实存在需求的个人或组织。汽车销售人员要积极寻找和发现更多潜在顾客,寻找顾客的方法很多,如观察法、顾客介绍法、资料查阅法、展会宣传法等。

(2) 传递产品信息。

汽车销售人员要能熟练地将汽车产品或服务的相关信息准确及时地传递给潜在顾客,引起消费者的注意和兴趣,激发消费者的需求,促使其产生购买欲望。

(3) 销售产品。

与消费者进行售前沟通时,汽车销售人员要充分利用自己的汽车专业知识,向消费者介绍产品的详细信息,解答消费者的疑问,取得消费者的信任,努力达成交易,这是促销人员最根本的任务。

(4) 提供服务。

汽车销售人员把汽车卖给消费者但其工作还不算结束。随着竞争的加剧,汽车销售人员不仅要知道如何销售汽车,还要提供其他辅助服务,如售前咨询、售中和售后服务、签订合同、办理提车、办理保险,替顾客上牌照和汽车装饰咨询等。

(5) 收集信息。

销售人员要进行市场调查和调研工作,通过与顾客交流,了解消费者的需求变化、竞争者的动向、市场趋势,建立顾客信息档案。此外,将收集到信息进行整理,然后汇总集中反馈给汽车制造企业,以便在下一阶段为消费者提供更好的产品和服务。

二、汽车人员促销的程序和技巧

1. 人员推销的步骤

"公式化"推销理论将汽车人员推销过程分成七个阶段,如图9-1所示。

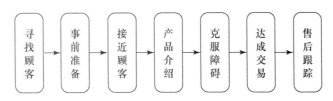

图9-1 人员推销的过程

(1) 寻找顾客。

推销人员要本着MAN原则来寻找顾客,即努力寻找拥有购买力(Money)、购买决定权(Authority)、购买需求(Need)的人,为推销开创一个良好的开端。

(2) 事前准备。

推销人员必须掌握三个方面的知识：一是产品知识，即要了解本企业产品的特点、用途和功能；二是顾客知识，即包括潜在顾客的需求、性格特点、购买习惯等，了解企业顾客的生产、技术、资金等情况；三是竞争者的知识，即竞争者的能力、地位和他们的产品特点。同时还要准备好样品、说明书、接近顾客的方式、访问时间、应变语言等。

(3) 接近顾客。

根据选定的接近顾客的方式、访问时间开始登门访问，与潜在顾客开始面对面地交谈，注意拜访顾客前，再次通话进行确认。

(4) 产品介绍。

产品介绍时，要注意探究顾客的真实意图，将产品的特点、功能等信息结合顾客的需求进行说明。此外，不要忘记说明使用该产品给顾客带来的额外价值，激发顾客的购车欲望，使顾客做出购买选择。

(5) 克服障碍。

推销人员应随时准备应付顾客不同的意见，要注意听取和分析客户的真实想法，做出有针对性的反应。要做到事实充分、证据有力、态度诚恳和不卑不亢，切忌在沟通过程中与顾客发生冲突。

(6) 达成交易。

接近和成交是推销过程中两个最困难的阶段。与顾客洽谈过程中，一旦发现顾客流露出购买意愿，推销人员要善于把握成交的机会，尽快促成交易。同时在签约时，要精神专注，谢绝外界的干扰；对于最终商定的价格态度要坚决，不应给顾客犹豫的感觉。

(7) 售后跟踪。

如果销售人员希望顾客满意并重复购买，则必须坚持售后服务跟踪。推销人员应认真执行订单中所保证的内容。例如，交货期、售后服务和附件安装等。

2. 人员推销的策略

推销人员应根据不同的推销气氛和推销对象审时度势，巧妙而灵活地采用不同的策略，吸引用户，促使其做出购买决定，达成交易。推销人员应掌握的基本促销策略有以下几种。

(1) 试探性策略。

如果推销人员对顾客不甚了解，可以使用率先设计好的能引起顾客兴趣的推销语言，投石问路，在交谈中观察顾客的反应；然后根据其反应采取相应的对策，再对顾客进行刺激，诱发购买动机。这种策略也称"刺激-反应"策略。

(2) 针对性策略。

针对性策略是指推销人员在基本了解顾客某些情况的前提下，有针对性地对顾客进行宣传、介绍，以引起顾客的兴趣和好感，使顾客感到推销员是自己的好参谋，进而产生强烈的信任感，促进交易的成功。这与医生对患者诊断后开处方类似，故又称针对性策略为"配方-成交"策略。

（3）诱导性策略。

诱导性策略是指推销人员运用能激起顾客某种需求的说服方法，诱发引导顾客产生购买行为。这是一种创造性策略，对推销人员要求较高，要求推销人员能因势利导，诱发、唤起顾客的需求；并能不失时机地宣传介绍和推荐产品，以满足顾客对产品的需求。因此，诱导性策略也可称为"诱发——满足策略"。

3. 人员推销的技巧

推销人员掌握了人员推销的策略后，在实际运用时还必须掌握一些推销技巧。

（1）建立和谐的洽谈气氛。

推销人员与顾客洽谈，首先应给顾客一个良好的印象，要做到懂礼貌、有修养、稳重而不呆板、活泼而不轻浮、谦逊而不自卑、直率而不鲁莽、敏捷而不冒失。

（2）开谈的技巧。

在开始洽谈阶段，推销人员应巧妙地将话题转入正题，做到自然、轻松。

（3）排除推销障碍的技巧。

推销人员如不能有效地排除和克服所遇到的障碍，将会功亏一篑，因此要掌握排除常见障碍的技巧。

① 排除顾客异议的技巧。如果发现顾客欲言又止，推销员应自己少说话，直截了当请顾客充分发表意见，以自由问答的方式真诚地同顾客交换意见和看法，遇到有一时难以纠正的偏见和成见的顾客时，可以进行话题转移。

② 排除价格障碍。应充分介绍和展示产品特点，使客户感到"一分钱一分货"。

③ 排除顾客习惯势力障碍。实事求是地介绍客户不太熟悉的产品，并将其与他们已经熟悉的产品相比较，让顾客乐于接受。还可以通过相关群体的影响，使客户接受新的观念。

（4）与顾客会面的技巧。

一是要选好见面的时间，以免吃"闭门羹"；二是可采用请熟人引荐、名片开道、同有关人员交朋友等策略，赢得顾客的欢迎。

（5）抓住成交机会的技巧。

推销人员应善于体察顾客的情绪，在给顾客留下好感和获取顾客信任时，应抓住机会发动进攻，争取签约成交。

在推销人员运用各种策略和技巧推销产品时，还有一点要额外重视，就是你推销的不仅仅是汽车产品，还包括你自身。消费者行为学的研究发现："爱屋及乌"是一种普遍的心理现象，消费者对产品的喜爱，往往是从对销售人员的喜爱开始。日本著名的市场营销学家夏日志郎认为：真正优秀的推销人员并不是在推销产品，而是在推销自己。

三、汽车促销人员的管理

汽车促销人员的管理主要包括促销人员的招聘、培训、激励、评价等环节。

1. 促销人员的招聘

促销人员的来源主要有两种：一是将企业内部德才兼备、热爱并适合推销工作的人选拔到销售部门工作；二是从企业外部招聘，可以从大中专院校的应届毕业生选拔，还可从其他企业中有相关工作经验的群体中物色合适的人选。无论从哪里选用促销人员，都要经过严格的考核，择优录用。选拔录用的促销人员应具备以下的基本素质。

① 应具有热心、诚心和信心。

② 应具有一定的企业知识、产品知识、市场知识和专业知识。

③ 应具有较好的学历、修养和风度。促销人员在推销产品时，与顾客直接接触，他展现的不仅是自己的形象，更代表企业的形象。

④ 应具有很强的应变能力和沟通表达能力。

⑤ 应具有较强的观察力、理解力、创造力、想象力和判断力。

⑥ 推销人员应是遵纪守法的典范。

2. 促销人员的培训

对新促销人员要经过培训才能上岗。同时还要对现有的促销人员进行阶段性的培训，使其了解企业的新产品和新的市场营销策略，进一步提高素质。培训内容主要包括下面几点。

① 企业历史、企业文化、组织机构设置、经营目标、财务状况等企业基本情况。

② 促销人员的气质、风度、礼仪、社交能力等综合素质的培养。

③ 促销人员的工作流程、促销策略与技巧等专业知识。

④ 企业汽车产品的型号、性能、技术特点及车辆配置等情况。

⑤ 竞争对手的综合实力、营销策略、产品型号、车辆功能等情况。

3. 促销人员的激励

为调动促销人员工作的积极性、主动性，提高工作效率，要建立合理的报酬制度和激励措施。

（1）合理的酬劳。

销售人员的工作性质比较特殊，促销人员的报酬也具有较大的灵活性。常见的报酬管理方法有薪金制、佣金制、薪金加奖金制等。不论何种报酬制度，必须贯彻按劳分配的原则，要将促销人员的薪酬与他的销售量和工作业绩等挂钩，这样才能调动推销员工作的积极性和主动性。例如，丰田汽车公司规定，新推销员每月应推销3～5辆汽车，10年以上的推销员每月应推销13辆以上，这是他们的基本工作量，与他们的薪酬直接挂钩的。

（2）有效的激励。

建立有效、合理的激励制度是行之有效的一种管理措施。管理人员应采用各种激励方法调动推销员的积极性，激发他们的潜能。例如，可以采用目标激励法，对超额完成销售目标的给予物质奖励;还可以采用竞赛激励法,对在产品销售等业务比赛中取得优异成绩的给予物质和精神方面的奖励。

4. 促销人员的评价

对销售人员的评价主要是看他们的工作业绩。推销人员的工作业绩不仅指的是汽车销售量,还体现在销售定额的完成量、新客户的销售量、销售利润、资金回笼情况、顾客的满意度等几个方面。

对每个推销员考核时要综合考虑这些业绩指标,才能得出合理的评价。例如,某些销售员在一段时间内的销售量很高,但是顾客满意度非常低,综合评价可以认为这个销售员是不合格的。因为这类销售员对公司是有危害的,他们的销售业绩有可能是采用不正常手段获得的,长期下去可能有损公司的形象,不利于公司增加销售量。

任务资讯三　广告促销

一、汽车广告的作用

汽车广告是汽车企业支付费用,有计划地通过各种传播媒介发布消息、树立企业形象、推销自己的产品或服务的活动。汽车广告的主要作用有以下几点。

1. 建立知名度

通过各种媒介的组合,向汽车消费者传达新车上市的信息,吸引目标消费者的注意。汽车广告宣传可避免促销人员向潜在消费者介绍新车所花费的大量时间,快速建立知名度,迅速占领市场。

2. 传递产品信息

广告能使不特定群体顾客了解有关产品的优点、性能、用途和使用方法等,有助于潜在的消费者根据广告信息选择符合自身要求的产品。

3. 刺激消费

广告要达到的目的是增加企业产品的销售量。在消费者已经了解产品的信息,但还未决定购买时,广告能不断的提醒他们,刺激其购买欲望。

4. 提供保证

广告能提醒消费者如何使用、维修、保养汽车,对他们再度购买提供保证。

5. 树立企业形象

对于汽车这种高档耐用消费品,消费者在购买时十分重视企业形象(包括信誉、名称、商标等),广告可以提高汽车生产企业的知名度和美誉度,扩大其市场占有率。

二、确定汽车广告目标

汽车广告策划的第一步是确定汽车广告目标。汽车广告目标是指在一个特定时期内，对某个特定的公众所要完成的特定传播任务。这些目标必须服从先前制定的有关汽车目标市场、汽车市场定位和汽车营销组合等决策。

1. 通知性广告

通知性广告主要用于新产品上市的开拓阶段，此时广告要侧重在提高产品的知名度，帮助顾客认识、理解产品，为汽车产品建立市场需求。

2. 说服性广告

说服性广告主要用于竞争阶段，此时需要继续加强沟通，宣传产品的竞争优势，建立对某一特定汽车品牌的需求偏好。使用这类广告，应确信能证明自己处于竞争优势，并不会遭到其他更强大对手的反击。

3. 提醒性广告

提醒性广告用于汽车产品的成熟期，目的是保持消费者对该汽车品牌的记忆。如一汽大众时常为处于成熟期的捷达轿车做广告，提醒消费者捷达轿车品牌的存在。

三、汽车广告媒体及其选择

1. 典型汽车广告媒体

汽车广告媒体的种类繁多，经常采用的媒体有以下几种。

（1）报纸媒体。

报纸是新闻宣传最有效、应用最广泛的媒体工具。其优点是：覆盖率高、影响面广、传递迅速、时效性强、制作简便、费用低廉，用于汽车广告能比较全面介绍汽车的主要性能指标，给读者以整体了解。其缺点是：实效较短、内容庞杂、容易分散读者的注意力，制作和印刷欠精细，形象效果欠佳。

（2）杂志媒体。

杂志的种类繁多，汽车广告一般选用专业性杂志，如《世界汽车》《轿车情报》《汽车与配件》《汽车纵横》《中国汽车画报》等。杂志媒体的优点是：对象明确，针对性强，保存期长，信息能充分利用，印刷精致，图文并茂。其缺点是：定期发行，时效性差，传递范围窄。

（3）广播媒体。

广播媒体通过电波传递各种信息，是一种广为利用的听觉媒体。其优点是：传播迅速、次数多、范围广、及时性强、制作简单、收费低廉。其缺点是：有声无形、印象不深、难以保存、盲目性大、选择性差，主要适用于对中间商的宣传。

(4) 电视媒体。

电视媒体通过视觉和听觉形象的结合传递各种信息,是重要的现代广告媒体。其优点是:覆盖面广、收视率高、直观生动、感染力强、宣传效果好。其缺点是:信息消逝快,不易保存、编导复杂、费用昂贵、选择性差、目标不具体。电视媒体用于汽车广告,一般只能进行品牌宣传,难以给观众具体的介绍。

(5) 户外媒体。

户外媒体最常见的是路牌、海报、巨型屏幕等。它具有传播面广、费用低、时效快、语言简洁、画面醒目、标识清晰等特点。但由于设置地点、宣传对象不确定,广告效果不稳定,也不太显著。汽车广告运用此类媒体时,应选择在机场附近、火车站广场、高速路口、城市道路交通出入口等地,一般能给人以深刻的印象。如首都机场附近丰田公司的广告牌上"车到山前必有路,有路必有丰田车"的两行广告词,给行人留下深刻印象,广告效果很好。

(6) 网络媒体。

网络媒体具有电视媒体的优点,又克服了不易保存的缺点,拥有杂志媒体的长处,是一种集多种媒体优点于一身的现代广告媒体,具有很好的发展前景。目前在中国汽车网、太平洋汽车网、汽车之家、易车网上刊登的汽车广告、发布的汽车信息数量已超过传统的媒体。

2. 汽车广告媒体的选择

广告媒体繁多,其功能不尽相同,怎样才能使公众接受广告者的观点,不仅要设计优秀的广告,而且要选择合适的宣传媒体。只有这样,企业才能以较低的成本、最佳的宣传效果向公众传达预期的广告信息。企业在选择广告媒体时应综合考虑以下各种因素。

(1) 产品信息。

企业在做广告时,应根据宣传的产品信息选择合适的媒体类型。若要侧重介绍汽车产品的性能和特点,因其包含大量的技术资料,选择专业性较强的报纸、杂志比较合适。若要侧重宣传车辆的外观、造型、提升品牌的形象,宜选电视、网络或者印刷精美的杂志,因为这些媒体在示范表演、形象化和色彩等方面效果非常显著。

(2) 消费者的媒体习惯。

对于不同的广告媒体,消费者接触的习惯不同,企业应将广告刊登在目标消费者群体经常接触的媒体上,以提高视听率。例如,购买跑车的大多是富有的中青年人士,所以电视和广播是宣传跑车最有效的广告媒体。

(3) 广告费用。

在选择宣传媒体时,要对媒体自身的特点,企业要达到的广告目标,广告的覆盖面、企业自身的成本承受能力等因素予以综合考虑。

(4) 竞争对手的广告策略。

企业在宣传产品,选择媒体时,不仅考虑上述的几个因素的影响,还要注意竞争对手的广告策略。因为竞争对手的广告策略往往具有很强的针对性和对抗性。只有充分了解竞争对手的广告策略,才能充分发挥自己的优势,克服劣势,最终取得良好的宣传效果。

四、广告预算

企业进行广告宣传时,不仅要考虑到广告的作用,而且要考虑广告的费用,要进行广告预算。广告预算的指导思想是:以最小的费用求得最佳的宣传效果、最大的销售量。确定广告预算时经常采用以下几种方法。

1. 销售比例法

销售比例法是以广告的费用与销售额或利润的关系来确定广告预算的方法。例如,上海大众斯柯达2014年的广告费用为11.50亿元人民币,占其营业额的2.5%。这种方法是以企业过去的经验,按照一定的销售额或利润的比例,确定广告费用的支出。

2. 目标法

目标法是根据完成广告目标必须进行的广告宣传,核算成本,得出广告预算,但这种方法的缺点是效果很难预料。

3. 对抗平衡法

对抗平衡法是以同行业中特别是有竞争关系的企业的平均广告支出来预算企业的广告费用。这种方法的缺点是:平均广告费用支出较难预测,缺乏特色。

4. 支付能力法

支付能力法是根据企业在一定时期内所能承担的财力来确定广告预算。这种方法得出的广告预算不一定符合市场发展的需求。

五、广告内容设计

汽车广告的有效性远比广告花费的金额更重要。一则汽车广告只有获得消费者的注意才能增加销量,因此汽车广告内容能否引起消费者的注意十分重要。汽车广告内容设计主要包括广告主题设计和广告形式设计,详细内容参见任务训练—汽车广告主题和形式设计。

六、汽车广告效果评价

企业为产品发布广告之后,宣传的目的是否达到,效果如何,所支出的广告费用是否物有所值都是未知数。因此,企业还要对广告效果进行评价,以修正和改进广告目标和预算。广告效果评价有两种:一是销售效果评价,二是沟通效果评价。

1. 销售效果评价

影响促销的因素比较多,除广告效果的影响外,还受到产品的质量、价格、销售渠道、市场竞争的制约。因此,对广告销售效果的评价并不容易,常用的测评方法有三种。

① 单位广告成本促销手法。企业将广告前和广告后销售量的增加量和广告费用相比,

测定广告效果。即：

单位广告成本促销率 =（广告后平均销售量－广告前平均销售量）/广告费用

② 地区实验法。将做过广告的地区和未做过广告的地区的产品销售量进行比较，以此判定广告的效果。

③ 广告费增量比率法。根据广告后取得的销售额增量与广告费用增量进行对比的结果来测定广告效果。

2. 沟通效果评价

沟通效果评价是判断公众在接收到广告后的心理态度。可以分为事先预评与事后测评两种。

(1) 事先评估。

① 直接测评。组织消费者或者广告专家观看各种广告，然后请他们就广告的吸引力、可读性、认知力、影响力等方面做出评价。

② 实验测评。广告研究人员利用各种仪器来测量选定的消费者对于广告的心理反应，如心跳、血压、瞳孔的变化等现象，从而判断广告的吸引力。

③ 调查测评。请消费者看一组广告，对时间不加限制，然后请他们回忆所看过的广告内容，看能记忆多少，以测量广告主题是否突出，从中选出消费者容易接受的方案。

(2) 事后评估。

在广告播出后对广告的效果进行测评，以判断广告的效果，主要有两种方法。

① 回忆测评法。广告研究人员通过研究公众对广告中的主题和内容的追忆来判断广告的吸引力和效果。

② 认别测评法。在广告播出后，请公众对他们曾接触的广告进行辨认，以此来判断广告的效果。常用的指标：一是粗知百分率，即声称听到或看到此广告但不能说明其内容的公众百分率；二是熟知百分率，即能正确辨认该产品和做此广告的企业名称的公众百分率；三是深知百分率，即能正确辨认该产品和发布广告的企业名称，并能记住该广告内容一半以上的公众百分率。

任务资讯四　营业推广促销

一、营业推广的概念

1. 营业推广的含义

营业推广又称销售促进，是指汽车企业运用各种短期诱因鼓励消费者和中间商购买、经销或代理企业产品或服务的促销活动。

它是一种频次高、刺激性强的促销手段，要比广告、公共关系等对销售的刺激来得更为直接和迅速。它对企业推出新的品牌或新的产品，争取中间商的合作有较大作用。但若长期使用或单独使用,往往会引起消费者的反感,容易造成消费者对企业的误解。所以,在实际运用时一般要与其他促销手段配合使用。

2. 营业推广的特点

(1) 见效迅速。

可根据顾客心理和市场营销环境等因素,采取针对性很强的营业推广方法,向消费者提供特殊的购买机会,具有强烈的吸引力和诱惑力,更能唤起顾客的广泛关注,从而促成购买行为,在较大范围内取得立竿见影的功效。

(2) 活动期短。

营业推广活动只在特定的时期内进行,活动不能长期开展。活动期间采取的优惠政策也只能在活动期内有效,活动结束后营业政策要恢复到正常水平。如果营业推广经常化、长期化,那就失去了促销的意义。

(3) 形式直观。

许多销售促进活动具有吸引注意力的性质,可以打破消费者购买某一特殊产品的惰性。举行促销活动时,可以告诉消费者说,这是永不再来的机会。这种机会对于那些精打细算的人来说是具有很强的吸引力,但这类人对于任何一种品牌的产品都不会永远购买,他们是品牌转换者,而不是品牌忠诚者。

(4) 互动性强。

营业推广往往需要消费者或中间商积极参与,只有把他们的积极性调动起来,刺激其需求,促进其实现消费,才能达到企业的目的。因此,营业推广方案强调与沟通群体的互动性,形成良好商业氛围和商业关系。

(5) 具有副作用。

有些促销活动显示出卖者急于出手的意图,易造成顾客的逆反心理。若使用太多,或使用不当,顾客会怀疑此产品的品质及产品的品牌,给人一种推销的是劣质品的错误感觉。

二、营业推广的形式

根据营业推广的对象不同,可以将营业推广分为两大类:针对消费者的营业推广和针对中间商的营业推广。

1. 针对消费者的营业推广

(1) 赠送。

免费向顾客或潜在顾客赠送物品或服务,以刺激顾客购买特定产品。常见有两种情况:一是随货赠送,即买某一汽车产品可免费赠送真皮坐垫、脚垫、贴膜等;二是向潜在消费者派送印有企业标志、形象、通讯方式的T恤衫、组合工具、台历等小礼品,拉近与顾客的关系,提高顾客的满意度,从而激发顾客的购买欲望。

（2）价格折扣。

可以在商品标价不变的情况下，实际收款时按一定打折比例少收一部分价款，价格折扣的优点是可以吸引新顾客，扩大销售量。

（3）分期付款。

汽车价格比较昂贵，对于购买力较低的普通消费者，一次付款有时会比较困难，先支付一部分车款，余下车款在一定时间内，分期支付给销售部门，最终买断汽车。这种方式的最大好处是解决了购销双方资金和资源的双重闲置。

（4）汽车租赁。

开展汽车租赁业务，对用户而言，可使用户在资金短缺的情况下，用少部分现金而获得汽车的使用权。对于汽车生产厂商而言开办租赁业务比现金销售能获取更好的经济效益。汽车租赁促销通常的做法是顾客先按一定比例缴纳租借押金，一般为新车价格的30%；然后在2～3年内，按月缴纳租借费；租借期满后顾客可以买断或返还汽车。

（5）鼓励购买"自家车"。

很多汽车大公司对自己的职员实行优惠购车政策，可以称之为购买"自家车"。这种策略可以激发职工的责任感和荣誉感，较好地将汽车销售与企业文化建设结合起来。例如，大众公司规定本公司员工每隔九个月可以优惠购买一辆本公司的轿车，每年大众公司以此方式销售的车辆约9万辆。

（6）展览促销。

在潜在顾客集中的地区举办车展，也可以参加其他组织举办的大型车展。利用车展可有效传播汽车企业文化和产品与服务信息，增加销售机会。

（7）汽车置换。

汽车置换业务是汽车以旧换新、二手汽车再销售等项目的业务组合。汽车置换已成为全球流行的销售方式。汽车置换业务加速了汽车的更新速度，投资回报也比较高。

（8）试乘试驾。

邀请潜在消费者免费试乘试驾汽车，可为消费者提供亲身体验，有利于进一步加强消费者的购买欲望，最终达成交易。

2. 针对中间商的营业推广

对中间商的促销是生产企业对中间商，或上一级中间商对下一级中间商开展的销售促进活动。主要采用的方式有以下几种。

（1）批量折扣。

对中间商达到一定数量的进货或第一次进货给予优惠。可以是按批量分段表明优惠价格或折扣，也可以在交易中面议。

（2）提高返点。

为鼓励中间商销售汽车的积极性，可以对其加大返点比例。这种方式尤其适用于消费者还没有充分认知的汽车新产品的销售促进,可以促使中间商努力地开发汽车新产品的市场。

(3) 销售店赠品。

指对中间商购货达到一定数额,或对特定商品进货齐全或达到一定数额时,给中间商派送赠品。

(4) 广告援助。

对中间商为本企业产品做广告的,承担部分费用,或在店铺布置、装潢等方面提供帮助,以及提供店面广告援助,帮助培训人员等,直接增强中间商的营业能力,增加销售额。

三、营业推广的实施

一个完整的营业推广活动的实施,包括确定目标、选择促进形式、制订方案、方案试验、方案实施和结果评价。

1. 制定销售促进目标

概括地说推广目标主要有新品上市、处理滞销品、加大分销及减轻库存、品牌宣传、提升销量、竞争者促销跟进、重大节庆日例行促销。此外,对企业而言,还有两个隐性目的:一是搞好客户关系以争取主推;二是做好价格管理,增加一些产品价格的透明度。

2. 选择销售促进形式

营业推广的形式很多,企业应根据自身情况及刺激和强化市场需求的需要,灵活有效地选择使用。例如,每到年末,汽车销售商为减少库存量,回笼资金,此时就可以采取较大幅度的折扣促销方式。有时为完成与厂家签订的销售合同,甚至采取亏本销售的策略。

3. 制订实施方案

销售促进方案应该包括以下几个内容。

① 确定优惠额度。要使促销活动达到最佳的效果,优惠额度的确定很关键。优惠额度太小,不足以刺激顾客购买;优惠额度太大,企业难以承受。

② 确定促销对象。一般企业只向符合条件的顾客提供优惠,如赠送汽车倒车雷达的条件就是消费者必须购买本企业的汽车。

③ 确定促销时间。促销时间太短可能会使很多顾客来不及参加。促销时间太长,一方面使促销失去魅力;另一方面可能会影响企业利润,甚至使产品质量受到怀疑,反而影响品牌的忠诚度。

④ 确定促销时机。促销时机选择的恰当与否直接影响促销活动的开展效果。促销时机可以利用季节性、产品导入期、成熟期的转折点及品牌成熟度来决定。销售部门要根据对整个市场的考察分析和与总体营销战略的配合来确定适宜的促销时机。

⑤ 预算促销经费。安排预算一定要比较成本与效益,不能简单地主观判断,而且促销活动经费要与广告支出分开预算。促销预算一般包括促销活动的管理成本(包括人员经费、

宣传材料)和促销优惠成本(如赠奖、折扣等)。

4．方案实施

汽车销售促进方案制订后,必须经过试用,再向市场投放。可以邀请消费者对备选的几种不同的优惠办法进行评价和打分,也可以在有限的地区范围内进行试用性测试,以此明确促销工具选用是否适当,刺激效果是否最佳等。

汽车销售促进方案的实施必须包括销售准备阶段和销售延续阶段。销售准备阶段包括：最初的计划工作、配合广告的准备工作和销售点的材料准备,通知现场促销人员,为个别的分销网点建立分配额,购买或印刷特别赠品或包装材料并存放在中间商处准备在特定日期发放等。销售延续阶段指从开始实施优惠办法起,到大约95%的采取此优惠办法的汽车产品已在消费者手里为止的这一段时间。

5．销售促进评价

一般采用两种方法对汽车销售促进的效果进行评价：销售数据和消费者调查。

(1) 销售数据。

通过销售数据可以对比出消费者在促销前后的购买行为,分析出各种类型的消费者对促销的态度,以及购买促销汽车产品的消费者后来对该品牌或其他品牌的行为。

(2) 消费者调查。

通过这种调查,可以了解有多少人记得这次促销,他们的看法如何,以及这次促销对于他们随后选择品牌行为的影响程度。在评估促销结果时,决策层还要注意一些可能的成本因素。

任务资讯五　公共关系促销

一、公共关系概述

1．公共关系的概念

世界公共关系协会将公共关系定义为："公共关系的实施是分析趋势、预测后果、向机构领导提出意见、履行一系列有计划的行动,以服务本机构和公众利益的艺术和社会科学。"

汽车公共关系促销是指汽车企业为了使社会公众对本企业或其产品建立好感、树立企业形象、品牌形象,利用各种传播手段,向公众展开的一系列有计划、有组织、有目的的活动。

2．公共关系的作用

(1) 建立知晓度。公共关系利用媒体讲述一些情节,吸引公众对汽车产品的兴趣。

(2) 树立可信度。公共关系可通过社论性的报道来传播信息,以增加企业及其产品的可信度。

(3) 激励促销人员和经销商。新车投放市场之前先以公共宣传的方式披露,便于促销人员和经销商将新车推荐给目标消费者,可以提高他们的积极性。

(4) 降低促销成本。公共关系的成本比广告费用要低很多,企业适宜地运用公共关系,可以用较低的投入获得更好的宣传效果。

二、公共关系的方式

越来越多的汽车生产企业、汽车销售企业应用公共关系策略来支持他们的营销部门树立和推广品牌形象,接近和影响目标市场。汽车公共关系采用的主要方式有以下几种。

1. 公开出版物

公开出版物包括汽车年度报告、纪实文学、宣传册以及公司的商业信件和汽车杂志等。宣传册在介绍汽车产品性能、使用、配备等方面起到很重要的作用。企业的商业信件和汽车杂志可以树立汽车企业形象,向目标市场传递重要新闻。

2. 制造新闻事件

汽车企业通过安排一些特殊的事件来吸引人们的注意力,使人们对该企业的新产品和其他事情感兴趣。这些事件包括招待会、新产品发布会、竞赛、展览会、运动会和各类赞助活动等。例如,上海大众为配合新型桑塔纳"时代超人"的推出,在新疆举行桑塔纳轿车拉力赛活动;日本丰田汽车公司的破坏性试验等,都是比较成功的案例。

3. 演讲与报告

举办各种专题活动和策划企业领导人的演讲和专题报告,通过公关人员和公司领导人鼓动性的演讲能创造和提升汽车公司及其产品的知名度,大大推动产品的销售,并树立汽车公司的良好品牌形象。

4. 影视剧本

一些大汽车公司经常与影视界合作,将企业的发展历程编写成影视剧本,或拍摄微电影对即将推出的新产品进行广泛宣传,加深社会公众的了解。如宝马汽车公司为即将推出的X5拍摄了微电影《改变自己》,为新M5的推出拍摄了微电影《美女遇到野兽》等,起到了很好的促销效果。

5. 社会公益活动

企业通过参与各种社会公益活动和社会福利活动,能树立企业关心社会公益事业的良好形象,培养与有关公众的友好感情。例如,2008年中国汶川发生了大地震,中国最大的汽车玻璃生产商福耀汽车玻璃工业集团有限公司及其董事长分别向灾区捐款500万人民币,随后中央电视台举办赈灾义演晚会,该公司又捐款1亿元人民币,通过这样的公益活动,树立了福耀汽车玻璃回馈社会、勇于承担社会责任的良好形象。

三、公关关系评价

公共关系常与其他促销工具一起使用,故其效果很难评估。汽车营销公共关系的效果常用以下方法评估。

1. 民意测验法

选择一定数量的目标公众,通过问卷等形式征求他们对公关活动的意见,调查公众对汽车产品的品牌理解、态度等方面的前后变化水平,然后加以分析、统计来说明公共关系的效果。

2. 专家评估法

聘请有关专家对公共关系工作提出自己的意见和观点,从不同角度来分析公共关系工作的成果。

3. 资料分析法

资料分析法是指通过对企业生产经营资料、销售数据的变化来分析公共关系的效果。

4. 展露度法

展露度是计算出现在媒体上的展露次数,这种方法简单易行,但无法真正衡量出到底有多少人接受了这一信息及对他们购买行为的影响。

5. 销售额和利润贡献

公共关系通过刺激市场、同消费者建立联系,把满意的消费者转变成为品牌忠诚者,提高了销售额和利润。计算销售额和利润贡献率,是衡量公共关系效果比较科学的方法。

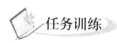任务训练

任务训练 汽车广告主题与形式设计

一、实训背景资料

一款纯电动汽车预计 2014 年一季度在全国主要大中城市上市,其产品背景资料如下。

(1) 制造商:华晨宝马汽车股份有限公司。

(2) 产品名称:之诺 1E 电动汽车。

(3) 产品的类型:SUV、纯电动动力系统、外形与配置类似宝马 X1。

(4) 续航里程:充满电时大于 150km。

(5) 预销售地区:全国大中城市。

(6) 上市时间:2014 年一季度。

(7) 促销目标:让电动轿车为中国消费者所认可,并提高之诺 1E 电动汽车的销售量。

二、汽车广告主题与形式设计

1. 广告主题设计

广告主题是广告的内涵也是产品的卖点。汽车广告主题应该是所促销产品的主要优点,可以是产品的性能或品牌形象等。成功的广告多是集中于一个中心主题,而不必给出过多的产品信息,防止冲淡主题。一般设计电动汽车的广告主题应围绕品牌和产品的科技含量、环保、可持续发展、对社会的责任等方面。

根据实训背景资料和广告主题的要求,设计华晨宝马之诺1E电动车的广告主题词。小组讨论时可参阅表9-1所示的几个成功的汽车广告文案主题。

表9-1 成功的汽车广告文案主题

汽车品牌	广告用语	广告主题
宝马——BMW	驾驶之乐	车辆的动力性和操控性
奥迪——AUDI	突破科技,启迪未来	产品的科技创新
丰田——TOYOTA	车到山前必有路,有路必有丰田车	丰田的市场占有率
新甲壳虫——New Beatle	过目难忘	独特的外形
福特——Ford	在高速公路上福特帮您再上路	产品品质与良好的服务

2. 广告形式设计

广告形式是广告的外延,即将已确定的广告主题,用最具吸引力的广告词或广告画面表现出来。广告形式应当具有便于记忆、便于传播、简洁生动及诱发联想的特点。广告形式设计要符合传播学和心理学的基本规律,有时还可以造成认知冲突,以"戏剧化"的形式表现出来。

小组讨论华晨宝马之诺1E电动车的广告宜采用的形式,设计时可参阅以下两个成功的汽车广告设计案例的形式。

例一,奇瑞QQ都市篇系列平面广告将产品与时尚男女组合到一起,并给出了极具个性的广告语:风景——我正勾画,时尚——我来执笔。作为一款微型车,这则广告突出表现了QQ三大卖点中的一个,就是"使汽车变为时尚潮流"。

例二,德国大众甲壳虫做过一个广告,广告标题是:"他们说它根本就办不到",画面则是一位骑着摩托车的警察,正在高速公路上给一位驾驶甲壳虫的年轻人开超速罚单。这则广告有力反驳了"甲壳虫无法在高速公路上超车"的谬传。

三、实训总结

(1) 通过小组讨论选择合适的广告媒体,选择广告媒体时要依据促销目标、厂家的经济实力、广告的主题和形式等因素。

(2) 将小组选择的广告媒体、设计的广告内容画到图纸上或是制作成PPT。

(3) 每个小组派代表上台介绍本小组的设计作品。要求：说明设计的理由，并预测广告的效果。

(4) 各小组对其他小组设计的作品的优点和不足进行点评。

(5) 教师进行点评、总结，并对各小组的实训情况进行打分。

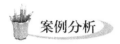

最伟大的汽车销售员

一、案例背景信息

1. 人物简介

被《吉尼斯世界纪录大全》誉为"世界最伟大的销售员"的乔·吉拉德，从擦鞋童、洗碗工、搬运工、火炉装配工以及房屋建筑承包商，到美国密歇根州一家雪佛兰汽车经销店的营销员，在他十几年的职业生涯中，一共售出了13 001辆汽车。乔·吉拉德成就斐然，自1966年以来一直蝉联汽车销售冠军的头衔，是唯一以销售员的身份荣登"汽车名人堂"的人，并被美国成就学会授予"金盘奖"。

作为一名世界著名的演讲家，乔·吉拉德的客户众多，其中包括：通用汽车、戴姆勒-克莱斯勒、福特汽车、IBM、惠普、哥伦比亚广播公司、卡夫、约翰迪尔、芝加哥联邦储备银行、西瑞游艇及其他全世界数以百计的广告与销售俱乐部等。

2. 青年困惑

乔·吉拉德出生于1928年的美国"大萧条"年代，父辈是四处谋生的西西里移民，为了生计，他9岁就开始擦皮鞋、做报童，遭受邻里的歧视。乔·吉拉德16岁时离开了学校，成为一名锅炉工，并在那里得了严重的气喘病。后来他成为一名建筑师，到1963年1月为止，盖了13年房子。35岁以前，乔·吉拉德是个全盘的失败者，他患有相当严重的口吃，换过40个工作仍一事无成，甚至曾经做过小偷，开过赌场。35岁那年，乔·吉拉德破产了，负债高达6万美元，此时，他走进了一家汽车经销店。

3. 不懈奋斗

为了生存下去，乔·吉拉德走进一间底特律的汽车经销商，恳求满怀狐疑的经理给他一份推销员的工作。因为有严重口吃，使得靠嘴谋生的乔·吉拉德特地放慢说话速度，比谁都更注意聆听客户的需求与问题。因为没有人脉，乔·吉拉德最初靠着一部电话、一支笔，和顺手撕下来的四页电话簿作为客户名单拓展客源，只要有人接电话，他就记录下对方的职业、嗜好、买车需求等生活细节，虽吃了不少闭门羹，但逐渐有些收获。

凭着坚持不懈的努力，对待顾客坚持诚信，恪守公平原则，不墨守成规，不断创新自己的方法。花了3年时间"扎马步",乔·吉拉德很快打响了名号,让人生演出大逆转。他第三年卖出343辆车,第四年就翻涨,卖出614辆车,从此业绩一路长红,连续12年成为美国通用汽车零售销售员第一名,甚至成为世界最伟大汽车销售员。

4. 有取有舍

15年间,业绩突出的乔·吉拉德有很多跳槽、升迁的机会,但是他总是拒绝,他名片上的头衔始终是"销售员"。选择当一辈子的销售员,不是不在乎头衔,而是更在乎"钱"。他得意地说:"老板只做管理,真正为公司赚钱的是我!我赚的比老板还多!"因此乔·吉拉德能持续每天在前线从事推销工作,享受每一次成交所带来的快感与金钱奖赏。他兴奋地指出:"今天我卖出6辆,明天我就渴望成交10辆!我感觉每成交一次,都像是被顾客提拔了一次!"

5. 成功转型

1978年1月1日,乔·吉拉德急流勇退,转而从事教育培训工作。如今已经八十多岁的他每天依然行程满档,不仅出书,还应邀到世界各地演讲自己的人生经验与推销秘诀,使他在销售界仍有相当影响力。

如今,在底特律市东郊沿着世界汽车工业先驱亨利·福特继承人亨利·福特二世的石砌庄园围墙行驶,约十分钟后右转,就来到了乔·吉拉德的家。"亨利·福特二世是我的邻居!"这是出身贫民窟的乔·吉拉德最感骄傲的一件事。

6. 创造传奇

乔·吉拉德的一生创造了奇迹。

(1) 伟大的汽车销售员。

他连续12年被《吉尼斯世界纪录大全》评为世界零售第一。创造5项吉尼斯世界汽车零售纪录:① 平均每天销售6辆车,② 最多一天销售18辆车,③ 一个月最多销售174辆车,④ 一年最多销售1 425辆车,⑤ 在12年的销售生涯中总共销售了13 001辆车。

(2) 汽车名人堂成员。

2001年,乔吉拉德跻身"汽车名人堂",这是汽车界的最高荣誉。截至2014年年底,列名其中的二百多位名人,都是汽车业界的先驱与灵魂人物,包括福特汽车创办人亨利·福特、本田汽车创办人本田宗一郎、法拉利创办人恩佐·法拉利等人,乔·吉拉德,是唯一的汽车销售员。

(3) 世界知名的演讲家。

作为一名世界著名的演讲家,乔·吉拉德经常出现在各个社会团体、组织、机构以及销售会议上,是全球最受欢迎的演讲大师。乔·吉拉德的客户包括通用汽车、福特汽车、克莱斯勒汽车、哥伦比亚等世界知名大公司。

(4) 伟大的畅销书作家。

其主要代表作品有：《怎样成交每一单》《怎样销售你自己》《怎样迈向顶峰》等。

二、讨论分析

人员促销需要销售人员具备汽车专业基础知识、销售技能，同时还需要发挥自己的智慧，打造自己成功的诀窍。乔·吉拉德的推销业绩如此辉煌，他成功的秘诀是什么呢？

学生分组讨论乔·吉拉德推销业绩成功的原因，教师引导时可从以下几个方面入手，当然学生也可以提出更多自己的观点。

1. 不得罪每一个顾客

乔·吉拉德认为在每位顾客的背后，都大约站着与他关系比较亲近的250个人。因此，在推销时要抱着生意至上的态度，时刻控制着自己的情绪，不因顾客的刁难，或是不喜欢对方，或是自己心绪不佳等原因而怠慢顾客。乔说得好："你只要赶走一个顾客，就等于赶走了潜在的250个顾客。"

2. 名片满天飞

乔·吉拉德充分利用每一次机会，向每一个接触的人推销汽车。他的一个通常做法是到处递送名片，在餐馆就餐付账时，他要把名片夹在账单中；在运动场上，他把名片大把地抛向空中。这种做法帮他创造了更多做生意的机会。

3. 建立客户档案

乔·吉拉德说："如果顾客对你抱有好感，你成交的希望就增加了。要使顾客相信你喜欢他、关心他，那你就必须了解顾客，搜集顾客的各种有关资料。在建立自己的卡片档案时，你要记下有关顾客和潜在顾客的所有资料，他们的孩子、嗜好、学历、职务、成就、旅行过的地方、年龄、文化背景及其他任何与他们有关的事情，这些都是有用的推销情报。"

4. 猎犬计划

乔·吉拉德的猎犬计划就是让顾客帮助他寻找顾客。在每笔生意成交之后，乔·吉拉德总是把一叠名片和猎犬计划的说明书交给顾客。说明书告诉顾客，如果他们介绍别人来买车，成交之后，每辆车他们会得到25美元的酬劳。

1976年，猎犬计划为乔·吉拉德带来了150笔生意，占总交易额的三分之一，乔·吉拉德付出了3 750美元的猎犬费用，收获了75 000美元的佣金。

5. 让产品吸引顾客

每一种产品都有自己的味道，乔·吉拉德特别善于推销产品的味道。与"请勿触摸"的做法不同，乔在和顾客接触时总是想方设法让顾客先"闻一闻"新车的味道。他让顾客坐进驾驶室，握住方向盘，自己触摸操作一番。乔认为，人们都喜欢自己来尝试、接触、操作，人们都有好奇心。不论你推销的是什么，都要想方设法展示你的商品，而且要记住，让顾客亲身参与,如果你能吸引住他们的感官,那么你就能掌握住他们的感情了。

6. 诚实是推销的最佳策略

诚实,是推销的最佳策略,而且是唯一的策略,但绝对的诚实却是愚蠢的,推销容许谎言,这就是推销中的"善意谎言"原则,乔对此认识深刻。

如果顾客和他的太太、儿子一起来看车,乔·吉拉德会对顾客说:"你这个小孩真可爱。"这个小孩也可能是有史以来最难看的小孩,但是如果要想赚到钱,就绝对只能这么说。

7. 销售始于售后

真正的销售始于售后。乔·吉拉德有一句名言:"我相信推销活动真正的开始在成交之后,而不是之前。"推销是一个连续的过程,成交既是本次推销活动的结束,又是下次推销活动的开始。推销员在成交之后继续关心顾客,将会既赢得老顾客,又能吸引新顾客,使生意越做越大,客户越来越多。

8. 学会自信

乔·吉拉德很小的时候上街去擦皮鞋补贴家用,最后连高中都没有念完就辍学了。他的父亲总是说他根本不可能成才,父亲的打击一度让他失去自信。幸运的是,他有一个伟大的母亲,是她常常告诉乔·吉拉德:"乔,你应该去证明给你爸爸看,你应该向所有人证明,你能够成为一个了不起的人!"母亲的鼓励重新坚定了他的信心,燃起了他想要获得成功的欲望,他变成一个自信的人!乔·吉拉德演讲时常说的一句话:"朋友们,请记住,一定要充满自信,因为人生需要自信,自信让人成功。"

9. 热爱自己的职业

乔·吉拉德相信,成功的起点是首先要热爱自己的职业。无论做什么职业,世界上一定有人讨厌你和你的职业,那是别人的问题。"就算你是挖地沟的,如果你喜欢,关别人什么事?"

10. 用爱心对顾客

乔·吉拉德认为,卖汽车,人品重于商品,一个成功的汽车销售商,肯定有一颗尊重普通人的爱心,他的爱心体现在他的每一个细小的行为中。有一天,一位中年妇女从对面的福特汽车销售商行,走进了乔·吉拉德的汽车展销室。她说自己很想买一辆白色的福特车,就像她表姐开的那辆,但是福特车行的经销商让她过一个小时之后再去,所以先过这儿来瞧一瞧。"夫人,欢迎您来看我的车。"乔·吉拉德微笑着说。妇女兴奋地告诉他:"今天是我55岁的生日,想买一辆白色的福特车送给自己作为生日的礼物。""夫人,祝您生日快乐!"乔·吉拉德热情地祝贺道,随后,他轻声地向身边的助手交代了几句。

乔·吉拉德领着夫人从一辆辆新车面前慢慢走过,边看边介绍,在来到一辆雪佛莱车前时,他说:"夫人,您对白色情有独钟,瞧这辆双门式轿车,也是白色的。"

就在这时,助手走了进来,把一束玫瑰花交给了乔·吉拉德,他把这束漂亮的花送给夫人,再次对她的生日表示祝贺。那位夫人感动得热泪盈眶,非常激动地说:"先生,太感谢您了,已经很久没有人给我送过礼物,刚才那位福特车的推销商看到我开着一辆旧车,一定以为我买不起新车,所以在我提出要看一看车时,他就推辞说需要出去收一笔钱,我只好上您这儿来等他。现在想一想,也不一定非要买福特车不可。"后来,这位妇女就在吉拉德那儿买了一辆白色的雪佛莱轿车。

正是这种许许多多细小行为,为吉拉德创造了空前的效益,使他的营销取得了辉煌的成功。推销的要点是,不是在推销商品,而是在推销自己(乔·吉拉德)。

三、案例总结

(1) 每个小组讨论分析乔·吉拉德的成功因素有哪些。将讨论结果写在案例总结报告中,教师可以给出案例总结报告样本。

(2) 每个小组分析在当今的销售市场条件下,除乔·吉拉德常用的销售技巧外,我们还可以采取哪些促销策略、运用哪些促销技巧。

(3) 每个小组派代表上台讲解本组的讨论结果。

(4) 各个小组对其他小组的讨论结果进行点评。

(5) 指导教师对每个小组的表现给以评价。

思考题

1. 什么是汽车促销?它有什么作用?
2. 汽车促销的方式有哪些?每种方式各有什么特点?
3. 简述制定促销组合时应综合考虑的因素。
4. 简述人员促销的形式和任务。
5. 简述人员促销的程序和技巧。
6. 汽车广告主要有哪些作用?
7. 如何确定汽车广告目标?如何评价汽车广告效果?
8. 简述营业推广的常用方式。
9. 什么是公共关系?它有什么作用?
10. 简述公共关系的几种主要方式。

任务十 汽车销售实务

任务目标

1. 掌握汽车销售流程。
2. 理解汽车服务的具体内容。
3. 掌握FABE与六方位车辆介绍法的具体内容。
4. 全面提高个人的职业素养,具备销售人员专业的礼仪素质。
5. 通过训练,能顺利接待到店顾客,并针对客户咨询,完成车辆介绍、报价与签约,能正确处理客户的异议。

任务引导

随着我国汽车市场的逐渐成熟,用户的消费心理也逐渐成熟,用户的需求多样化,对产品、服务的要求也越来越高,越来越严格。这就要求汽车销售企业具有一套完整的营销服务体系,贯穿于售前、售中和售后的全过程。你知道4S店的汽车销售流程吗?你能在店内完成车辆的展示与介绍吗?

任务资讯

任务资讯一 汽车销售流程

整车销售是汽车销售的核心业务,汽车整车销售流程一般包括:进货、验车、运输、储存、定价、销售等环节。

一、进货

1. 制订销售计划

为保证汽车销售业务的有序进行,汽车经销商必须在头一年年底或当年年初由整车销售部在市场调研的基础上,根据市场信息和顾客的需求编制《汽车年度销售计划》,在供应和销售双方协商的基础上签订供货合同。经销商按照年度销售计划制订每个月的订车计划单。

2. 进货渠道

《汽车品牌销售管理实施办法》出台后,国内的汽车流通领域通过中间商进货方式已不多见,授权销售成为汽车销售的唯一模式。特约经销商归属于汽车厂商或总经销商的销售网络管理,经销商的货源主要来源于厂商或总经销商,也有区域代理商配送车辆。

(1) 直接进货。就是直接从生产厂或生产厂主管的汽车销售总公司进货。从厂家直接进货,减少了商品车的中间流通环节,车辆进价较低,这已成为我国汽车经销进货的主要方式。一汽大众、华晨宝马等品牌的经销商均采用此种进货模式。

(2) 二手货源进货。就是从各地的汽车销售公司或区域代理商进货。由于是二手货源,商品车的转手次数增多,所以价格可能相对较高。

整车实际进货要根据本公司的实际情况,如地理位置、运输成本、与厂家和其他进货商的合作关系等,具体情况具体分析,基本原则就是要控制商品车的进货成本。

二、验车

销售公司根据合同票据规定的时间,计算车辆到达时间,做好接车的准备工作。

新车的运输如果是专业运输商负责运到本公司,销售部在接车过程中要严格按照相应《车辆发运交接单》的内容进行检查,运输商确认,双方在《车辆发运交接单》上签字认可。检查出运输过程中产生的问题应由运输商负责修复或承担全部费用。

销售公司对供货方所提供的商品车进行检查和验收的工作,即完成 PDI 检验,一般要由服务部门完成。因为服务部门的专业人员熟悉汽车技术,有经验。验收的核心问题是:对于第一手货源重点检查质量是否有问题;对于第二手货源或第三手货源,主要辨别是真货还是假货,是新车还是旧车,质量有无问题,避免上当受骗。验收商品车主要做好以下几项工作。

1. 核对发动机号、VIN 码与合格证是否一致

VIN 码是车辆识别代码(Vehicle Identification Number),它是世界通用的汽车识别代码。VIN 码由一组英文字母和阿拉伯数字组成,共 17 位,因此,又称 17 位识别代码,它是识别一辆汽车不可缺少的工具。按照 17 位识别代码的顺序,可以识别出该车的生产国别、制造公司或生产厂家、车辆类型、品牌名称、车型系列、车身类型、发动机型号、车型年款、安全防护装置的型号、检验数字、装配工厂名称和出厂顺序号码等,在汽车验收时要特别注意。

2. 检查车辆外观

检查漆面是否完好,色泽是否一致,各种灯罩是否完好,车身缝隙是否均匀,前后挡风玻璃是否完好,车门玻璃是否完好且升降是否自如,车门是否严密且开关自如,轮胎、轮辋是否完好、统一、紧固,商标和标志是否一致等。

3. 检查操控装置

检查油门踏板、离合器踏板、制动踏板、换挡装置等是否正常。灯光照明、仪表与指示灯是否完好。电瓶、喇叭、雨刷器、音响等电器装置是否完好。气囊、空调、防盗、ABS等电控系统是否正常工作。

4. 检查发动机

一是静态检查发动机缸体、缸盖是否严密;油路、电路、水路、气路是否畅通完好。二是进行动态检查,起动发动机,看起动是否迅速,听发动机是否有异响,检查怠速是否正常(一般为700~800rpm),踩下油门踏板看加速是否迅速。有条件还可以进行路试,进一步检查操控状况。

5. 检查附件是否齐全

一般新车随车附件有备胎、随车工具、灭火器、车辆钥匙、防盗密码、音响密码等,检查是否齐全。

6. 检查随车文件是否齐全

新车随车文件一般有说明书、用户手册、保养手册、合格证等。进口汽车还应检查进口批文和报关单等文件。检查合格后,将商品车入库保管,填写相关商品车交接验收单据,并请发运人员签字。

三、运输

购得商品车后,需要运回销售公司所在地或买车人所在地。可以委托生产厂负责运输,或者委托当地储运公司负责运输,也可以自行负责运输。常用的运输方式有以下几种。

1. 铁路运输

铁路运输是通过订铁路运输的车皮,运输到销售公司当地的车站,再由司机开回公司的方式。这种方式一般较为安全,成本较低。但是受到列车到达车站的限制,而且运输时间也较长。

2. 公路运输

公路运输常用的有两种方式:一种方式是由生产厂派司机或公司自雇司机通过公路长途运送,特点是运输速度快,但费用较高,一般适用于订购车辆少,路程较短,铁路运输不易解决的情况下;另一种方法是采用汽车专用运输车辆,一次可装运10辆以上轿车,经公路运抵目的地。

无论采用哪种方式运输都要上保险,以防在运送途中出现问题,造成不必要的损失。

四、储存

在储存移送车辆时,注意采用合适的方法搬运移动,防止因振动、磕碰、划伤而造成车辆损坏。销售部门接车后负责将车辆清洗干净,由仓库保管员将待售商品车驶入规定的区域有序停放。商品车入库后,售出前的这一段时间为仓储保管期,这一期间应精心保管,防止意外情况的发生。储存时,要做好维护保养工作,避免风吹、日晒和雨淋,定期检查,防止电瓶失效。若保存期较长,则对某些部件还要做防锈养护。冬天,要注意防水防冻。

定期整备商品车,保证商品车处于最佳状态,可随时提出进行销售。在移动商品车过程中,应保证两人参与,确保商品车不受损伤。商品车按"先入先出"的原则排列有序,车钥匙按次序放好,以便准确、及时地开启调出车辆。

五、定价

一般销售单位的汽车销售价常用下式表示:

汽车销售价 ＝ 进货价 ＋ 商品流通费 ＋ 销售利润

汽车的销售价格包含了17%的增值税。商品车的流通费用包括营销费用、管理费用和财务费用等。销售利润根据市场情况有很大的波动,畅销时偏高,滞销时较低。如果是4S店一般都有生产厂家的指导价格。

六、销售

1. 零售

零售交易多为个人购车,要凭个人居民身份证,并要做一些项目的登记,以便联系。零售交易也有单位购车的,要凭单位介绍信,并留下作凭证。单位购车一般使用汇票,本市可使用支票。用支票一般都要交银行查验,并在划拨车款后,才能提车,以防支票有假或为废票。

2. 批发

对于批发交易,顾客必须要有汽车营销许可证,应查验顾客的营业执照,要签订好合同,在合同中明确交易的车型、数量、价格、交货期、交货方式、付款方式等有关内容。这里要坚守一条,收款后方可交车,以避免不法行为和"三角债"。

3. 分期付款

目前,销售公司实施分期付款的方式销售车辆已有了规范的制度和保障措施,这种销售汽车的方式已在全国各地开展,为汽车销售创造了很好的条件,通过分期付款的方式销售车辆,已经成为汽车销售领域一项重要的销售形式和手段。它能够促使潜在顾客转变为现实顾客,提高销售量,为公司创造更大的经济效益。对需要分期付款购车的顾客,销售顾问要为其详细讲解有关分期购车的利与弊,为其计算首付款、月还款,解释有关保证保险、律师费、验车费等全部费用的缴纳情况。顾客在销售部认可报价并选定车辆后,由销售顾问带其到顾客服务部办理后续贷款手续。

任务资讯二 汽车销售服务

汽车销售服务包括售前、售中和售后三个过程。具体服务有顾客开发与管理、接待与洽谈、产品介绍、签订购车合同、PDI作业检查、付款与交车、售后回访及售后维护等业务。

一、售前服务

汽车售前服务包括寻找潜在顾客、顾客的接待、车辆介绍与演示等环节。

(一)寻找潜在顾客

1. 寻找潜在顾客的基本法则

作为销售人员要有效地利用时间和精力以求在最短时间内获得最多的销售量。为此,必须练就能准确辨别真正潜在顾客的本领,在寻找顾客的同时就要注意对他们的情况进行分析评价,从中找出最有希望购买的顾客,以免盲目访问,浪费大量的时间、精力以及财力。在实际工作中,评估潜在顾客主要采用 MAN 法则,如表 10-1 所示。

M:Money,代表"金钱"。所选择的对象必须有一定的购买能力。

A:Authority,代表购买"决定权"。该对象对购买行为有决定、建议或反对的权力。

N:Need,代表"需求"。该对象对汽车产品有需求。

m:表明该对象不具备购车的经济实力。

a:表明该对象对购买行为没有决定权。

n:表明该对象对汽车产品无需求。

表 10-1 评估潜在顾客的 MAN 法则

购买能力	购买决定权	购买需求
M(有)	A(有)	N(有)
m(无)	a(无)	n(无)

"潜在顾客"应该具备 MAN 法则中的三个基本特征,但在实际操作中,会碰到以下几种状况,应根据具体状况采取具体对策。

(1) 具有 M+A+N 特征的顾客是最有希望购买的顾客,是理想的销售对象。

(2) 具有 M+A+n 特征的顾客可以接触,配合熟练的销售技术,有成功的希望。

(3) 具有 M+a+N 特征的顾客可以接触,并设法找到具有决定权的人。

（4）具有 m＋A＋N 特征的顾客可以接触,但需要调查其经济状况、信用条件等,在此基础上可采取信贷方式或融资租赁方式销售。

（5）具有 m＋a＋N 特征的顾客可以接触,应长期观察、培养,使之具备另一条件。

（6）具有 m＋A＋n 特征的顾客可以接触,应长期观察、培养,使之具备另一条件。

（7）具有 M＋a＋n 特征的顾客可以接触,应长期观察、培养,使之具备另一条件。

（8）具有 m＋a＋n 特征的顾客是希望渺茫的顾客,应停止接触。

由此可见,潜在顾客有时欠缺了某一条件,如购买力、需求或购买决定权等,这种情况下,仍然可以开发,但要应用适当的策略,便能使其成为企业的新顾客。

2. 寻找潜在顾客的方法

（1）通过认识的人发掘顾客。

任何一个人的日常生活中都有一些朋友、同学和老师,还有家人和亲戚。所有这些认识的人都是你的资源,你完全可以利用这些资源去发掘你的潜在顾客。

（2）从现有顾客中寻找潜在顾客。

现有的有车一族是最好的潜在顾客。不要以为他们已经有车了,就不可能再次购车。要知道,这些有车一族通常是高收入群体,他们不一定仅仅满足于拥有一部车,很可能会想拥有更多的车。此外,车辆使用超过 7 年后,车辆的行驶性能快速降低,故障发生的概率大大增加,保养维护的成本也会迅速提高。对于那些有能力购买高档车辆的顾客来说,就到了换车的时间,为此,你需要及早接触他们。

（3）通过活动发掘顾客。

可以通过参加车展、新车上市、校园巡展、试乘试驾、市场开拓(登门拜访)等活动挖掘潜在的顾客。

现在汽车展会日益成为一种销售手段,众多的汽车厂商和经销商都会有针对性地派人去参加车展,借此机会来拓展顾客源。去过车展的人都知道,展会现场汽车品牌、型号众多,顾客通常是无暇顾及每一个摊位的,这就需要掌握一定的技巧,并保持主动热情的态度,给顾客留下一个良好的印象。针对那些对你所售汽车特别感兴趣或购买意向特别强的顾客,要尽可能地邀请他们去门店参观,作进一步的洽谈。

（4）连锁介绍。

连锁介绍,也称"滚雪球法",就是根据消费者的消费需求和购买动机的相互联系与相互影响这个性质,利用各顾客之间的社会关系,通过顾客之间的连锁介绍来寻找更多的新顾客。在生活中每个人的生活圈子都是有限的,如果能将顾客发展成你新的顾客或者你的介绍人,那对你的销售工作是有百利而无一害的。

进行连锁介绍的方法有很多,你可以请现有的顾客代为转送海报等宣传资料及名片等,从而促使现有顾客的朋友转为准意向顾客,并建立一定的联系;你还可以尽可能地成为顾客的朋友,融入他们的生活圈,进而赢得更多的顾客。

乔·吉拉德是世界上汽车销售最多的一位超级汽车销售员,他平均每天要销售5辆汽车。他是怎么做到的呢?连锁介绍法是他使用的一个重要方法,只要任何人介绍顾客向他买车,成交后,他会付给每个介绍人25美元,25美元在当时虽不是一笔庞大的金额,但也足够吸引一些人,举手之劳即能赚到25美元。有些介绍人并无意赚取25美元的金额,坚决不收下这笔钱,因为他们认为收了钱心里会觉得不舒服,此时,乔·吉拉德会送他们一份礼物或在好的饭店安排一次免费的大餐。哪些人能当介绍人呢?当然每一个都能当介绍人,可是有些人的职位,更容易介绍大量的顾客,乔·吉拉德指出银行的贷款员、汽车厂的修理人员、处理汽车赔损的保险公司职员,这些人几乎天天都能接触到有意购买新车的顾客。

3. 潜在顾客的跟进

在开发潜在顾客的同时应对潜在顾客进行分级管理,基本原则是按顾客预计购买时间进行分类,A级顾客:15日之内订车,B级顾客:30日内订车,C级顾客:60日内订车,D级顾客:没有明确订车期限。对顾客跟进时应注意跟进的时间间隔,太短会使顾客厌烦,太长会使顾客淡忘。此外,对不同级别顾客跟进的间隔也有所不同,A级顾客:至少一周一次;B级顾客:至少两周一次;其他级别顾客:应根据实际情况及时保持联系,至少每月一次跟进联系。对跟进的结果要及时进行评估,以便进一步确定工作重点或判断潜在顾客的购买意向。跟进的常用方式有以下几种。

(1)发短信。短信的特点是既能及时有效传递信息,又不需要接收者立即做出回答,对接收者打扰很小,非常含蓄,更符合中国人的心理特点。发短信的方式成本低廉且效果不错,逢年过节进行短信问候会增进与顾客的亲切感,提高沟通效果。

(2)打电话。打电话是为了获取更多的顾客需求和信息,所以在打电话前要对顾客进行初步的分析,对顾客可能提出的问题准备不同的措辞。在打电话了解信息的同时也要为自己留下下次接触的机会,这就需要在打电话时向顾客提出问题,并对个别问题表示此次回答不了,等进行深入了解之后再给顾客一个满意的答复。这既是一个负责人的表现,也是增进感情交流的好机会。采取打电话跟进方式要注意时机的把握,联络的频率不能太过频繁,要把握好"尺度"。

(3)寄送邮件。寄送邮件是以实物为代表跟顾客进行接触。邮递内容包括产品资料、车型目录、车辆参数、汽车类期刊以及生日贺卡、小礼物、活动邀请函、参观券等。这种方式的优点是,自己掌握主动权,经常会给顾客带来意想不到的惊喜;通过邮递,可以把一些在电话中不方便说,在展厅不能完全介绍的资料让顾客一览无余。

(4)上门拜访。上门拜访前要先初步了解拜访对象、找好拜访理由、做好自身的拜访形象和礼仪。在拜访过程中要细心观察顾客办公室摆设及风格、了解顾客习惯、查看公司实力。如果是与潜在顾客初次接洽,应该介绍自己及公司,说明来意,并确认顾客有足够的时间;了解顾客目前所使用的车辆的情况,了解顾客购买新车的使用人与用途,了解顾客对车辆的期望等。

(5)展厅约见。展厅约见的基本理由有新车型到店、车型增加新配置、邀请试乘试驾、本店促销活动邀请等。一般有恰当的理由,顾客对本店销售的车型有需要,顾客会乐意前往的。约见前销售人员应做好相关准备工作,重点是根据先前跟顾客跟进沟通的情况,判断顾客目前处在购买何种阶段(初步了解、引起兴趣、车型比较、车辆异议、价格谈判、签约成交等阶段),并做出不同阶段的应对方案。

在对潜在顾客的跟进过程中,销售人员应针对不同的情况,采取不同的策略,灵活运用跟进方法,相信必定有所收获。

(二)顾客接待

顾客第一次和销售人员接触时,销售顾问应当采用职业化的欢迎顾客的技巧,明确顾客的想法和关注的问题,建立咨询服务关系,为车辆的销售奠定良好的基础。顾客和销售人员的第一次接触通常包括电话询问和展厅来访两种情况。

1. 接答电话

接答电话过程中应做好以下几点。

(1)电话铃响两声后,接听电话。接听电话时,第一句话应说:"您好,×××公司。"若电话铃响三声以上时,接听时可以加一句:"很抱歉,让您久等了。"

(2)当被指名接电话的人正在打电话或不在时,应说:"实在抱歉,×××现在正在打电话(不在),要是可以的话,请对我说好吗?"若对方不肯说时,应说:"请问您贵姓?您是否愿意留下联系方式,我负责为您转达。"

(3)当对方声音较小时,应说:"对不起,我的电话有点故障,请您声音稍微大一点好吗?"

(4)在询问顾客时,不要问:"我能帮助你吗?"而应说:"您需要什么帮助?"或"我能帮您做些什么?"之类的话,这样有利于顾客说出自己的需求。

(5)打电话时注意的原则有:礼貌而友好,不要打断对方,简洁有效地了解到问题。

(6)做好电话记录很重要,应准备简单电话记录登记表,登记打进来的每一个电话。登记的主要内容包括:日期、销售顾问的姓名、顾客姓名、性别、职业、对方电话号码,以及双方谈到的细节问题(如车型、价格、是否有货、是否有意来访、自己是否有跟进访问的意图等)。注意对第一次报价要记清楚。

(7)回答顾客电话询问的时间不要太长;时间控制在3~5分钟;问题控制在3~5个,如果对方提问较多,可以邀请他来店详细咨询,切记不要在电话里议价。

2. 接待来访顾客

(1)迎接。若顾客开车过来,迎宾员应主动为顾客安排车位,并引导顾客进入销售展厅。

(2)问候。顾客进店时销售人员应主动上前迎接和问候,微笑并亲切地说:"欢迎光临!"一般而言,顾客刚走进展厅时多少会有一点陌生和紧张感,有礼貌的欢迎会减少顾客的这种紧张感,使顾客意识到你是有准备的,可以帮助他。

(3)自由参观。顾客进店后,要为顾客留有充分的时间和空间自由参观,不应不分情况立即紧追不舍,更没有必要多位销售人员毫无意义地围着一名顾客。在顾客随意参观时,可以在与顾客保持一定距离的情况下倾听并注意观察顾客的反应,注意发现潜在的线索,以便及时地与顾客建立起交流咨询关系,如问:"您需要什么样的帮助?""今天您想看什么车?""您对哪款车感兴趣?"等,在顾客观看一辆时可以及时介绍:"您看的是(车名、型号)。"并顺便可以将车的主要特点说一下。如果顾客回应积极,要主动交流,互递名片,建立咨询关系。

(4) 洽谈介绍。在与顾客交谈的时候,为了获悉顾客真正的需求是什么,要以端正的态度倾听对方的说话,然后再给予对方确切的回答。必要时,可就顾客的愿望或关注的问题提供信息,与顾客进行充分的沟通交流。在接待顾客的过程中,不可以根据顾客的年龄和相貌进行主观判断,要彬彬有礼,随机应变地迎合顾客的话题。

当顾客需要详细了解商品时,要引导顾客到洽谈区,以便获得更多的信息。此时应说:"先休息一下,喝杯水好吗?如果您需要了解更多,我们有详尽的资料可以提供给您,请您稍坐,我可以详尽解释。"当需要顾客等候时,应说:"对不起,请您稍等片刻。"回来后,应说:"实在抱歉,让您久等了。"与顾客说话或要求顾客做事时,应说:"谢谢,打扰您了。"当需要索取顾客名片时,应说:"您方便留名片给我吗?这样,我会及时为您提供服务。"

(5) 送客。当顾客离店时,应送至停车场,并说:"您走好,欢迎再次惠顾。"

3. 咨询服务

回答顾客的提问、主动进行介绍和问询是咨询服务的主要内容,咨询服务的目的就是了解顾客的真正需求,引导、激发顾客的购买欲望,促成交易。

在咨询服务的过程中,应该从顾客的角度出发,倾听他们的谈话,关注他们的需求,建议他们买什么合适,介绍清楚车辆的特征、配置、选装设备和优势。一定要友好、尊敬地进行交流,诚实、真诚地提供信息,让顾客在销售中占主导地位。

在咨询服务的过程中,应该打消顾客的各种担忧,如担心受到虚假不平等的待遇,销售的产品和维修不能满足他们的要求,价格比他们预计的高,等等。

倾听时一定要全神贯注,及时给出反馈信息,让顾客知道你在聆听,对重要信息应加以强调,及时检查你对主要问题理解的准确性,重复你不理解的问题。

在咨询服务的过程中收集的主要信息包括:

(1) 顾客的个人情况。顾客的个人情况包括:集体还是个人购买、购车的主要用途、生活方式、职业职务、预算、经济状况、作决定的人是谁、作决定的过程等。了解顾客的个人情况,有助于掌握顾客的实际需求。

(2) 过去用车的经验。如果有的话,过去用车的经验包括:过去用的什么车、购车原因、对过去使用车的态度、重点掌握其不满之处。了解过去他们使用车的经验,有助于理解顾客再买车时究竟想要什么,不要什么。

(3) 对新车的要求。对配置、颜色、款式、选装等的要求。询问顾客的需求和购买动机有助于销售人员针对顾客的需求,突出具体车型的适用特点,以便更好地为顾客服务。

(三)车辆介绍与演示

1. 车辆介绍

车辆介绍是在了解顾客需求的基础上,将车辆的优势与顾客的需求相结合,在产品层面上建立顾客的信心,让顾客产生购买欲望;同时也展示经销店和销售顾问的专业性,建立顾客的信任感;通过产品介绍与竞争产品相比较,凸显本店经销产品的优势和顾客的利益,使顾客确信该汽车产品与服务是物有所值,为报价说明作准备。

要高效完成车辆介绍销售顾问必须掌握产品说明的步骤与方法,了解产品的特性、优点、特殊利益,还要具备将特性转化为顾客利益的技巧。常用的车辆介绍方法有FABE介绍法和六方位介绍法。

(1) FABE介绍法。

所谓"FABE",其实是四个英文单词Feature、Advantage、Benefit和Evidence的头一个字母的缩写,其中Feature是指产品的特征;Advantage是指产品的优点;Benefit是指产品能给顾客带来的利益;Evidence是指证据,即用证据说服顾客。FABE介绍法可以将所销售产品的特征和优点转化为即将带给顾客的某种利益,充分展示产品最能满足和吸引顾客的那一方面。FABE介绍法通常分以下四个步骤向顾客进行解释与说明。

① 将产品特征详细地介绍给顾客。销售人员接触顾客后要以准确精练的语言向其介绍产品的详细特征。主要内容包括:产品的型号规格、工艺材料、性能质量、功能用途、外观造型、使用维修等,并适当突出维护保养的方便性、质量性能的可靠性、使用的经济性。

② 充分分析产品的优点。销售人员在介绍产品特征的前提下将产品的真正优点明确表达出来,让顾客准确无误地了解到。产品的优点可以采取"突出重点"的策略,不求面面俱到,但求"卖点"突出。"优点"也是在销售活动中容易让人产生更大的抵触情绪的一个字眼,因为优点就是比竞争对手好的方面,然而在实际上,汽车市场竞争激烈,所面临的竞争对手非常多,相似的产品也很多,不可能存在自家所销售的汽车会比所有的汽车都好的情况。如果采取"十全大补"式的优点介绍,反而会使顾客听得满头雾水,不得要领,留不下什么深刻印象。严重者会使顾客觉得销售代表没有实事求是,不值得信赖,继而产生终止同这名销售人员打交道的念头,将自己的购买计划交给其他销售人员来执行。

③ 分析产品给顾客带来的利益。利益又分为产品的利益和顾客的利益。必须考虑产品的利益是否能真正带给顾客利益,就是说,要将产品的利益与顾客所需要的利益有效结合起来,这折射出的正是"以顾客为导向"的现代营销理念,也暗示了购买的本质。

顾客购买产品时最关注的是产品所能带给他们的好处,也就是如果他们购买了该种产品可以获得哪些利益。所以这一步是FABE介绍法中最重要的一个步骤,销售顾问应在了解顾客需求的基础上,详述产品能给顾客带来的各种利益,并细致地举例加以说明。销售人员在分析产品利益时,应留意观察顾客的表情反应,对其感兴趣的利益点应加以重点介绍,以吻合顾客的利益趣向。

④ 用证据说服顾客。FABE 介绍法强调销售人员在推销交流中应避免使用"最便宜""最耐用""最新颖"等极端而抽象的字眼。这样的词汇缺乏说服力,而且容易使顾客产生反感。销售人员应当使用真实而具体的实物、数据、事例等可信度高的证据为顾客提供尽量丰富的购买决策信息,为其排忧解难,帮助顾客破解其购买决策过程中存在的障碍,以促进成交。

在运用 FABE 介绍法之前,建议各位销售代表首先熟悉自己所要销售的各款车型,并将它们的属性、作用、利益等各方面全部罗列出来,做成一份表格,运用 FABE 陈述方法多加练习,以增加对产品和 FABE 介绍法的理解,切实做好产品介绍工作。

与其他车辆介绍方法相比,FABE 介绍法有一个明显的优点:即注重产品推销的实质性步骤,紧紧围绕"特征—优点—利益—证据"来做文章,并强调事先把产品特征、优点、能给客的利益和支持上述要点的证据事先准备好(收集证据、印在纸上、记在心里),然后是推销现场表达,出示文字资料和实证,这样可以使顾客更有效地了解有关交易条件的具体内容,减少了因缺乏相关信息而产生疑问和异议的可能性。

(2) 六方位介绍法。

所谓"六方位介绍法",是指汽车销售代表在介绍汽车的过程中,可以围绕汽车分别就车前方、驾驶室、后座、车尾部、车侧面、发动机舱进行介绍。六方位介绍的具体位置如图 10-1 所示。

"六方位绕车介绍法",是指从车前方到发动机舱,刚好沿着整辆车绕了一圈。在每一个方位介绍时应围绕造型与美观、动力与操控、舒适性能、安全性能及超值表现等几个方面进行。采用这样的介绍方法和有序的顺序,很容易让顾客对车型留下深刻的印象。

图 10-1 六方位介绍图

① 车前方。站在车子右前方,从汽车的外形开始,分别介绍其车身尺寸、油漆工艺,以及车身颜色、前大灯、保险杠、前挡风玻璃及雨刮器等。

② 驾驶室。鼓励顾客进入驾驶室,先行开车门,引导其进座,配合说明指出各按钮位置,最好让顾客进行操作体验。蹲下来为顾客介绍仪表、转向系统、可调节转向管柱、安全

带、空调系统、音响系统、车内后视镜、可调节前座椅、变速器等。

③ 后座。预先将前座调妥,使后座宽敞。打开左后车门,从门锁机构开始,依次介绍车窗机构、内饰、可翻转后座椅等内容。

④ 车尾部。站在轿车的背后,距离约60厘米,从行李箱开始,依次介绍高位制动灯、后风窗加热装置、后组合尾灯、尾气排放、燃油系统。开启行李箱介绍,掀开备胎和工具箱外盖进行介绍。

⑤ 车侧面。先站于左前轮外侧,距离约60厘米,就视野所及,从车身结构形式开始,依次介绍车身材料、制造工艺、车身安全性、制动系统、前后悬架、车外后视镜、门把手、天线等。介绍车轮与刹车时,要介绍其安全性能。然后带领顾客绕至车辆正前方。

⑥ 发动机舱。站在车头前缘偏右侧,打开发动机舱盖,固定机盖支撑,依次向顾客介绍发动机舱盖的吸能性、降噪性、发动机布置形式、防护底板、发动机技术特点、发动机信号控制系统。合上舱盖,引导顾客端详前脸的端庄造型,将顾客的目光吸引到品牌的标志上。

(3) 其他方法。

① 目录介绍法。按照宣传说明书的介绍文章,口语化、按部就班地介绍汽车。这种方法更适用于拜访顾客时使用。

② 问题对应法。顾客提出问题,销售人员有针对性地回答问题。

车辆介绍过程中,以下情况要坚决避免:夸夸其谈,说得太多;夸大其词,过分吹嘘;提供毫无根据的比较信息,一味贬低他人;不能解答顾客提出的问题;强调顾客不感兴趣的方面;在销售过程中催促顾客,为了成交急不可待;通过试车后带有强迫意味地让顾客做出购买决定。

2. 车辆展示

试乘试驾是很好的车辆展示方式,可以让汽车自己推销自己,如果条件允许,应该尽量提供试驾服务。在试驾前,应确保车辆整洁,车辆工作正常且燃油充足,办好路上所需的保险和执照。向顾客介绍所有装备和使用方法,试驾顾客必须有驾驶证,并签试驾协议,以确保安全。应提供足够的试驾时间,一般以20~30分钟为宜。试车道路应避开有危险的路段,在途中有一地点可安全地更换驾驶员,尽可能选择有变化的道路,以展示车辆的动力性、制动性、操纵稳定性、舒适性、内部的安静程度等性能。试驾中,应先由销售人员进行试驾,介绍车辆,指出汽车的各种特性并解答问题。顾客驾驶时,销售人员指出试车的道路并说明道路情况,顾客驾驶汽车时销售人员相对保持安静,根据顾客驾驶技术和提问等予以简要介绍。

二、售中服务

汽车售中服务包括车辆选购、签订合同、新车PDI检查、付款、交车、验车上牌等环节。

(一) 车辆选购

经过车辆演示后,消费者如有购车意向,会对车辆进行挑选,此时服务进入车辆选购环节。销售人员应根据消费者对车型、颜色、基本配置、选装件和内饰的偏好,给消费者提供完全符合其要求的汽车产品。

选车过程中,销售人员应陪同顾客,随时解答顾客提出的问题。这个阶段很重要的一项内容就是谈价,即向消费者介绍车辆价格的情况,内容包括以下几方面。

(1) 价格构成:价格的内涵,所包含的价格要素,如是否含税、上牌费等。

(2) 价格与价值的关系:即性价比。

(3) 价格与信心:要赢得顾客的信任。

(4) 附送品价格:为表示诚意,一般以经销商的让利方式实现。

(5) 价格与款型配置:让顾客体验到最经济、最实用的配置。

如果消费者选中车辆,销售人员应立即与库管人员联系,核实仓库是否有现货。若没有,应联系进货业务经理组织货源,并确认到货时间。随后可准备汽车销售合同,并向消费者解释购车合同的相关条款。

(二) 签订合同

选定车型、谈定价格之后,接着要签订购车合同。购车合同的内容包括以下几方面。

(1) 合同主体:卖方——汽车经销商;买方——汽车购买者。

(2) 合同主体的基本情况:名称(姓名)、经办人、地址、电话、营业执照(身份证)等。

(3) 车辆信息:出厂车型、排量、颜色、座位、基本配置等。

(4) 价格构成:车价、选用装备价格、其他(购置税、牌照费等)。

(5) 付款方式:一次性付款方式通常为订金+余款,按揭付款通常为首付+分期付款。

(6) 付款形式:可为现金、支票、汇票等。

(7) 余款支付日期。

(8) 预计交车时间。

(9) 履约条款。① 合同生效条件:交订金,② 交车条件:全额付清或首期支付,③ 售后服务:承诺,④ 违约罚责:买、卖双方的处罚,⑤ 合同撤回:撤回的条件,⑥ 纠纷处理:协商、仲裁、诉讼,⑦ 合同文本:一式三份(购车者、经销商、办理贷款留存一份),⑧ 签署日期:年、月、日,⑨ 代办事宜:购买保险、牌照办理等。

(三) 新车 PDI 检查

新车交车前的全面检查称为 PDI 作业。各品牌汽车的 PDI 检查项目和指标有一定差别,但检查内容相差不多,涉及车辆外观、内部、发动机舱、底盘、随车附属品和工具以及各部件的性能状态等。现在这项检查已经扩展到了商品车的整个管理过程,如新车验收、库存管理、展车管理、交车管理等。

1. PDI 作业的基本要求

(1) 负责 PDI 作业的检查员必须参加 PDI 检查程序和 PDI 车损标准培训,合格后才能上岗,并参加每次新车型推出时的PDI专项培训。

(2)整个PDI检查工作必须按照厂家规定的程序,在照明符合要求的场地进行。

(3)PDI检查发现缺陷和故障后,特约售后服务中心应严格按照流程优先予以修复,并由PDI检查员重新对车辆进行检查。

(4)PDI检查活动中发现的任何缺陷、故障都需收集、汇总,定期反馈给生产厂家。对于重大的、批量性的缺陷和隐患应及时反馈给生产厂家。

2. PDI作业检查

(1)接车作业。经销商订购的新车到达销售店,由新车管理员接车,其会同拖车人员对车辆外观进行初步检查,并根据接车单核对配件是否齐全,最后双方确认共同签字。

新车管理员一般隶属于销售部门,其工作范围为新车保管、管理车辆资料、文件及钥匙等。

(2)入库检查。新车如不是立刻交车应实施入库检查,进入库存位置。

(3)展示检查。新车如要当展车使用,除实施入库检查外,还应特别注意外观的清洁及电瓶的充电量。车辆钥匙交由展厅销售人员管理,应进行日常维护清洁及维持电瓶电力的充足。

(4)库存管理。新车库存必须寻找有遮篷、通风良好、避免有异物落下的地方存放。车辆轮胎保持适当的胎压,拆开蓄电池负极桩头,拉紧手制动,自动挡车挂入空挡,关紧车门窗。

(5)预交车检查。即将交付顾客的车辆,必须实施PDI检查作业,检查作业主要内容有:① 车外观的检查,② 车舱内的检查,③ 发动机舱内的检查,④ 车辆底盘的检查,⑤ 车辆附件的检查,⑥ 车辆文件的检查。

检查作业应填写PDI检查表,此表一式三份,经销商保存一联,特约售后服务中心保存一联,另一联寄回生产厂家,未实施PDI检查的车辆切勿交付顾客。

(四)付款与交车

1. 付款程序

(1)交付订金。订金是买方确定对商品购买的承诺。经销商收取订金后从厂家订车或从库存中提车,然后才可办理相关手续。

(2)交付余款。根据汽车销售合同在交车日前,顾客应将购车余款交付销售商。如果是贷款购车,则在交车日前顾客、经销商与银行要签订一个分期付款合同,交车后车主要按期还款。

2. 交车程序

顾客确定好所要购买的车辆后,销售顾问即可通知财务安排交款事宜。一般应该坚持车款到账才提车的原则,以免产生不必要的纠纷。

车辆交付手续一般包括以下几方面。

(1)领取档案。销售顾问到仓库保管员处领取车辆档案,领取的档案一定要与顾客所选定的车辆信息一致,当面核对档案袋内容,如合格证、技术参数表、车辆使用说明书、保修手册、点烟器及交车手续等。特别注意合格证上的车架号、发动机号与所售车辆要绝对一致。

(2) 开具发票。顾客需提供有效证件作为开票依据。注意开完发票后要认真核对,确保其准确无误,以免为后续车辆落户工作带来不便。

(3) 填写购车单。顾客信息的填写务必要准确,为后续跟踪服务提供有效依据。交车前一小时完成所有行政、证件、交款的相关手续。

(4) 建立顾客档案。复印合格证、技术参数表、发票、顾客有效证件、条形码,用于建档。顾客档案一般包括的内容有:加盖业务专用章的购车单一张、合格证复印件、技术参数表复印件、条形码和顾客有效证件复印件、发票复印件、需顾客签字确认的汽车交付表、需顾客签字确认的技术报告单等。

(5) 保修手册。内容的填写必须详细、清晰且符合标准。分别由顾客、销售部门、售后服务部门各留一份。

(6) 车辆交付。再次核对发动机号和车架号是否清晰无误、检查随车工具是否齐备,为顾客详细讲解车辆使用及操作过程中应注意的事项。顾客在汽车交付表及技术报告单上签字确认完成交车。

(7) 参观维修部门。带你的顾客参观维修部门,向顾客介绍维修服务人员和维修程序,出现什么问题找什么部门解决。售后服务部门的工作人员向顾客介绍解释保修和保养计划、保养项目、保养秘诀等。

(8) 举行交车仪式。安排销售经理、售后部门负责人与顾客合影留念,奉送鲜花和礼品,确认车主购车过程、交车流程是否满意,约定下次电话拜访的可能时间。

(9) 建立长期联系。交车程序结束后如果建立了俱乐部或会员制的公司,要用一种恰当的方式将公司的会员卡送给顾客,将与之相关证件的复印件留档,并做好记录备查并提醒顾客将公司介绍给其他顾客。

三、售后服务

车辆交付给顾客后,不意味着销售工作的结束。售后服务是汽车后市场的一项长期的、获利非常丰厚的业务范围。售后服务的目的是完善服务,培养忠诚的顾客,进而提高用户的满意度,为日后的工作打下良好的基础。

(一) 售后服务的程序

售后服务的流程如图10-2所示。

(二) 售后服务的主要内容

(1) 回访顾客。一般在交车三日内顾客服务经理要与购车顾客联系,以确认顾客信息的真实性并了解顾客用车后的感受,询问顾客对车辆和整个购车过程的意见。

(2) 解答异议。帮助顾客解决有关车辆使用方面的问题。

(3) 提醒服务。提醒顾客进行维护保养。

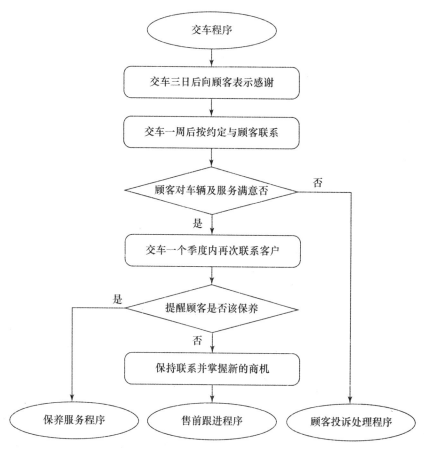

图 10-2 售后服务流程

（4）顾客联系。与顾客保持联系并请顾客推荐其他人来看车、买车。

（5）维修保养。由售后服务部门提供配件供应，并高质量地完成维护保养工作。

（6）满意度调查。在售后服务过程中调查顾客满意度，及时发现问题并改进，以提高服务质量。

（7）扩展服务。开展车主俱乐部活动、技术讲座、车主沙龙、车辆保险理赔服务、车辆年检等。

（三）顾客投诉处理

如果能妥善处理顾客抱怨和投诉，可以维护顾客的正当利益，恢复顾客的信赖感，提高顾客满意度，提升企业形象；如果处理不当会影响品牌形象甚至可能会造成品牌危机。

1. 投诉服务管理理念

（1）投诉表明信任。投诉对顾客也是有成本的，顾客投诉表明顾客对企业寄予了改善的希望,是对企业的一种信任和依赖。所以面对顾客的投诉,企业和经销商应该持欢迎和积极的态度。

(2) 投诉展现机会。顾客投诉使企业或经销商能够及时发现产品、服务及管理中存在的问题。发现问题是解决问题的基础。因此顾客投诉为企业提供了不断自我完善的机会,处理好顾客投诉也是企业提升顾客满意度和忠诚度、提升自身良好形象的机会。

(3) 投诉产生价值。顾客投诉是市场信息来源的重要组成部分,除了发现自身存在的问题外,还能直接了解顾客的爱好、竞争者的状态等市场信息。例如,IBM公司,40%的技术发明和创新都来自顾客的意见和建议。因此,充分挖掘顾客投诉的价值,从投诉中挖掘出"商机"寻找市场新的"卖点",从顾客投诉的经营中为企业带来财富。

2. 顾客投诉的原因

顾客投诉的问题有两大类:汽车产品质量问题和产品服务问题。

(1) 汽车产品质量问题。常见的有汽车的品质、汽车使用性能较差、汽车的油耗比说明书上高、汽车舒适性不佳等。

(2) 产品服务问题。比如销售人员夸大产品性能、服务态度较差、维修费用较高、索赔项目太少、配件价格较高、配件库存量较少、维修时间较长等。

3. 顾客投诉处理的基本程序

(1) 抚慰顾客的情绪。本着先处理心情、再处理事情的原则,首先表示歉意,并表达理解顾客的心情,抚慰顾客的情绪。

(2) 倾听顾客的陈述。在顾客陈述过程中不要否定顾客的讲话,做出一边提问一边倾听的姿态,使顾客的不满在交谈中得到缓解,必要时可以记录顾客的要求与想法。

(3) 分析判断投诉的原因。在了解情况的基础上,仔细分析原因。此时,可判断顾客投诉的问题是否是一个真实的问题,如果不是一个实际存在的问题,或者顾客自身原因造成的问题,应做好解释工作,取得顾客的认同。如果是己方的问题,立刻再次真诚道歉,并进入下一个步骤。

(4) 探讨解决问题的方法。此时应站在顾客的立场考虑解决问题的方法,并向顾客说明解决问题的方法。需要注意的是不要做出过度的承诺,争取寻求双方认可的服务范围,争取双赢。

(5) 迅速处理问题。对需要解决的问题要迅速处理,如果难度很大,可以寻求上级的帮助,运用团队的力量可以高效快速地解决问题。

(6) 跟踪回访。问题解决送走顾客后,在三个工作日内跟顾客联系,听取顾客对服务改进后的看法,这是一种很有效的做法。投诉处理的效果好,顾客可能成为一个忠实的顾客。

(7) 总结经验。收集顾客反馈的问题,成批次的产品质量问题应联系厂家进行产品改进设计;对于典型服务类问题,可在公司内部讨论并形成整改方案,改进公司的服务质量。有效的经验总结既可提高员工对投诉的应对能力,又可以全面提升公司的服务质量与形象。

(四)配件供应与维护保养

1. 零配件供应

零配件供应是搞好售后服务的物质基础。首先应保证汽车保质期内的零部件供应,其次应保证修理用件。生产厂对零部件的生产量要超出整车生产量的20%,以满足各维修部及配件商店的供应。配件定价要合理,按物价部门的规定定价,不得在配件供应紧张时涨价,借机捞一把,从顾客身上获取不义之财。

2. 维护保养服务

汽车销售服务店的销售人员在车辆售出后,要将顾客车辆第一次进行维护保养的预约情况通知售后服务部,以编制首保计划。销售人员还要协助接待来首保的顾客,及时将顾客档案资料移交售后服务部门,以便提供后续服务。

顾客在汽车使用过程中,还会出现这样那样的问题或故障,汽车销售服务店还应在售后服务方面提供维修服务。维修服务不仅要在质量保证期内做好服务,而且还应在质量保证期外做好维修工作。当顾客需要时,迅速到达服务现场,为顾客解决问题。主动走访顾客,跟踪服务。汽车销售服务店维修保养的工作流程如下。

(1) 建立顾客档案与预约维修。

所有顾客车辆凡经由本汽车维修企业销售或维修的,都应用计算机分类存档,建立顾客车辆档案,不仅可用以复查车辆维修情况,而且可用以提醒顾客按时维修。对于顾客预约的报修车辆,或由本企业预约的维修车辆,应事先弄清车辆的维修项目、预约工期和费用等。倘若车辆不能立即进厂维修的,前台业务人员应及时通报,并做好车辆维修计划。

(2) 进厂接待。

在用户车辆进厂报修时,前台业务人员不仅应热情接待、微笑服务,与顾客建立良好关系;还应与顾客一起清点物件,检查送修车辆的装备和车况,并由此确定维修项目。最后根据车主的报修单,填写派工单和汽车维修合同,估算维修费用,承诺交车时间,并完成车辆交接等。

(3) 车辆维修。

车辆在车间维修过程中前台业务人员应随时掌握车辆的维修进度。倘若可能延期交车时,应预先与车主商量;对于漏报漏派的作业项目需要追加时,也应事先征得车主同意。

(4) 向顾客交车与收费。

在维修结束后,应在主修班组自检与互检合格的基础上,由专职检验员负责验收竣工车辆(包括所有维修项目的维修质量、车辆装备和实际车况等),并确认所维修车辆能否达到向用户交车的技术要求。检查无误后,应由前台业务人员及时通知顾客接车。

(5) 汽车维修的后续工作、处理顾客投诉。

维修竣工车辆在出厂后的1~3天内,前台业务人员应用电话与顾客联系,做好跟踪回访工作。了解车辆使用状况,征询维修意见,提供技术咨询服务,并认真做好记录,预约下次维修。在电话回访时应注意以下几点：① 不能让用户觉得他的车辆还有问题尚未解决；② 为尽快取得用户信任,态度要友善自然,语速不要太快或太慢；③ 多让用户说话,且不要随意打断。

现在很多汽车销售服务店开展了救援服务,一旦顾客的车辆坏在路上,一个电话,维修救援人员就会尽快赶到,解顾客之所急。这样的售后服务更能体现出人文关怀,也只有这样周到的服务,才能够培养出忠实的顾客,从而获取源源不断的利润。

汽车销售服务店应该不断开展技术培训,对用户驾驶技术和维修人员的技术进行培训以提高有关人员的使用、维修技术水平,以保证售后服务的质量。

（五）信息反馈

信息反馈主要是指汽车销售服务店的工作人员向汽车制造企业反馈汽车各方面的信息。因为汽车整车销售、零配件供应,售后服务人员整天与顾客打交道,了解车辆的实际情况,对汽车投放市场后的质量、性能、价位、顾客评价和满意程度,以及与其他车辆对比的优势与劣势等都了如指掌。搜集这些信息并及时反馈给制造企业的产品设计部门、质量管理部门、制造工艺的设计部门以及企业的决策领导层,对提高产品质量、开发适销对路的新产品、提高市场占有率等都有重要意义。

此外,汽车销售服务店的工作人员要将汽车制造企业和销售公司本品牌车辆的最新信息、促销活动开展等情况反馈给消费者,这对提高服务质量,进一步拓展市场,是十分有用的。上述的"整车销售""售后服务""零配件供应"和"信息反馈"形成了4S销售体系。其中"整车销售"是中心内容,其他各项都要为"整车销售"服务。它们是相辅相成,缺一不可的。

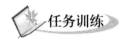
任务训练

任务训练一　销售人员仪态训练

一、实训目标

（1）学会服饰的合理选择与搭配。
（2）掌握发型与面容的合理修饰。
（3）养成销售人员应具备的专业站姿、坐姿与行姿。

二、基本仪态知识

1. 服饰选择的基本要求

（1）服饰选择应适合年龄。不同年龄应该有不同的穿着打扮。老者穿一身深色中山装,透着稳重、沉着、成熟,年轻人也这样打扮,则显得老气横秋、暮气沉沉。年轻女性在社交场合穿黄色、浅绿色服饰,让人感到朝气蓬勃,但穿在中老年女士身上就不大合适。

（2）服饰选择应适合形体。人有高矮之分,体形有胖瘦之别,肤色有黑白之差。因此,穿衣打扮要因人而异,注意扬长避短。鲁迅有一段精辟之论,值得我们借鉴,即:人瘦不要穿黑衣裳,人胖不要穿白衣裳;脚长的女人一定要穿黑鞋子,脚短的一定要穿白鞋子;方格子的衣裳胖人不能穿,但比横格子的还好;横格子的,胖人穿上,显得更横宽了,胖子要穿竖条子的,竖的把人显得长,横的把人显得宽。

(3)服饰选择应适合气候。到什么季节穿什么衣服,尤其在正式场合,更需要注意。在初冬,你感觉再冷,也不要穿羽绒服与顾客见面,宁可在西服里面穿一件毛衣。反之,在寒冬,即使你穿的是三重保暖衬衣,一点寒意也感觉不到,但与顾客会面时也要穿上西服。否则,顾客会认为你不正常。

(4)服饰选择应适应场合。不同的国籍、不同的民族,赋予了不同的颜色以不同的含义。在我国,深色常用来象征庄严,彩色则象征着欢悦。因此,不同场合,对服饰的颜色有着不同的要求。

2. 销售人员形象的基本要求

(1)耳朵:内外干净,无耳屎,不戴耳环。
(2)鼻子:鼻孔干净,不流鼻涕,鼻毛不外露。
(3)胡子:刮干净或者修饰整齐,不留长胡子、八字胡或其他怪状胡子。
(4)嘴:牙齿整齐洁白,口中无异味,嘴角无泡沫,会客时不咀嚼口香糖等食物。
(5)脸:洁净无明显粉刺。
(6)脖子:不戴怪异项链或其他饰物。
(7)手:洁净,指甲整齐,不留长指甲。
(8)服饰:衣着干净、整洁,标识佩戴正确、合适。

三、仪态训练

1. 销售人员仪态训练流程。

销售人员仪态训练的流程如图10-3所示。

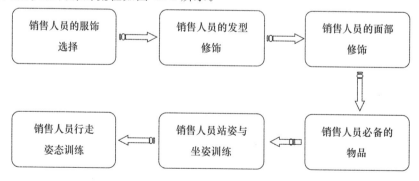

图10-3 基本仪态训练流程

2. 销售人员服饰的选择

(1) 外套的选择。

① 男式西服颜色一般以深色为宜,避免穿带有花格子,或者颜色非常艳丽的西服。

② 男式西服一般分为单排扣和双排扣两种。穿单排扣西服时,两粒扣子的西服,只系上面的一粒,三粒扣子的西服,只系上面的两粒,下面的一粒不系。穿双排扣西服时,则应系好所有的纽扣。

③ 女销售员着装时需要严格区分职业套装、晚礼服以及休闲服,它们之间有本质的区别。着正式的职业套装时,无领、无袖,或者是领口开得太低、太紧身的衣服尽量避免。

(2) 衬衫的选择。

① 衬衫的颜色和西装的颜色要协调。

② 衬衫不宜过薄或过透。穿浅色衬衫时,衬衫的里面不要套深色的内衣(或者保暖内衣)。

③ 衬衫领口要整洁,不要将内衣露出领口。

④ 打领带或系领花时,衬衫上所有的纽扣,包括领口、袖口的纽扣都应系好。

(3) 领带的选择。

① 领带的颜色和衬衫、西服的颜色相互配合,整体颜色要协调。

② 系领带的时候要注意长短的配合,领带的长度应该正好抵达腰带的上方,或者超过两厘米的距离最为适宜。

③ 领带夹是已婚人士的标志,应在领结下 3/5 处。

(4) 皮鞋与袜子的选择。

① 男销售员穿西装时,一般要配以皮鞋,杜绝出现运动鞋和凉鞋。

② 皮鞋应保持光亮和整洁。

③ 深色皮鞋配深色袜子,避免出现花哨图案。

④ 袜子应无破洞、无异味,以备需要脱鞋的场合。

3. 销售人员的发型修饰

(1) 男销售员的发型标准就是干净整洁,注意经常修饰和整理。

(2) 男销售员头发不宜过长,一般男士前部头发不要遮住自己的眉毛,侧部的头发不要盖住自己的耳朵。

(3) 头发不要留过厚,鬓角不宜过长。

(4) 男销售员后部的头发,不应长过自己西装衬衫领子的上部。

(5) 女销售员的发型发式应该美观、大方,选择的发卡、发带应简洁、美观。

4. 销售人员的面部修饰

(1) 每天剃须以保持面部的清洁。

(2) 男销售员在商务活动中经常接触烟、酒等带有刺激气味的物品,应注意保持口气的清新。

(3) 女销售员在正式商务场合，面部修饰应以淡妆为主，不应浓妆艳抹，也不应该不化妆。淡妆包括：粉底、眼影、描眉、睫毛膏、胭脂、唇膏及香水。

5．销售人员必备物品的准备

(1) 钢笔：商务活动中要经常使用。钢笔正确的携带位置应该是西装内侧的口袋里，而不是西装外侧的口袋，尽量避免将它携带于衬衫的口袋里面，否则容易将衬衫弄污。

(2) 名片夹：应该选择一个质量较好的名片夹放自己的名片，以保持名片整洁。同时接受他人的名片时，也有一个妥善的位置保存，而避免直接将对方的名片放在自己的口袋中。

(3) 纸巾：在着装时，应随身携带纸巾，或者携带一块手帕，可以随时清洁自己面部的污垢，避免尴尬场面的出现。

6．销售人员的姿态训练

(1) 站姿训练。

① 男性站姿：双脚平行打开，双手握于小腹前。当顾客、职位比自己高的人和与自己评级的女职员过来时，应起立以示敬意。

② 女性站姿：双脚靠拢，膝盖打直，双手握于腹部前。

(2) 坐姿训练。

① 男性坐姿：一般从椅子的左侧入座，轻靠椅背，挺直端正，不要前倾或后仰，双手舒展或轻放于膝盖上，双脚平行且与肩同宽，大腿与小腿成90度角。如果坐在深而软的沙发上，应坐在沙发的前端，不要仰靠沙发，以免鼻孔朝外。忌讳二郎腿、脱鞋、把脚放到桌椅上等行为。

② 女性坐姿：双脚交叉或并拢，双手放于膝盖上，嘴微闭，面带微笑，两眼凝视谈话对象。

(3) 行姿训练。

① 男销售员：抬头挺胸，步履稳健、自信，避免八字步。

② 女销售员：脊背挺直，双脚平行前进，步履轻盈自然，避免做作，可左手引导客户，右手持文件夹于胁间。

四、实训总结

(1) 小组总结并派代表讲解穿西装、衬衫，系领带的注意事项。

(2) 小组讨论各成员平时的着装和形象与实训的要求有哪些不符，进行相应的改进。

(3) 各小组对其他小组的实训情况给予点评。

(4) 教师进行点评、总结，并对各小组的实训情况进行打分。

任务训练二　接待礼仪训练

一、训练目标

(1) 通过训练让学生掌握汽车销售人员应有的标准接待礼仪。

（2）使学生在学习、生活中自觉按接待礼仪、电话礼仪和基本规范行事，为今后的职业生涯打下一个良好的基础。

二、接待礼仪基本知识

1. 迎送礼仪

（1）重要的客人或初次来访的客人要迎送；一般客人或者多次来访的客人不安排迎送也不至于失礼。

（2）迎接时，应在客人所乘交通工具抵达前到达迎接地点，待客人下机（下车）时及时上前表示欢迎。

（3）送客时，应在客人登机（上车）前到达送别地点。告别时，可致简单的欢送词，等交通工具启动后才可离开。

（4）不论男女，当顾客、职位高的人进来时应起立。同事进来时不必起立，除非是初次见面需要介绍。

2. 称谓的选择

一般商务活动中，有两套称谓方法。

（1）第一种就是不熟悉对方时，称对方为某某先生、某某女士，这是最稳妥的一种称谓方式。

（2）第二种是与熟悉的顾客交往时，可以称呼对方为某某经理、某某总监、某某处长，也就是说直接称呼他的职务。

3. 交谈礼仪

（1）交谈时，应面带微笑，要和对方有目光交流。

（2）认真倾听对方的讲话，不要轻易打断客人的讲话，要让对方感觉到你对他的谈话是感兴趣的，因为客人来的目的就是要交流。

（3）如果客人与你的观点一致，要克制自己的激动，可微笑点头表示赞许。

（4）如果客人与你的观点相反，要克制自己的不满情绪。表示否定客人的观点和意见时可以说得更礼貌和委婉一些。

（5）会谈中有要事需要离开一会，首先表示歉意，取得对方的谅解。

（6）对谈话的要点，养成记录的好习惯，这表现出你对交谈的重视程度，会谈结束前可采用提问的方式对记录的重点内容加以确认。

4. 自我介绍

（1）在不妨碍他人工作和交际的情况下进行。

（2）介绍的内容：公司名称、职位、姓名等。例：您好！我是一汽大众汽车销售服务有限公司的销售顾问，我叫李伟。

(3) 给对方一个自我介绍的机会。例：请问，应该怎么称呼您呢？

三、接待礼仪训练

1. 与顾客打招呼训练

(1) 目光：要和对方有一个目光交流，不应左顾右盼。

(2) 微笑：自然、真诚、不露牙、不出声，切忌做作和皮笑肉不笑。

(3) 指引：需要用手指引某样物品或接引顾客时，食指以下并拢，拇指向内侧弯曲，指示方向。陪同引导时，在客人 1~2 步之前；上楼梯陪同时，在客人侧上方 2~3 级台阶距离引导。

(4) 招手：向远距离的人打招呼时，伸出右手，右胳膊伸直高举，掌心向着对方，轻轻摆动，不可向上级和长辈招手。

(5) 行礼：与顾客交错而过时，面带微笑，行 15 度鞠躬礼，头和身体自然前倾，低头比抬头慢。接送顾客时，行 30 度鞠躬礼。初见或感谢顾客，行 45 度鞠躬礼。

2. 与顾客握手训练

(1) 握手的次序，一般是女士、领导和长辈先伸手，男士、下级和晚辈再伸手。

(2) 握手时应避免与多人相互交叉地握手，与多人交叉握手应遵循先尊后卑、先长后幼、先女后男的原则。

(3) 切忌戴手套握手或者用左手握手。

(4) 用力要适度，切忌手脏、手湿、手凉和用力过猛。

(5) 与异性握手时要用力轻、时间短，不可长时间握手和紧握手。

3. 递交名片训练

(1) 首先把名片准备好。名片夹要放在易于取出的皮包或者口袋里，不要把自己的名片和他人的名片混在一起，以免用时拿错。

(2) 递交名片前，先介绍自己的职位、姓名，然后双手拿出自己的名片，此时要有一个停顿，调整名片的正面朝向顾客。

(3) 递交名片要用双手，递交时目光注视对方，微笑致意，可顺带一句"请多关照"。

(4) 以恰当的方式询问对方的姓名，有可能的话巧妙地索取对方名片，例如：怎么称呼您？

(5) 对方递给自己名片时，要双手接过对方名片，要简单看一下上面的内容，不要把它直接放在口袋里不看，也不要长时间拿在手里摆弄，应该把名片放在专用的名片夹里。

4. 陪同引导训练

(1) 引导手势一般为手掌平展，拇指自然靠近食指侧面，手与前臂成一直线，手心倾斜指示方向，前后臂的夹角可表远近感，陪同引导时，在客人 1~2 步之前。

(2) 在楼梯陪同引导时，在客人侧上方 2~3 级台阶距离引导，在狭小路段或转弯时，让客人先走。

（3）在电梯陪同引导时,当电梯里已有人,进电梯时,先按住电梯门旁按钮,让客人先进;当电梯无人,进电梯时,自己先进入电梯,按住电梯按钮,等客人进来,再按下要去的楼层号码,然后侧身面对客人;离开电梯时,按住电梯按钮,让客人先走,然后立刻步出电梯,在前面引导。

5．接打电话礼仪训练

（1）接听电话。

① 接听。铃响3次以内拿起听筒,如果铃声已经响起3次以上,拿起电话后要先向对方表示歉意。若自己正在接待顾客,要在取得顾客的谅解后再接听电话。

② 问候并报名。拿起听筒后先问候,再报出公司、部门的名称,随后报出自己的姓名。此时,对方若没有自报姓名,可礼貌地确认对方的姓名。

③ 询问。使用平时的寒暄、询问用语,寒暄时表现出对对方打电话的谢意;询问时要问清楚是什么事情,注意使用"5W2H"的谈话要领就不会有所疏忽。5W2H谈话要领即:Why、Where、Who、What、When、How、How Much。

④ 倾听。对方讲话时,耐心地听,不要打断对方。

⑤ 记录。倾听的同时清晰地记录电话内容,必要时可向对方作简单、引导性的询问。

⑥ 确认。确认记录的内容有无遗漏,可复述对方陈述的要点,得到对方的确认。

⑦ 答复。对对方提出的问题给予答复。如果问题比较复杂,不能即刻给予答复,可与对方约定答复时间,或邀请对方来店面谈。在征得对方同意后,记下对方的电话号码,以便日后联系。

⑧ 结束。电话结束时养成寒暄的习惯,向对方表示诚挚的谢意,等对方挂断后再挂电话。

（2）给顾客打电话。

① 准备资料。准备好有关资料、笔记本、钢笔等;事先将谈话的事项与内容顺序整理好,这样可以提高谈话的有效性。

② 确认姓名与号码。拨号前再确认顾客的电话号码,并考虑对方此时的地点与时间是否方便接听电话。

③ 拨号。端正姿势,用食指认真按电话键。

④ 报姓名。先报公司名称,再报自己姓名。

⑤ 确认对方。确认对方是不是自己要联络的人,询问对方是否方便,若对方正忙或表现出不方便,应理解并歉意地表明改日联络。要是确认拨错电话,应先道歉然后再挂断电话。

⑥ 内容叙述。礼貌地寒暄,表达方式要让对方容易理解,内容要抓住要点、简单明了。

⑦ 确认。讲完后确认对方是否听明白了。

⑧ 结束。结束时向对方表示诚挚的道谢,如果占用对方时间比较长,用简单的语言对自己的打搅表示歉意。等对方挂断电话后再挂电话。

四、实训总结

(1) 各训练小组互评,指出训练过程中各组的优点和存在的问题。

(2) 各小组以文字形式总结接待中问候、行礼、握手、介绍、引导和递交名片等各种礼仪的要点。

(3) 教师进行点评、总结,并对各小组的实训情况进行打分。

(4) 留作业,要求学生课后填写实训报告。

任务训练三　4S店顾客接待与咨询技巧训练

一、实训目标

(1) 掌握4S店展厅布置的基本要求与布置方法。

(2) 了解接待顾客的方法、步骤与技巧。

(3) 能完成来访接待和提供咨询服务。

(4) 通过接待与咨询服务,能探究顾客的真实需求。

二、展厅布置

1. 展厅布置的基本要求

展厅是顾客参观挑选车辆的地方,其工作环境应该令人感到舒适清新。展厅的布置应该做到:

(1) 整理、整顿。要区分工作环境中的物品哪些是有用的(或再细分为常用和不常用,急用和缓用),哪些是无用的。将有用的物品进行科学整齐的布置和摆放,将无用的物品和明显的垃圾及时清除掉。

(2) 保持清洁。在整理的基础上,根据工作环境、物品的作用和重要性等,进一步进行清除细微垃圾、灰尘等污染源的活动。

(3) 进一步美化。除了达到整齐、干净等基本要求外,还应使环境符合人性美学要求,与工作场合协调,并经常性地督促,使员工形成习惯。

2. 展车布置

(1) 展车数量。展车数量应根据展厅的空间大小合理确定,一般来讲,3~5辆为宜。展厅绝不能变成仓库,面积大的展厅可以考虑各种颜色的展车共同摆放,展厅较小的话要以深色展车为主,以配合展厅内较浅的色调,还可以用灯光打出丰富多彩的色调。

(2) 展车摆放。展车摆放时,要充分展示该车的优势,尽量弥补其不足之处。例如,有的三排座的车后排座椅空间较小,展示时应通过调整三排座椅间距离尽量减小这种感觉;为了突出某些SUV车辆后部空间大的特点,可在其中放入高尔夫球包、旅行箱等物品,甚至可以放入两辆自行车,以展示后部空间。

(3) 重点突出。对于重点车型,可以根据情况设计独立的展台,以起到突出的效果。要为每台车配备精致的展示牌,上面写明车型款式、主要技术参数、售价等关键信息。展示牌的样式与尺码要统一。此外展车摆放时,要充分体现促销意图。比如,应通过展车的摆放,积极地促进滞销车型的销售;产品系列很丰富的车,要根据当时销售重点的不同,突出摆放需大力销售的车型。

(4) 展车的护理。展示车一般必须设专人管理。展车必须状态良好,外表无擦痕,无指纹、油污、脚印;展示车内部无用的纸片、塑料薄膜等物要清除干净,且每天不少于两次进行清洁;展车表面应打蜡处理,黑色塑料件、轮胎表面喷射光亮剂;发动机箱、门边、轮胎挡泥板、底边等细微处要清洁到位;展示车辆必须有质地较高的脚垫,不许使用有异味的塑料橡胶制品;如果有条件的展销商可以对车内部加以布置,但不应该影响产品的性能,绝对不允许对展示车进行私自改装;展车内一般不允许使用任何空气清新剂及气味品,随时保持展车处于最佳状态。

(5) 展车的更换。先进先出是销售工作的一个原则,作为展示用车最长不超过两周应更换一次。

3. 展厅的其他布置

(1) 汽车总成。展厅除了摆放新车之外,还可以根据特定的意图摆放汽车发动机、变速器等总成部件。例如,摆放有剖切的车用发动机,以展示介绍和突出本品牌车的高科技含量。

(2) 展厅灯光设置。灯光对于美化展厅有着举足轻重的作用,因而要高度重视,灯光设计一般由专业公司来完成。顶灯用于展厅整体的照明,标识灯用于形象墙的照明,展车射灯用于展车的美化及色彩变幻,地灯用于展台、展车底部和展厅内植物的照明,墙面射灯用于墙面背景画、招贴画的照明,夜灯用于夜间照明。

(3) 接待总台。总台的台面要清洁整齐,勿杂乱。一般只留电话、文件夹、装饰品(如鲜花)等。

(4) 顾客休息区。顾客休息区一般设沙发、茶几、电视、电脑等物品。整体感觉应温馨、随意,区别于展厅内其他的区域。例如,地面可铺木质地板,沙发尽量舒服,色调尽量柔和、电脑应能连接因特网。

(5) 儿童娱乐区。儿童娱乐区按规定设置应有的设施,特别注意不允许有安全隐患。

(6) 洽谈桌一般是一桌四椅,桌面清洁,烟灰缸随时清洗干净。

(7) 资料架应保持干净、整洁。

(8) 雨伞架上应准备若干把大雨伞,用于接待客人。

(9) 展厅内必须有足够的绿色,桌面茶几应用小的植物点缀。

(10) 室内空气要保持清新,经常通风,每周至少两次喷洒空气清新剂,注意经常灭蚊灭虫,卫生间必须随时保持干净,无异味。

三、店内接待与咨询

（一）店内接待与咨询的目的

（1）让顾客感受到"顾客第一"的服务理念。

（2）解答顾客提出的问题，建立顾客的信心，让顾客逗留时间更长，以利于销售活动的顺利开展。

（3）引导顾客主动叙述他的购车需求。

（4）顾问式地协助顾客挑选车型，以便进行车辆介绍，激发顾客的购买欲望。

（二）店内接待流程

店内接待流程如图10-4所示。

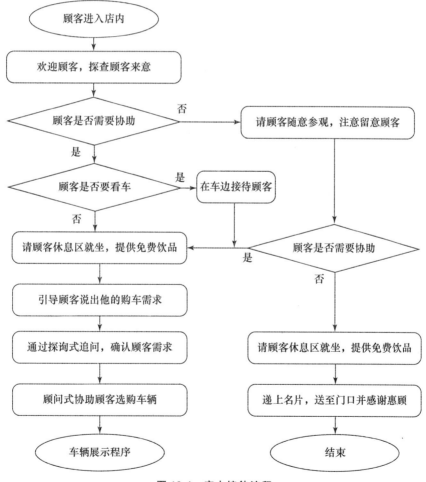

图 10-4 店内接待流程

(三)接待与咨询关键时刻的指导

1. 顾客开车来

(1) 顾客到来时迎至展厅外,主动为顾客引导安排车位,迎宾员引导顾客进入展厅。

(2) 观察顾客的动作、车辆外形及新旧程度,初步分析顾客需求,考虑合适的接待方式。

(3) 下雨天,主动拿伞出门迎接顾客。

2. 顾客进入展厅

(1) 点头、微笑并保持眼神接触,以活力、明朗、欢快的声音向顾客打招呼、致意。

(2) 热情招呼顾客的随行人员,不可使任何人受到冷落。若有儿童随行,其他业务人员应负责招待,若儿童愿意到儿童游乐区,则引导他们前往。

(3) 介绍自己并递上名片,在迎接后立即询问顾客是否能为他服务,以便弄清楚顾客光临的目的。例如:销售服务人员上前迎接并说:"先生(女士)您好,您需要服务吗?"

(4) 如果顾客不需要协助,请顾客轻松地自由活动,若顾客有疑问或需要服务时,要立刻上前服务。

(5) 与顾客初步交谈时说话要热情,充分表达对企业及产品的信心。

3. 顾客自行参观车辆时

(1) 主动迎前,问候顾客,递上名片作简单介绍,让顾客知道销售顾问在旁边随时候教。

(2) 请顾客自己随意参观,离开并保持一定距离,在顾客目光所及的范围内随时关注顾客的需求。

(3) 应仔细观察顾客,判断顾客来店的目的,再针对当前状况及顾客来店目的采取必要的应对及超前服务。

4. 咨询服务

(1) 顾客有疑问或者需要帮助时,可向顾客提供咨询服务。

(2) 咨询服务的主要方式是回答顾客提问、主动介绍及向顾客问询。

(3) 咨询服务过程中,应该从顾客的角度出发,关注他们的需求。一定要友好、真诚地提供信息,让顾客在销售中占主导地位。

(4) 在咨询服务过程中,应该打消顾客的各种担忧,如受到不平等的待遇,销售的产品或维修服务不能满足他们的要求,价格比他们预计得高等。

(5) 倾听时一定要全神贯注,及时给出反馈信息,让顾客知道你在聆听。对重要信息加以强调,及时检查你对主要问题理解的准确度,重复你不理解的问题。

(6) 咨询服务过程中注意收集顾客的信息,主要有以下几点。

① 顾客的个人情况:购车的主要用途、生活方式、职业、职务、预算、经济状况、决策者等。

② 顾客用车经验:驾照、驾龄、用过何种车、驾车习惯等。

③ 对新车的要求:配置、颜色、款式、选装项等。

（四）需求分析的关键时刻

1．顾客开始表达需求

（1）眼神接触，显出关心的表情，身体前倾，热情倾听，表示对顾客的关心与尊重。

（2）使用开放式的提问，主动进行引导，让顾客畅所欲言。

（3）留心倾听顾客的讲话，在适当的时机作简单的回应，不断鼓励顾客发表意见，以便了解顾客的真正想法。

（4）征得顾客同意，准确记录顾客谈话的要点。

（5）未确认顾客的需求时，不可滔滔不绝地作介绍。

2．协助顾客总结需求

（1）适当地利用刺探式与封闭式的提问方式，引导顾客正确表达他的需求。

（2）保持对顾客的兴趣，鼓励顾客继续发言。

（3）顾问式地协助顾客总结他的需求，挑选可供选购的车型。

3．分析顾客需求

（1）遇到不懂的问题，请其他同事协助，回答顾客所需信息。

（2）分析顾客的不同需求状况，充分解决和回答顾客提出的问题。

（3）及时与上级沟通，获得必要的指导。

4．满足顾客需求的解决方案

（1）建立互信关系，继续加深你在顾客心目中的信赖感。

（2）站在顾客的立场来考虑事情，把顾客当成你的朋友，并非仅是买卖关系。

（3）利用SAB法对顾客的需求提供解决方案，而且对不同的顾客及其利益需求提供不同的创意服务。SAB法的含义如下：

S：Solution——解决方案

A：Advantage——优势

B：Benefit——利益

四、综合训练

（1）联系实际，销售顾问尽量利用自身条件吸引消费者的注意力。

（2）三人一组，其中一人扮演销售顾问，另外两人扮演一道而来的顾客。要求销售人员要掌握顾客的相关信息，并能和顾客保持顺畅的沟通，得到顾客的认可。

（3）尝试使用开放式和封闭式的问题探究顾客的购车需求。

五、实训总结

（1）各小组讨论展厅布置的基本要求、接待顾客的基本方法和技巧。

(2) 各小组派代表上台讲解本组的讨论结果。

(3) 各小组对其他小组的接待和咨询服务演练效果进行评价,重点点评各小组是否能较准确地了解到顾客的需求。

(4) 教师进行点评、总结,并对各小组的实训情况进行打分。

任务训练四 车辆展示

一、实训目标

(1) 掌握车辆介绍的主要内容与方法。
(2) 学会用六方位法完成车辆的介绍。
(3) 掌握试乘试驾的流程及操作要点。

二、车辆说明

1. 车辆说明的目的

(1) 让消费者充分了解产品的特点、利益和价值,尤其是那些外表不易看到的价值点。
(2) 展示销售顾问丰富的专业水平,建立顾客的信任感。
(3) 提升服务品质和企业品牌形象。
(4) 进一步激发顾客的购买欲望,为报价说明做准备,提高商品成交的概率。

2. 商品说明的流程

车辆说明与试乘试驾的流程如图 10-5 所示。

3. 六方位法介绍车辆

汽车产品介绍主要是五个方面的内容,即车辆的造型与美观、动力性与操控性、舒适性与安全性、经济性与实用性以及车辆的超值所在。此外,在进行车辆介绍时还要根据消费者的需求,对其关注点进行重点分析与说明。在汽车展厅中经常采用六方位法进行车辆介绍,它是一个标准流程,这种规范的汽车产品展示程序是奔驰公司首先采用的。但在使用初期并不完善,后来丰田公司在雷克萨斯汽车上采用,并将车辆介绍内容与流程进行标准化设计,现在已成为汽车销售界最广泛采用的车辆介绍方法。

三、试乘试驾

1. 试乘试驾的目的

(1) 让顾客通过各种感官切身体会,动态而且感性地了解车辆的有关信息。
(2) 强化顾客接待工作,获取更多的顾客资料及信息,以利于销售活动的开展。
(3) 激发顾客的购买冲动,为报价及签约成交做好准备。

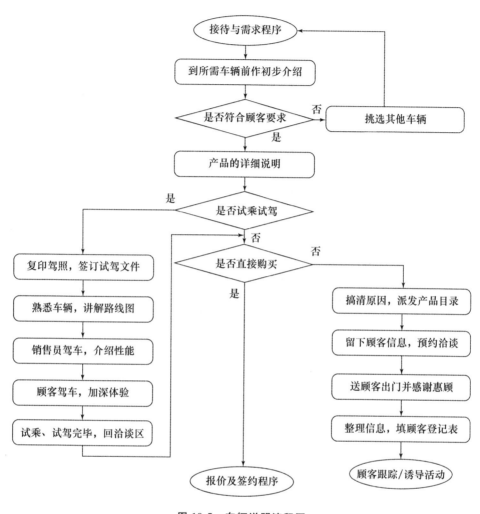

图 10-5 车辆说明流程图

2. 试乘试驾的行为指导

(1) 试乘试驾的准备。

① 试乘试驾车应经过美容、保持整洁,有足够的燃油。

② 试乘试驾车由专人管理,保证每次试驾时车辆处于最佳状态。

③ 试乘试驾车的行驶证、牌照、保险齐全。

(2) 试乘试驾路线的制定。

① 试乘试驾应按车型事先设定并制成路线图。

② 路线规划必须避开交通拥挤的道路,在试驾路段行驶应能充分展示车辆性能和特色。

③ 为保证人员与车辆的安全,试乘试驾应严格遵守路线图。

(3) 试乘试驾。

① 向顾客说明"顾客第一"的理念,为了安全请顾客务必遵守试乘试驾的程序与标准。

② 检查顾客的驾驶证与身份证,复印存档,签署试乘试驾协议,充分保障双方的权益。

③ 出发前向顾客说明车辆的使用方法、试乘试驾程序和路线安排,并提供书面路线图。

④ 由销售人员将车辆驶出专用停车区域,示范如何驾驶,设定试乘试驾的节奏和气氛。

⑤ 试乘试驾时确保车上人员系好安全带,保证行车安全。

⑥ 试乘时销售人员必须进行动态的商品说明,突显试乘车型的优势。

⑦ 在安全地点换手,车辆移交给顾客。

⑧ 试驾前依据顾客的情况调整各种装置,如座椅、方向盘、后视镜、空调、音响,事先应准备好不同种类的音乐光盘供顾客选择。

⑨ 以"顾客第一"的态度,让顾客充分体验试乘试驾。

(4) 顾客有危险驾驶动作时。

① 及时果断地请顾客在安全地点停车。

② 向顾客解释保障安全的重要性,获取谅解。

③ 改试驾为试乘,由销售人员驾车返回经销店。

(5) 试乘试驾结束后。

① 引导顾客回展厅,总结试乘试驾经验,适时询问顾客订车意向。

② 趁顾客试车后的兴奋情绪促成交易;如果无法马上成交,请顾客填写"试乘试驾评估表",并约定拜访或联系时间。

③ 提交"试乘试驾评估表"供分析用。将试车后结果和顾客意见向主管汇报。

④ 检查试驾车情况,必要时进厂保修。

四、综合训练

(1) 学生分组演练六方位绕车介绍法。

(2) 挑选3组学生分别利用FABE法、目录法和问题法进行车辆介绍。

(3) 由学生完成《试乘试驾评估表》的设计,并模拟填写一份。

五、实训总结

(1) 小组讨论,对比分析几种车辆介绍方法的特点以及使用场合。

(2) 各小组派代表上台讲解本组的讨论结果。

(3) 各小组对其他小组的车辆介绍演练效果进行评价。

(4) 教师进行点评、总结,并对各小组的实训情况进行打分。

任务训练五 报价及签约成交

一、实训目标

（1）了解销售促进、报价及签约的流程。
（2）学会销售促进的几种常用方法及讨价还价的技巧与策略。
（3）通过训练逐步提高把握顾客成交时机的能力。
（4）学习制定汽车销售合同书。

二、报价及签约成交流程图

销售促进、报价及签约成交的服务流程如图 10-6 所示。

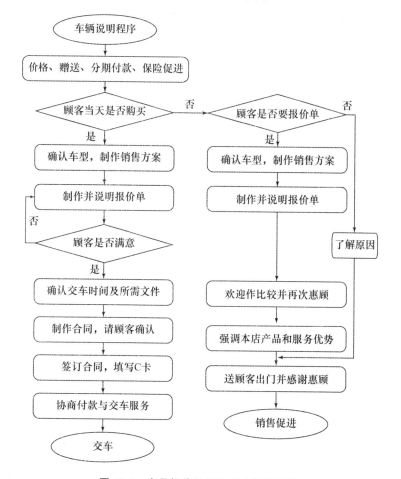

图 10-6 商品报价及签约成交服务流程

三、销售促进

1. 销售促进的目的

(1) 促使顾客进一步认同产品,把握住商机。

(2) 通过利用超值服务,达到促进成交的目的。

2. 销售促进的技巧

(1) 赠送促进。如顾客提出:"车子价格较高,能否赠送镀铬门把手、排挡锁、防盗器、皮毛坐垫等。"销售顾问可应答:"我也希望这些赠品都送您,但我没有这样的权利,我已经向经理申请送您镀铬门把手和排挡锁,其他的您自己选购一些好吗?日后您要保养和维修车辆时,我们可以给您打折。"

(2) 分期付款促进。如顾客提出:"最近有个投资,现金比较紧张。"销售顾问可以应对:"可以采用分期付款,我们与××银行有合作项目,开展贷款买车,首付只需全车价格的30%,而且一年内还款,贷款利率为零,很合适的。"

(3) 保险促进。如顾客提出:"我有朋友在××保险公司上班,我找他办保险好了。"销售顾问可应答:"您投保本公司的代理保险可享受到一流的出险理赔服务、高质量的维修服务、正厂的零配件、特价的维修工时费等好处。"

(4) 价格促进。如顾客表示:"价格太高了,再便宜××元就买。"销售顾问可应答:"这款车的价格确实不低,但相比较之下,它确实能给您提供许多的效益与便利。这部车具有极强的通过能力,在假日里您可以开车带着家人到自然风景区享受旅游的乐趣,这些附加值可比差价大多了。"具体的价格谈判详见下面的报价说明。

四、报价说明

1. 报价说明的目的

(1) 考虑顾客的利益,尊重顾客的意愿,完成报价签约。

(2) 通过价格谈判及报价说明,增加价格的透明度,建立顾客的信任感和品牌形象。

2. 报价时的让步策略

讨价和还价一般是已经为车辆销售价格设置了一个边界,销售顾问要做的就是与顾客进行价格谈判,通过双方的让步,使讨价和还价的界区不断缩小,直至在合理的价格范围内确定一点,即最终的成交价格。

价格谈判中,让步是必然的、普遍的现象,否则无法达成协议。让步本身就是一种策略,它体现了销售方以满足对方需要的方式来换取自身需要这一实质。价格谈判中的让步方式是多种多样的,这里以一个销售实例加以说明。如某4S店一款车初始报价为10.6万元,理想价格为10.2万元,4S店为达到预期目标需要做出让步总额为4 000元。假定双方共经历四轮让步,常见的让步可归结为表10-2所示的八种方式。

表 10-2 价格谈判中常见的让步方式

单位(元)

序号	第一轮让步	第二轮让步	第三轮让步	第四轮让步	让步方式
1	0	0	0	4 000	冒险型
2	1 000	1 000	1 000	1 000	刺激型
3	500	800	1 200	1 500	诱发型
4	1 500	1 200	800	500	希望型
5	3 000	500	300	200	妥协型
6	3 900	0	0	100	危险型
7	3 500	300	100	100	虚伪型
8	4 000	0	0	0	低劣型

（1）冒险型让步。这是一种较坚定的让步方式。特点是在价格谈判的初期和中期，卖方始终坚持初始报价，不愿做出丝毫让步，到了谈判后期迫不得已做出巨大的让步。这种谈判容易形成僵局，甚至可能导致谈判的破裂。

（2）刺激型让步。这是一种以相等或近似相等的幅度逐轮让步的方式。这种方式的特点是使买方每次的要求和努力都能得到满意的结果，但也会因此刺激买方坚持不懈地努力，以取得卖方的继续让步。而一旦停止让步就很难说服买方，并有可能造成谈判的中止和破裂。我们把这种让步方式称为"刺激型"。

（3）诱发型让步。这是一种让步幅度逐轮增大的方式。在实际价格谈判中，应尽量避免采取这种让步方式。因为这样会使买方的期望值越来越大，并会认为卖方软弱可欺，从而助长买方的谈判气势，很可能使卖方遭受重大损失。这种让步方式可以称为"诱发型"。

（4）希望型让步。这是一种让步幅度逐轮递减的方式。特点在于，一方面表现出卖方的立场原来越强硬；另一方面又会使买方感到卖方仍留有余地，从而始终抱有继续讨价还价的希望。

（5）妥协型让步。这是一种一开始先做出一次大的让步，然后让步幅度逐轮急剧减少的方式。这种让步方式的特点是它既向买方显示出卖方的谈判诚意和妥协意向，同时又巧妙地暗示出卖方已经做出了巨大牺牲，进一步的退让已近乎不可能。

（6）危险型让步。这是一种开始让步幅度极大，接下来则坚守原则立场、毫不退让，最后一轮又作了小小的让步的方式。充分表明了卖方的成交愿望，也表明进一步的讨价还价是徒劳的；但开始的巨大让步也会大幅度地提高买方的期望，虽然之后卖方态度转为强硬会很快消除这一期望，可是买方很高的期望一旦立即化为泡影往往又会难以承受，从而影响谈判的顺利进行。另外，开始便做出巨大让步，可能会使卖方丧失在较高价位成交的机会。

（7）虚伪型让步。这是一种开始做出大的让步，接下来又做出让步，之后安排小小的回升，最后又被迫做出一点让步的方式。这是一种较为奇特和巧妙的让步方式，往往能操纵买方心理。它既可以表明卖方的交易诚意和让步已达到极限，又可以通过一升一降使买方得到一种心理上的满足。

(8) 低劣型让步。这是一种开始便把自己所能做出的全部让步和盘托出的方式。首先,这种谈判方式,不仅会在谈判初期大大提高了买方的期望值,而且也没有给卖方留出丝毫的余地。而后几轮完全拒绝让步,既缺乏灵活性,又容易使谈判陷入僵局。其次,开始即做出全部让步,可能会使卖方损失不该损失的利益。

需要说明的是,由于交易的内容和性质不同,双方的利益需求和谈判实力不同,以及其他各方面因素的差异,价格谈判中的让步方式不存在固定的模式,而通常表现为几种让步方式的组合。并且,这种组合还要在谈判中根据具体的实际情况不断地调整。

3. 说明车辆价格

价格谈判基本达成一致意见后,就可以向顾客就车型、配置、基本价格、附加赠品、付款方式、税金等内容进行详细说明。

(1) 根据顾客需求拟订销售方案,包括保险、贷款、选装件、二手车置换等。
(2) 清楚解释销售方案的所有细节,耐心回答顾客的问题。
(3) 让顾客有充分的时间自主审核销售方案。
(4) 报价时,要总结顾客选定车型的主要配置和顾客利益。
(5) 报价完毕后,则重点强调顾客选定的车型对顾客生活和工作带来的正面影响。
(6) 使用报价表格准确计算并说明商品价格及相关选装件的价格。
(7) 明确说明顾客应付的款项与所有费用及税金。
(8) 若顾客需要代办保险,使用专用的表格准确地计算并说明相关费用。
(9) 必要时重复已做过的说明,并确认顾客已完全明白。

五、签约成交

1. 顾客在签约前犹豫不决

(1) 坚持"顾客第一"的理念,不对顾客施加压力。
(2) 耐心地了解顾客的需求与抗拒原因,协助顾客解决问题,进一步提供相关信息。

2. 顾客决定暂不签约

(1) 坚持"顾客第一"的理念,正面协助顾客解决疑问。
(2) 不给顾客施加压力,给顾客足够的时间考虑,不厌其烦地给顾客作解释。
(3) 以正面的态度积极跟踪,保持联系。
(4) 若顾客选择其他品牌,明确原因并记录在案。

3. 促进顾客成交

(1) 把顾客的担心和犹豫转变为接受和满意是促成交易必需的技巧。
(2) 从气氛、动作、表情的变化中分析顾客购买欲望是否达到高潮,抓住这个时机,积极推进成交。

(3) 寻求成交机会要依据顾客的个性、当时情况、商谈促进情况等而定,要稳稳把握时机,即使第一次无法成功,还要创造下一次机会。若最后还是失败,也要继续做顾客追踪的工作,以创造商机。

4. 签约成交

(1) 成交阶段。积极地在顾客的感情方面做工作;一旦进入成交阶段就不动摇条件了;有气魄地说话,短促有力,不说多余的事情;让顾客有自己决定的感觉;不要使用含糊的语句。

(2) 填写订单。不要说多余的话;一定将承诺和条件相互确认;确认车辆的所有人;确认支付方法、支付银行、有无账户等。

(3) 签字和盖章。动作迅速,尽可能规范处理,一定要确认资金和支付方式,收取定金,把订单的顾客联交给顾客,注意事项在事前说清楚。

(4) 成交后注意事项。成交完毕后,不要表露出得意的表情,因为顾客对洽谈内容可能还有担心,所以,一定给顾客留下"买了好东西"的印象。例如:"真是买了好东西。""您买得真合适了"。

六、实训总结

(1) 小组讨论并总结销售促进的方式及应用条件。
(2) 小组讨论并总结价格谈判时让步的方式及应用条件。
(3) 各小组派代表上台讲解本组的讨论结果。
(4) 各小组对其他小组的销售促进、报价及签约演练进行评价。
(5) 教师进行点评、总结,并对各小组的实训情况进行打分。

任务训练六 顾客异议的处理

一、顾客异议的类型

1. 真实的异议

真实的异议是指顾客所提出的异议是他内心真实的对你产品或服务的不满。这些异议可能是事实也可能是错误的。比如,"我的同事开的就是你们的车,它的毛病很多""这车的转向据说特别沉,开起来很费劲"。

2. 虚假的异议

虚假的异议是指顾客所提出的异议并不是他内心的真实想法,只是他在购买洽谈中为了压低价格等应用的一个策略。比如,当顾客想要你降低价格时,他通常会挑出某些毛病来,如"这车的外形显得不够大气""内饰还停留在几年前的水平上"之类的异议。

3. 辨别真假异议

辨别真假异议的方式主要有以下几种。

(1) 当你为顾客提出的异议提供肯定确凿的答案时,注意留心观察顾客的反应,一般说来,他们要是无动于衷的话,就表明他们没有告诉你真正的异议。

(2) 有些时候,你判断出顾客所提出的异议是假异议,但又无法知道他内心的真实想法,这时你也可以大胆地直接发问,比如:"王先生,我觉得您好像有什么顾虑又没有说出口,您能告诉我真正的原因吗?"提问是了解真相的一个好办法。

二、异议的处理原则

处理顾客异议时应把握以下原则。

(1) 事前做好准备的原则。销售人员在与顾客接触之前要预计顾客可能提出的各种反对意见,并做好充分准备,这样当顾客提出时才能从容应对。编制标准应答语的程序如下。

① 将大家每天遇到的顾客异议写下来。

② 进行分类统计,依照每一异议出现次数的多少排列出顺序,出现频率最高的异议排在最前面。

③ 以集体讨论的方式编制适当的应答语,并编写整理。

④ 由老销售员扮演顾客,大家轮流练习标准应答语。

⑤ 对练习过程中发现的不足通过讨论进行修改完善。

⑥ 对修改过的应答语进行再练习,并最后定稿备用,最好是印成小册子发给大家,以供随时翻阅,并最终做到运用自如、脱口而出的程度。

(2) 保持冷静,避免争论的原则。争辩不是解决问题的最好方法,尤其在销售过程中,往往会导致交易的提前终结。

(3) 留有余地的原则。无论顾客对错,销售人员都要注意为顾客留有余地,维护顾客的自尊心。

(4) 以诚相待的原则。汽车营销的目的在于与顾客建立长期的关系,因此,销售人员要以诚相待,才能获得顾客的持久信任。

(5) 及时处理的原则。对出现的异议要及时进行处理,从而防止矛盾积聚和升级。

三、异议的处理方法

1. 竞争车型导致异议的处理方法

由于汽车产品本身存在竞争对手,顾客尚处于抉择的过程,从而导致异议产生。当顾客提及竞争车型时,千万不要随意地去评价竞争车型,更不能贬低对手或与顾客争论,而应承认顾客所提及的事实,转移顾客关注的焦点。对此类异议的处理可以采用如下的基本方法。

(1) 通过讲解性价比突出自己的汽车。性价比的衡量指数给了所有不同价位的车型一个较为公平的衡量标准,竞争的不是单一的价格,也不是单一的功能数量,而是看谁的产品更符合消费者的切实需求。

(2) 学会讲解定位的概念。汽车制造商在推出每一款车型前,一般都会作充分的市场调查,选择该款车型的目标消费群体。对汽车销售人员来讲,这是一个非常有用的资源。销售人员在讲解的过程中,首先判断顾客是否属于目标消费群体,然后根据这一目标消费群体的需求情况来进行针对性分析。例如:

顾客:"你介绍的这个A牌车呀,我女儿觉得太小,她说还是喜欢B牌车。"

销售员:"您提到了B牌车,那是一款比较大众化的车。不同的车,有不同的顾客群。比如,您女儿喜欢的B牌车,外形比较粗糙,缺乏线条流畅感,由于它是大众化的车型,外形普通、缺乏特点,很不出众。A牌车型虽小,但造型别致优美,很适合都市时尚女性,而且色彩多样,适合进行各种装饰,同时由于车型小,在城市停车操控更容易,这些都适合于女性驾驶,况且价格很便宜。对于您女儿这样的都市丽人恐怕再适合不过了,我们买车可不能只买贵的,不选对的。"

(3) 让步后强调独到的竞争优势。这种回答方法首先表现在充分理解顾客的感知上,对顾客提出的意见先给予一定的让步,然后再重新突出自己产品领先的技术和完善的配置等。这个方法是最容易掌握的一种,只要熟悉了自己产品的独到技术就可以掌握。例如:

顾客:"你们销售人员都说自己的车好,我看自主品牌A牌车就不错。"

销售员:"其实,市面上的各种车都有自己的独到之处,不过就看您最看重什么方面了。A牌车我不太了解,我们的车独到的地方就是3A级别的质量,独有的GOA车身,自NCAP碰撞测试实施以来,是第一款获得五星评级的车型。总之,在许多方面这款车都获得过国际大奖。"

2. 错误异议的处理方法

当顾客提出错误异议时,汽车销售顾问可以采用"直接反驳法"应对。按照常理,在销售中直接反驳顾客的异议是不明智的,但有些情况下,必须直接反驳,以纠正顾客不正确的观点。例如:顾客对企业的服务、诚信有所怀疑或顾客引用的资料不正确等情况。

出现上述的情况时,必须直接反驳,因为顾客若对你以及企业的服务、诚信有所怀疑,你拿到订单的机会几乎可以说是零。如果顾客引用的资料不正确,而你能以正确的资料佐证你的说法,那么顾客一般会接受你的反驳,并且可能会更加信任你。

因为直接反驳法是与顾客的正面交锋,在运用时,必须注意态度要委婉,讲究语言技巧,注意选词用语,切勿伤害顾客自尊。例如:

顾客:"你们修车怎么总是拖拖拉拉的,你们的售后服务真差劲。"

销售员:"您所说的情况是个案,有这种情况发生,是因为×××的客观原因,您看我们的师傅连饭都顾不上吃一直在为您的车忙活,您别着急,我们企业的经营理念就是服务第一、顾客至上的。"

3. 有事实依据异议的处理方法

当顾客提出的异议有事实依据时,应承认并可采用"补偿法"应对,给顾客适当的补偿。但要记得,比如寻找产品的其他优点来补偿、抵消产品的缺点,让顾客取得心理的平衡。补偿法能有效地弥补产品本身的弱点。其运用范围非常广泛,效果也很好。例如,艾维斯有一句有名的广告词:"我们是第二位,因此我们更努力!"这也是一种补偿法。例如:

顾客："这款车的车身看起来太短了。"

销售员："车身短能让您停车更加方便。如果您家里的停车位是大型的，像这样的车还可以同时停两部呢。"

顾客："这款车的行李空间太小了。"

销售员："行李空间是比较小，但是它的内部空间很宽敞，坐在里面不会感觉很压抑。"

顾客："这款车的马力太小了。"

销售员："马力是比较小，但对于您只在市区使用已经足够了。而且，如果马力太大，油耗就会高，在当今油价不断上涨的形势下，买高油耗的车实在是不划算。"

4. 价格异议的处理方法

在销售过程中，最多的异议就是价格方面的质疑。可以使用以下的技巧进行处理。

（1）独特利益法。向顾客传递产品与竞争产品的独特差异，差异价值越高，你的价格障碍就越小。

顾客："这种款式的车比人家同档次的A车高1万元啊！"

销售员："我们这款车搭载的是×国原装进口的V6发动机，这个机型在动力性上比普通发动机提高15%，同时耗油率降低8%，该发动机是现在世界上最先进的发动机之一。"

（2）价格分解法。通过价格分解，让顾客明白产品实际上是经济实惠的。

顾客："12万？这车也太贵了吧？"

销售员："您说得不错，对于普通的老百姓来说，现在汽车还是属于高档消费品。但是，和其他日常消费品不同，汽车不是用一两年就会坏的，何况您又不跑长途，用上十年八年都不成问题。我们不要说10年，就以6年来算，您1年只要花20 000元，每天只要50元钱就可以拥有一辆属于自己的汽车，过上有车一族的生活了。而如果没有车，像您的生意这么繁忙，每天的打车费都要一两百元吧？"

（3）总体计算法。总体计算法与价格分解法恰恰相反，该方法是从用户满足某一需求的总体费用上着手。例如：从油耗和维修成本的角度来分析汽车价格。

（4）补偿法。如果产品在价格方面的确不具备优势，而且产品差异性也一般，那么就必须为价格劣势补偿其他的利益。例如，可以告诉顾客，虽然价格比较贵，但公司会为顾客提供免费的服务项目。

（5）顺延法。在向顾客传递产品的核心信息的时候，顾客便会询问产品的价格，这时千万不要告诉顾客价格是多少。因为顾客这时候还不完全清楚产品的价值所在，对价值的评判还不全面，这时候告诉顾客价格，很可能顾客会觉得贵，在继续向顾客介绍时，顾客可能已经失去了耐心，建议可以采用拖延的办法。告诉顾客价格是非常重要的，非常希望在后面的充裕时间里和他进行探讨。在完成整个产品的价值信息传递后，再与顾客讨论价格问题。

顾客："这辆车看起来不错，要多少钱呢？"

销售员："大约11万元，我们先别急着讨论价钱，让我先给您介绍一下它的配置和性能,看看是否能满足您的用车需求。"

四、综合训练

(1) 模拟演练项目。模拟演练项目参阅表 10-3。

表 10-3 模拟演练项目

异议的类型	情形一	情形二
真实异议	这款车的价格这么高呢?	这车子的内部空间太小了!
虚假异议	这辆车的油耗太高了!	我同事说:这种车型的质量很差!

(2) 模拟演练。学生分为四个小组,依次完成四个情形的模拟训练。
(3) 模拟训练前,各个小组要讨论并写出演练的脚本。
(4) 每个小组中一名学生演顾客,一名学生演销售顾问,一名学生做记录。
(5) 演练结束后,老师给各小组布置一个具体的情形,各小组依次在全班做展示。

五、实训总结

(1) 各小组对其他小组的模拟演练给予评价。
(2) 各小组讨论并总结异议的类型、处理原则和处理方法。
(3) 各小组派代表上台讲解本组的讨论结果。
(4) 教师进行点评、总结,并对各小组的实训情况进行打分。

思考题

1. 汽车整车销售的流程是什么?每一步骤的具体内容是什么?
2. 简述汽车销售售前服务的内容。
3. 简述汽车销售售中服务的内容。
4. 简述汽车销售售后服务的内容。
5. 4S 汽车销售服务店的"4S"是什么含义?
6. 简述顾客投诉的处理程序。
7. 对汽车销售人员仪态的基本要求有哪些?接待礼仪的基本要求有哪些?
8. 店内顾客接待的流程是什么?
9. FABE 车辆介绍法和六方位车辆介绍法的具体内容是什么?
10. 报价时让步的策略有哪些?
11. 签约成交前后的操作要点有哪些?
12. 顾客异议的处理方法有哪些?

参考文献

1. 陈萍.汽车营销[M].北京：中国广播电视出版社,2009.
2. 何宝文.汽车营销实务[M].重庆：重庆大学出版社,2008.
3. 王世铮.汽车营销[M].北京：北京理工大学出版社,2009.
4. 刘志忠.汽车营销[M].北京：清华大学出版社,2013.
5. 范钦满.汽车服务工程[M].北京：中国电力出版社,2008.
6. 王琪.汽车市场营销[M].北京：机械工业出版社,2009.
7. 张发明.汽车营销实务[M].北京：机械工业出版社,2009.
8. 胡艳曦.汽车贸易理论与实务[M].广州：华南理工大学出版社,2006.
9. 李刚.汽车及配件营销实训[M].北京：北京理工大学出版社,2009.
10. 罗静.汽车维修客户服务[M].广州：华南理工大学出版社,2009.
11. 张国方.汽车营销学[M].北京：人民交通出版社,2008.
12. 谢忠辉.汽车营销与实务[M].北京：机械工业出版社,2012.
13. 姚丽萍.汽车营销基础与实务[M].大连：大连理工大学出版社,2010.
14. 杜英姿.汽车营销[M].北京：高等教育出版社,2008.
15. 人力资源和社会保障部教材办公室.汽车营销师指南[M].北京：中国劳动社会保障出版社,2010.
16. 中国就业培训技术指导中心.营销师国家职业资格培训教程[M].北京：中国广播电视大学出版社,2006.
17. 娄洁.汽车整车及配件营销[M].武汉：武汉理工大学出版社,2008.
18. 霍亚楼.汽车营销实训[M].北京：中国劳动社会保障出版社,2006.
19. 高玉民.汽车特约销售服务站营销策略[M].北京：机械工业出版社,2005.
20. 常青,杨东凯,寇艳红,张其善.车辆导航定位方法及应用[M].北京：机械工业出版社,2005.
21. 刘雅杰.汽车营销[M].北京：中国人民大学出版社,2009.
22. 李春明,双亚平.汽车电路读图[M].北京：北京理工大学出版社,2006.
23. 林凤,汪海红.汽车营销理论与实务[M].北京：化学工业出版社,2013.
24. 李幸福,王怀玲.汽车营销技术[M].北京：北京交通大学出版社,2009.